化工物流研究前沿丛书

化工物流中的 HSE 关键问题研究

李荷华　著

西安电子科技大学出版社

内 容 简 介

　　本书是作者基于近几年在化工物流安全领域的教学、研究成果创作而成的。除了理论研究外，本书还特别针对化工物流运输、化工物流仓储中的危险源辨识，化工物流中的环境因素识别等进行了详细的研究，并提出了针对化工物流企业的 HSE 管理体系的具体执行方案，一般化工物流企业可按此方案建立适合本企业的健康、安全的环境管理体系。本书可作为化工物流专业方向高年级本科生或者研究生的参考教材，也可供化工物流企业的管理者和技术人员参考。

图书在版编目（CIP）数据

化工物流中的 HSE 关键问题研究/李荷华著. —西安：西安电子科技大学
出版社，2018.1(2024.8 重印)
ISBN 978 - 7 - 5606 - 4763 - 0

Ⅰ. ① 化…　Ⅱ. ① 李…　Ⅲ. ① 化学工业—物流—物资管理—研究
Ⅳ. ① F252

中国版本图书馆 CIP 数据核字（2017）第 302253 号

责任编辑　马　琼　秦志峰
出版发行　西安电子科技大学出版社（西安市太白南路 2 号）
电　　话　(029)88202421　88201467　　　邮　　编　710071
网　　址　www. xduph. com　　　　　　　电子邮箱　xdupfxb001@163. com
经　　销　新华书店
印刷单位　广东虎彩云印刷有限公司
版　　次　2018 年 1 月第 1 版　2024 年 8 月第 3 次印刷
开　　本　787 毫米×960 毫米　1/16　印张　12
字　　数　277 千字
定　　价　48.00 元

ISBN 978 - 7 - 5606 - 4763 - 0

XDUP 5065001 - 3

＊ ＊ ＊ 如有印装问题可调换 ＊ ＊ ＊

前　言

随着经济国际化进程的进一步加快，质量、环境保护和职业健康安全已成为我国企业界面临的新挑战，也成为企业经济健康发展不可忽视的重要因素。如何走可持续发展道路，适应国内、国外市场需要，在符合国家法律法规要求和社会各相关方期望的基础上求得更好的经济效益和社会效益，已成为摆在我们面前的重要课题。

同时，随着全球经济一体化进程的加快以及科学技术的飞速发展，物流业已成为国民经济中的新兴支柱产业。国民经济各行业的发展需要物流去支撑，而先进的物流管理、供应链管理理论应用到各个行业的生产经营中，促进了各行业的持续发展。近年来，随着我国经济的持续发展，农业、工业（制造业）等行业对化工产品的需求急剧攀升，化工物流得到了快速发展。

化工物流与普通货物物流相比具有易燃、易爆、有毒和腐蚀性强等特点，化学品仓储、运输的特殊性，使得其在储运、使用和废弃物处理的过程中会不可避免地产生一系列严重问题和隐患，化工物流的安全管理工作显得尤为重要。

企业不仅仅是创造更多财富，还应该承担更大的社会责任。所谓企业社会责任（Corporate Social Responsibility，CSR）是指企业在创造利润、对股东承担法律责任的同时，还要承担对员工、消费者、社区和环境的责任。企业的社会责任要求企业必须超越把利润作为唯一目标的传统理念，强调企业在生产过程中对人的价值的关注，强调对消费者、对环境、对社会的贡献。参考这一定义可以得出，化工物流企业的社会责任是指化工物流企业在创造利润、对股东承担法律责任的同时，承担对员工健康、安全以及对外部环境的责任。

对于化工物流服务来说，健康、安全的社会责任是企业必须重点考虑的对象。但是，目前由于法律法规的滞后，国内化工物流企业对健康、安全的重视度不够。近年来发生的最严重事故就是 2015 年 8 月天津港化工品爆炸，由于化工物流企业没有安全意识导致这次严重事故的发生，给国家和人民的生命财产造成重大损失。目前，国内对员工健康、生产安全比较重视的企业一般都是石化行业的企业。近年来，随着一些外资企业在国内的发展，员工健康、生产安全以及环境保护理念逐渐在国内相关行业优先推行起来。一些企业定期对员工开展安全生产教育，并逐渐形成共识。对企业而言，安全就是最大的效益；对员工而言，安全就是最大的福利。除了关系到企业本身的正常经营，化工物流企业的安全生产还关系到社会的长治久安。目前，在国内投资的一些跨国化工企业在选择化工物流企业（合作伙伴）时，对化工物流企业的健康、安全及环境等其他社会责任也提出了非常高的要求。

而从国内现有的化工物流企业来看，真正开展健康、安全与环境（Health、Safety、Environment，HSE）管理的企业还很少。究其原因，一方面是因为化工物流在国内的发展时间不长，有实力开展 HSE 管理的企业很少；另外一方面是，很多中小型化工物流企业想开展 HSE 管理，但不知道该如何着手，本书就是基于这样的实际应用背景展开的研究。

对于化工物流企业而言，要想实施 HSE 管理，首先要解决几个关键且基础的问题：化工物流运输过程中的危险源辨识、化工物流仓储过程中的危险源辨识、化工物流中的环境因素识别、化工物流中的关键环境因素识别。本书作者分别对以上问题进行了深入的研究，并在识别危险源以及关键环境因素的基础上，对危险源及环境因素的管控措施进行了探讨。最后，本书在解决前面关键问题的基础上，对化工物流企业实施 HSE 管理体系进行了研究（对应本书第六章，由上海第二工业大学经济与管理学院李洪波老师撰写）。

本书逻辑结构严谨，推理演绎合理、科学，内容丰富，观点新颖，理论研究系统性强，对策建议具有较强操作性，研究成果具有一定的创新性，具有较高的学术价值和应用价值。

本书系上海第二工业大学"管理科学与工程"学科（XXKPY1606）建设成果，在学科经费的支持下完成，特此感谢。在本书的写作过程中，作者参考了诸多国内外文献资料，在此对相关作者一并表示感谢。

由于时间所限，本文尚有不够完善的地方，恳请读者指正。

作　者
2017 年 10 月

目　录

第四章 危化品仓储中的危险源辨识、评价与管理研究

第五章 化工物流中的环境因素识别、评价与管理

第一章　化工物流概述

化学品物流来源于化工产业，在"物流"概念出现之前，它以"化学品运输"、"化学品仓储"、"有毒物品运输与仓储"、"易燃易爆物品的仓储运输"等概念来表述。随着物流概念的出现，人们对危险化学品物流有了新的认识，除了基础的危险化学品运输与仓储功能之外，危险化学品的生产、采购、加工、配送和销售等其他物流过程也纳入了危险化学品物流管理的范畴。危险化学品通常是指具有易燃、易爆、毒性、腐蚀性和放射性的化学品以及以它们作为原料所制成的各种产品，这些产品在国民生产中起着重要的作用。危险化学品由于其内在性质的特殊性，作为一种特殊的商品，一旦偏离正常的物流过程，就会发生事故。而且危险化学品物流过程发生的事故通常都是灾难性事故，会造成相当大的经济损失、环境危害和负面的社会影响。危险化学品物流不同于其他一般物流，是一项技术性和专业性很强的工作，而且危险化学品物流具有种类繁多、特性各异、危险性大、运输规章多、需特殊车辆运输、仓储场地特殊、需专业人才等特点。

危险化学品物流管理是指对危险化学品生产、运输、仓储、经营的整条供应链的管理，这其中不但包括对产品本身、运输过程、仓储过程进行安全管理，还应包括对上述环节间密切联系的安全管理，以提高效率、降低成本、保证安全。

目前，我国的物流正处于快速发展的时期，可以用一句话来概况目前我国化学品物流的发展现状："规范中的南方市场，搭建中的北方市场"。总体来说，危险化学品物流的南北差异较大，南方地区的发展较快，企业管理水平较高，各种规范标准也相对完善；由于地理环境、政策法规、地方性分化差异等影响，北方的危险化学品物流发展较慢。危险化学品物流是随着工业化步伐的不断加快而逐步发展起来的现代服务业，我国刚刚进入工业化的中后期，因此，我国的危险化学品物流仍处于起步阶段。对危险化学品物流的研究工作也才刚刚起步，相关领域的理论知识和实践经验几乎处于空白状态，多数危险化学品物流的运作沿用甚至直接套用普通货物的物流操作流程，而具体的操作方式也是简单套用普通物流实践中的方法，致使危险化学品物流安全管理不到位，危险化学品物流过程中不断发生有毒、有害物质泄漏甚至爆炸等严重事故。

本书中提及的化工物流，主要是为石油化工产业相关产品提供的物流服务。化工物流与普通货物物流相比具有易燃、易爆、有毒和腐蚀性强等特性，化学品仓储、运输的特殊性，使得其在储运、使用和废弃物处理的过程中会不可避免地产生一系列严重问题和隐患，这使得化工物流的安全管理工作变得尤为重要。

如前所述，我国的化工物流还处于起步阶段，危险化学品物流市场并不规范，危险品物流设施陈旧，物流信息化程度低，运作成本高，政府监管力度不够等，致使危险化学品在储存、运输过程中，重大事故时有发生。我国境内多次发生致命的泄漏事故，近年来影响较大的是 2005 年 3 月，在京沪高速公路上，一辆载有液氯的槽罐车与货车相撞，导致液氯大面积泄漏，造成 28 人死亡，285 人中毒入院，疏散群众 1 万人，京沪高速公路宿迁至宝应段关闭 20 小时，总损失近 2000 万元的特大严重后果；2006 年 9 月 1 日，合界高速一辆载有 30 吨粗苯的危险品专用槽车发生爆胎翻车事故，倾覆于路边水塘导致近 20 余吨粗苯泄漏，幸亏处理及时，才没有酿成更严重的后果；2008 年 1 月 13 日，云南省昆明市云天化国际化工股份有限公司三环分公司（危险化学品生产企业）硫磺仓库发生爆炸，造成 7 人死亡、7 人重伤、25 人轻伤的特大事故；2009 年 9 月 11 日，上海浦东外高桥地区一化工企业仓库发生火灾，导致一名工人死亡；2010 年 07 月 21 日，一辆从四川泸州出发前往重庆潼南县的运输槽车，在行至重庆大足县中敖镇加油站时，满载 15 吨硫酸的运输槽车突然发生泄漏，大量浓硫酸直喷而出，进入公路的排水沟，直逼大足县城居民饮水主河流；2014 年 1 月 1 日，山东省滨州市阳信县滨化滨阳燃化有限公司石脑油储罐区管道连接法兰泄漏，在处置过程中发生硫化氢气体中毒事故，造成 4 人死亡，3 人受伤；2015 年 8 月 12 日，位于天津市滨海新区天津港的瑞海公司危险品仓库发生火灾爆炸事故，造成 165 人遇难。一桩桩事故，严重冲击人们的神经。实现化工物流的规范管理，是从事化工物流的相关企业和管理部门都迫切需要解决的问题。

为防范危险化学品生产和物流过程中的各种风险，国家对于危险化学品的管理日益严格和完善，重视对企业人员和设备的资质认证，但是所颁布的条例还是存在繁文缛节，互相矛盾，在一定程度上影响了化工物流业的发展。2002 年 3 月，国务院颁发的《危险化学品安全管理条例》施行；2003 年 2 月，上海市政府重新修改《上海市营业性危险货物道路运输管理办法》；2005 年 8 月，由交通部颁发的《道路危险货物运输管理条例》施行，2013 年 1 月，就其中的车辆要求等若干问题进行了细化；2006 年 4 月，交通部禁止在内河运输剧毒化学品；2005 年 8 月，国家限制化学品陆路运输载重量；2006 年，江浙沪三省开始着手建立危险品运输长三角区域监管联动机制。

法律法规只是告诉企业什么不能做，但对于危险品物流中哪些做法是正确的，并没有说明。对于危险品物流过程中面临的安全、健康和环境问题如何辨识，以及企业在面临这些问题时该如何采取措施，是本书的研究重点。

一、石油化工产业发展现状

（一）石油化工产业定义及产品

所谓石油化工产业（简称石化工业）就是以石油和其加工产品为基础原料的化学工业的

简称，广义上说包括石油工业和化学工业两个部分。其中石油工业是指石油、天然气的开采业以及以石油为基本原材料进行成品油和其他化工材料生产加工的工业。根据主产品的用途，石油可加工生产出燃料型用油、润滑型用油和基础化工原料。而化学工业是以农副产品、煤、石油等为基础原材料进行有机化学产品生产的工业，根据化学工业基础原材料的不同，可将其分为生物化工、煤化工、盐化工、天然气化工和石油化工等，而根据其生产产品的不同又可分为基本化工、有机化工、化肥农药、医药化工及精细化工等。石油生产和加工提炼业是石化工业的上游产业，石油化学工业是石化工业的下游产业，整个石化工业是能源和原材料工业的重要组成部分，石化产品广泛应用于工农业生产、国防科技和人民生活各个领域，石油资源的不可再生性决定了石油化工产业成为世界上许多国家的战略性产业。

石油化工产业在整个化工产业中占据着举足轻重的地位，石油化工产业是以原油、天然气等原料及其相关处理为起点，经过基本化工和合成过程，加工成各种化工产品进入其他行业的生产过程或到最终消费的一个漫长的供应链。以石油及天然气为原料生产的化学品品种极多、范围极广。石油化工原料主要来自石油炼制过程产生的各种石油馏分和炼厂气，以及油田气、天然气。石油馏分（主要是轻质油，又称石脑油）通过烃类裂解、裂解气分离可制取乙烯、丙烯、丁二烯等烯烃和苯、甲苯、二甲苯等芳烃，芳烃可来自石油轻馏分的催化重整。石油轻馏分和天然气经蒸汽转化、重油经部分氧化可制取合成气，进而生产合成氨、合成甲醇等。从烯烃出发，可生产各种醇、酮、醛、酸类及环氧化合物等。随着科学技术的发展，上述烯烃、芳烃经加工可生产包括合成树脂、合成橡胶、合成纤维等高分子产品及一系列制品，如表面活性剂等精细化学品，因此石油化工的范畴已扩大到高分子化工和精细化工的大部分领域。石油化工生产一般与石油炼制或天然气加工结合，相互提供原料、副产品或半成品，以提高经济效益。石油化工产业链长，中间原料和产品繁多。

石油化工占据了整个化工产业很大的份额，牢牢占据了其基础工业的地位。建国后，为迅速提高综合国力，国家以重化工业为突破口，石油化工得到了长足的发展，几十年的时间就走完了国外200年的历史。建国半个多世纪以来，中国已经建立起门类齐全的石化工业体系，支撑化学工业发展的基础设施也基本建立起来，从大连到广东，码头、储油罐等基础设施已经逐步完善，但国内的烯烃、苯、醋酸等用于深度加工的精细化工原料的生产能力还很有限，远远满足不了经济发展的需要，需要大量进口。

同样，作为我国第一产业的重要生产物料，化肥是除石化产品外化工产业的另一大产品，目前我国的化肥品种有尿素、硝酸铵、碳酸氢铵、氯化铵、氨水、液氨、硫酸铵、重过磷酸钙、普钙、钙镁磷肥、磷酸铵、氯化钾、硫酸钾、微量元素脂料、腐殖酸类肥料等。

我国石油和化学工业经过几十年的发展，特别是近20多年的发展，已经形成了包括石油和天然气开采、石油化工、化学矿山、化学肥料、无机化学品、纯碱、氯碱、基本有机原料、农药、染料、涂料、精细化学品、橡胶加工、新型材料等主要行业的石油和化学工业体系。目前，我国已经有十余种主要石油化工产品的产量居世界前列，其中化肥、合成氨、纯碱、硫酸、染料、磷矿、磷肥、合成纤维、胶鞋等产量居第一位；农药、烧碱、轮胎产量分别居世界第二位；原油加工、乙烯、涂料等居世界第三位；原油生产、合纤单体、合成胶、合成树脂、合成纤维能力和产量、部分合成单体生产能力和产量都居世界前列。

（二）石油化工产业的特征

1. 石油化工产业是重化工产业

石油化工产业是对石油、煤炭和天然气等资源依赖性较强的重化工产业，也是技术和资本密集型产业，同时石化工业又具有产品加工链、价值增值链长和上下游产业关联度大等特点。石化产业中既有资源性基础产业又包含有满足最终消费的成品生产业，是集劳动力、资源、资金、技术于一体的系列化产业，所以根据比较优势理论和资源禀赋理论，从严格意义上来说，石化产业从原油的开采生产到最终产品的生产不可能完全局限于一国之内，因为石化产业的特点决定了一国不可能同时具有石油自然资源禀赋和石化产品加工生产技术等所有优势。如石油资源丰富的国家（中东、中非等）在对石油开采、原油粗加工方面具有优势，而石油资源短缺的国家（日本、新加坡、德国等）和技术发达国家在石化产品的精深加工方面有相当大的优势。石油资源的不可再生性和不可转移性决定了石化产品的生产加工只有分布于不同的国家才能发挥全球石油资源的最大效益。

2. 石油化工产业是战略性产业

对石油和天然气的开发利用虽然已有千年历史，但形成一个独立的产业只有百余年，石油工业的发展是近代工业革命和科学技术发展的结果，20 世纪 60 年代石油在世界能源构成中超过煤炭居第一位，而后其作为化工原材料的功能被迅速开发，所以原油的开采生产、精炼和基础化工材料的生产业在发达资本主义国家成为支柱和主导产业。石化工业作为能源和基础性产业曾是德国、美国、日本等国工业化过程中的重要支柱产业，美国战后的繁荣、西欧的复兴、日本的经济崛起及韩国的经济起飞，无不是将石化工业作为重要支柱产业之一，其石化工业发展速度远远高于同期国民经济的发展速度。在当代，石化产业也是任何一个工业大国都足够重视的战略性产业。

3. 石油化工产业是重要的原材料工业产业

石油化工产业能生产出成千上万种原料、材料和产品，是沟通工业各个行业、国民经济各个部门的重要链条，世界原油价格的波动会直接影响到成品油料和化学工业中间投入品的价格，石油工业企业会将世界原油价格波动带来的成本变化，通过价格传导机制直接传输给下游的成品油料用户和化工产品生产企业，而由于化工产品生产企业面对的主要是产品消费市场，所以国际原油价格波动对化学工业企业的影响要大于石油冶炼企业。

4. 石油化工产业是对生态环境具有较大外部负影响的产业

石油化工产业生产过程中的多数半成品是液体和气体，会形成大量的破坏环境的废水、废气和固体废弃物，是可能污染和危害生态环境的最严重工业部门。所以，虽然石油化工产业是典型的技术和资本密集型产业，发达国家具有绝对的竞争优势，但是随着发达国家环保意识加强和石化产品外部生产成本提高，同时由于发展中国家具有劳动力成本低的优势，加之发展中国家工业化过程中对石化产品市场的需要增加，出现了石化产业跨国公司将产品的研发中心保留在国内，将产品生产加工基地向发展中国家转移的趋势。

（三）国内石油化工产业的发展现状

随着我国国民经济和化工产业的快速发展，每年对危险品的消耗量也日益增加，我国每年通过道路运输的危险品已经超过 3 亿吨，其中危险品运输占年货运总量的 30% 以上，并呈上升趋势，这也使得国内的危险品行业在这些年得到了快速的发展。表 1-1 统计了石化行业的规模以及发展状况。

表 1-1　2015 年 1-12 月全国石油化工主要产品表观消费量测算表

单位：万吨

产品名称	年份	产量	进口量	出口量	表观消费量	产量/表观消费量（%）	进口/表观消费量（%）	进口依存度（%）
油（原油及油品合计）	2015 年 1-12 月	—	36538.3	3902.5	54110	—	67.5	60.3
	上年同期		33783.1	2587.9	52310.5		64.6	59.6
	同比±%	—	8.2	50.8	3.4	—	2.9	0.7
原油	2015 年 1-12 月	21474.2	33549.1	286.6	54736.8	39.2	61.3	60.8
	上年同期	21115.2	30835.7	60	51890.9	40.7	59.4	59.3
	同比±%	1.7	8.8	377.4	5.5	-1.5	1.9	1.5
天然气（亿立方米）	2015 年 1-12 月	1271.4	616.5	32.8	1855.1	68.5	33.2	31.5
	上年同期	1235.3	596.4	26.4	1805.9	68.4	33	31.6
	同比±%	2.9	3.4	24.4	2.8	0.1	0.2	-0.1
成品油（汽煤柴合计）	2015 年 1-12 月	33770.1	408.3	2543.7	31634.7	106.8	1.3	-6.8
	上年同期	31825.2	467.5	1952.1	30340.6	104.9	1.5	-4.9
	同比±%	6.1	-12.7	30.3	4.3	1.9	-0.3	-1.9

续表一

产品名称	年份	产量	进口量	出口量	表观消费量	产量/表观消费量(%)	进口/表观消费量(%)	进口依存度(%)
汽油	2015 年 1－12 月	12103.6	17	589.9	11530.7	105	0.1	－5
	上年同期	11066.6	3.4	498.4	10571.6	104.7	0	－4.7
	同比±%	9.4	401.7	18.4	9.1	0.3	0.1	－0.3
煤油	2015 年 1－12 月	3658.6	348.5	1237.5	2769.6	132.1	12.6	－32.1
	上年同期	3001.1	416.7	1053.9	2363.9	127	17.6	－27
	同比±%	21.9	－16.4	17.4	17.2	5.1	－5	－5.1
柴油	2015 年 1－12 月	18007.9	42.8	716.4	17334.3	103.9	0.2	－3.9
	上年同期	17757.5	47.4	399.8	17405.1	102	0.3	－2
	同比±%	1.4	－9.7	79.2	－0.4	1.9	0	－1.9
润滑油、脂及基础油	2015 年 1－12 月	559	292.5	14.6	836.9	66.8	34.9	33.2
	上年同期	575.6	305	14.9	865.8	66.5	35.2	33.5
	同比±%	－2.9	－4.1	－2	－3.3	0.3	－0.3	－0.3
燃料油	2015 年 1－12 月	2313	1556.2	1052.8	2816.3	82.1	55.3	17.9
	上年同期	2479.1	1782.6	940.2	3321.5	74.6	53.7	25.4
	同比±%	－6.7	－12.7	12	－15.2	7.5	1.6	－7.5
石脑油	2015 年 1－12 月	2835	664.8	0	3499.8	81	19	19
	上年同期	2927.9	369.8	13.1	3284.5	89.1	11.3	10.9
	同比±%	－3.2	79.8	－	6.6	－8.1	7.7	8.1
溶剂油	2015 年 1－12 月	299	2.2	0.4	300.7	99.4	0.7	0.6
	上年同期	376	2.4	0.61	377.8	99.5	0.6	0.5
	同比±%	－20.5	－7.6	－30.9	－20.4	－0.1	0.1	0.1

产品名称	年份	产量	进口量	出口量	表观消费量	产量/表观消费量(%)	进口/表观消费量(%)	进口依存度(%)
润滑脂	2015年1-12月	21.6	2.2	0.8	23	93.8	9.8	6.2
	上年同期	23.4	2.3	0.77	24.9	94	9.1	6
	同比±%	-7.9	-0.4	5.5	-7.6	-0.3	0.7	0.3
液化石油气	2015年1-12月	2934.4	1208.8	144.1	3999.1	73.4	30.2	26.6
	上年同期	2752.2	710.1	143.8	3318.5	82.9	21.4	17.1
	同比±%	6.6	70.2	0.2	20.5	-9.6	8.8	9.6
石油焦	2015年1-12月	2500.4	588.7	241.9	2847.2	87.8	20.7	12.2
	上年同期	2446.8	535	244.2	2737.6	89.4	19.5	10.6
	同比±%	2.2	10	-0.9	4	-1.6	1.1	1.6
石油沥青	2015年1-12月	3216.5	1811.9	29.3	4999.1	64.3	36.2	35.7
	上年同期	2896.2	856.3	21.2	3731.3	77.6	22.9	22.4
	同比±%	11.1	111.6	38.3	34	-13.3	13.3	13.3
硫酸(折100%)	2015年1-12月	8975.5	117.1	20.3	9072.2	98.9	1.3	1.1
	上年同期	8626.7	140.5	4.4	8762.8	98.4	1.6	1.6
	同比±%	4	-16.7	362	3.5	0.5	-0.3	-0.5
硝酸(折100%)	2015年1-12月	276.8	4.1	0.9	279.9	98.9	1.5	1.1
	上年同期	288.2	5.7	0.97	292.9	98.4	1.9	1.6
	同比±%	-4	-28.5	-1.7	-4.4	0.5	-0.5	-0.5
盐酸	2015年1-12月	844.9	2.1	1.1	846	99.9	0.3	0.1
	上年同期	905.6	0.5	0.89	905.2	100	0.1	0
	同比±%	-6.7	332.8	22.6	-6.5	-0.2	0.2	0.2

产品名称	年份	产量	进口量	出口量	表观消费量	产量/表观消费量(%)	进口/表观消费量(%)	进口依存度(%)
烧碱(折100%)	2015 年 1－12 月	3028.1	0.9	63.9	2965.1	102.1	0	－2.1
	上年同期	3072.4	0.1	127.08	2945.4	104.3	0	－4.3
	同比±%	－1.4	1367	－49.7	0.7	－2.2	0	2.2
纯碱	2015 年 1－12 月	2591.7	0.1	219.7	2372	109.3	0	－9.3
	上年同期	2513.9	5	179.08	2339.8	107.4	0.2	－7.4
	同比±%	3.1	－98.3	22.7	1.4	1.8	－0.2	－1.8
电石	2015 年 1－12 月	2482.5	0	13	2469.5	100.5	0	－0.5
	上年同期	2449.1	0	16.89	2432.2	100.7	0	－0.7
	同比±%	1.4	48571.6	－23	1.5	－0.2	0	0.2
乙烯	2015 年 1－12 月	1714.5	151.6	0	1866.1	91.9	8.1	8.1
	上年同期	1687.1	149.7	0.02	1836.8	91.9	8.2	8.1
	同比±%	1.6	1.2	－93.8	1.6	0	0	0
纯苯	2015 年 1－12 月	783.1	120.6	9.3	894.3	87.6	13.5	12.4
	上年同期	734.3	60.1	7.49	787	93.3	7.6	6.7
	同比±%	6.6	100.5	23.9	13.6	－5.8	5.8	5.8
甲醇	2015 年 1－12 月	4010.5	553.9	16.3	4548	88.2	12.2	11.8
	上年同期	3702.5	433.2	74.93	4060.8	91.2	10.7	8.8
	同比±%	8.3	27.8	－78.3	12	－3	1.5	3
冰醋酸	2015 年 1－12 月	587	5.3	39.3	553	106.1	1	－6.1
	上年同期	578.2	1.7	18.11	561.9	102.9	0.3	－2.9
	同比±%	1.5	204.5	117.1	－1.6	3.2	0.6	－3.2

产品名称	年份	产量	进口量	出口量	表观消费量	产量/表观消费量(%)	进口/表观消费量(%)	进口依存度(%)
涂料	2015年1-12月	1717.6	17.6	20.9	1714.3	100.2	1	-0.2
	上年同期	1648.8	18.5	19.7	1647.6	100.1	1.1	-0.1
	同比±%	4.2	-4.7	6.2	4	0.1	-0.1	-0.1
聚氯乙烯树脂	2015年1-12月	1609.2	92.9	87.7	1614.4	99.7	5.8	0.3
	上年同期	1636.8	92.6	119.3	1610	101.7	5.8	-1.7
	同比±%	-1.7	0.3	-26.5	0.3	-2	0	2
聚苯乙烯树脂	2015年1-12月	301.1	77.8	33	345.9	87.1	22.5	12.9
	上年同期	208.7	84.9	32.3	261.2	79.9	32.5	20.1
	同比±%	44.3	-8.4	2.1	32.4	7.2	-10	-7.2
合成橡胶	2015年1-12月	516.6	204.5	19.1	702	73.6	29.1	26.4
	上年同期	534.5	153.2	19.8	668	80	22.9	20
	同比±%	-3.3	33.4	-3.3	5.1	-6.4	6.2	6.4
合成纤维单体	2015年1-12月	2271	1017	64.5	3223.5	70.4	31.6	29.6
	上年同期	2219	1038.7	46.9	3210.9	69.1	32.3	30.9
	同比±%	2.3	-2.1	37.6	0.4	1.3	-0.8	-1.3
合成纤维聚合物	2015年1-12月	1828	152.2	234.9	1745.2	104.7	8.7	-4.7
	上年同期	1662.6	140.4	253.9	1549.1	107.3	9.1	-7.3
	同比±%	9.9	8.3	-7.5	12.7	-2.6	-0.3	2.6
聚酯	2015年1-12月	1209.2	61.7	209.6	1061.3	113.9	5.8	-13.9
	上年同期	1160.7	40.8	230.4	971.1	119.5	4.2	-19.5
	同比±%	4.2	51.2	-9	9.3	-5.6	1.6	5.6

产品名称	年份	产量	进口量	出口量	表观消费量	产量/表观消费量(%)	进口/表观消费量(%)	进口依存度(%)
化肥合计（折纯）	2015 年 1—12 月	7627.4	611.7	1560	6679.1	114.2	9.2	−14.2
	上年同期	7108.5	526.4	1281.3	6353.6	111.9	8.3	−11.9
	同比±%	7.3	16.2	21.8	5.1	2.3	0.9	−2.3
氮肥（折含 N100%）	2015 年 1—12 月	4944.1	25.1	996.3	3972.8	124.4	0.6	−24.4
	上年同期	4651.1	22.5	885.9	3787.7	122.8	0.6	−22.8
	同比±%	6.3	11.5	12.5	4.9	1.7	0	−1.7
尿素（折含 N100%）	2015 年 1—12 月	3446.7	0.4	642	2805	122.9	0	−22.9
	上年同期	3203.3	0.3	635.8	2567.7	124.8	0	−24.8
	同比±%	7.6	30.2	1	9.2	−1.9	0	1.9
磷肥	2015 年 1—12 月	2026.4	26.1	543.1	1509.4	134.3	1.7	−34.3
	上年同期	1819	28.2	373	1474.2	123.4	1.9	−23.4
	同比±%	11.4	−7.7	45.6	2.4	10.9	−0.2	−10.9
钾肥	2015 年 1—12 月	612	560.6	20.6	1152	53.1	48.7	46.9
	上年同期	565.1	475.7	22.4	1018.4	55.5	46.7	44.5
	同比±%	8.3	17.9	−8	13.1	−2.4	2	2.4
磷酸一铵（实物量）	2015 年 1—12 月	2258	0	274.2	1983.8	113.8	0	−13.8
	上年同期	2018.1	0	232.54	1785.6	113	0	−13
	同比±%	11.9	−62.8	17.9	11.1	0.8	0	−0.8
磷酸二铵（实物量）	2015 年 1—12 月	1896.8	7.7	801.9	1102.6	172	0.7	−72
	上年同期	1712.6	22.9	488.21	1247.3	137.3	1.8	−37.3
	同比±%	10.8	−66.3	64.3	−11.6	34.7	−1.1	−34.7

2015 年，石化行业产量增加值同比增长 7.2%，化工行业增加值同比增长 9.3%，大部分行业的生产实现了不同程度的增长。合成材料总产量 1.23 亿吨，增长 8.2%；苯产量

783.1 万吨，增长 6.6％；乙烯产量 1714.5 万吨，增长 1.6％；硫酸产量 8975.5 万吨，同比增长 4.0％；纯碱产量 2591.7 万吨，增长 3.1％；甲醇产量 4010.5 万吨，增长 8.3％；农药产量 374.1 万吨，增长 2.3％；化肥总产量 7627.4 万吨，增长 7.3％；轮胎行业受美国"双反"的影响，下降 4.0％，产量为 9.25 亿条。全球经济继续深度调整，我国经济下行压力加大。面对复杂多变的国内外经济形势，石化化工行业克服重重困难，基本实现了行业经济的平稳运行，产品生产稳步增长，整体效益回升企稳，转型升级持续推进，结构调整逐步加快，能源效率继续提高。下文首先分析国内石油化工产业的发展情况。

1. 我国石油化工产业现状

化工行业是国民经济的支柱产业，产品应用范围广，产业关联度高，经济总量大，对促进相关产业升级和拉动经济增长作用突出。目前我国有化工企业 10 万多家，生产化工产品达 5 万多种，化肥、农药、成品油、乙烯、合成树脂等主要产品的产量位居世界前列。

化工产业是我国国民经济中极其重要的基础产业，与国民经济和社会发展有着极为密切的关系。目前，化工产业正以每年 5％ 的速度增长，占全国规模以上产业实现利润的 35％。在国民经济中，化工产业已经形成了一组庞大的工业群，无机与有机化工原料、合成材料、化肥、染料、原油加工、农药及农用化学品，催化材料、微电子化工材料和新型化工材料等工业均形成了一定的规模。目前，我国已有 10 余种主要化工产品的产量居世界前列。其中，化肥、染料产量居世界第一位；纯碱、农药产量居世界第二位；原油一次加工能力、硫酸、烧碱产量居世界第三位；合成橡胶产量居世界第四位；乙烯和五大合成树脂生产能力居世界第五位。特别是具有优异性能和特定功能的新材料，正在加速产业的创新步伐，预计到 2050 年，我国的化工材料品种将增加到 100 多万个；12 项新兴产业的市场总营业额将达到 1 万亿元，新材料约占 40％，其中化工产品占了很大的比例。

2. 我国石油化工产业存在的主要问题

（1）石油产品品种结构单一，质量不高。国际上已大力开发和生产差别化、功能化纤维，发展细旦、超细旦和抗静电高强高模、阻燃纤维，合成纤维差别化率达 40％。但国产的合成纤维品种单调，差别化率只有 7％，质量与进口产品相比有较大差别，因此近年来合成纤维进口量逐年上升，涤纶异型丝大部分从韩国和台湾地区进口，做玩具的细旦腈纶丝几乎全都从日本进口。

合成树脂在我国共有 1227 个牌号，其中引进的有 1063 个牌号，自行开发的只有 164 个，但生产过的只有 375 个，经常生产的只有 112 个，占总牌号的 9％左右。聚烯烃专用料产量只有 35 万吨，仅占 13％。目前，国内消费的聚烯烃专用料 80％都从国外进口，还无能力生产洗衣机内桶、汽车、家电等高档专用料。

合成橡胶产品中的顺丁橡胶总量过剩，而低顺、充油顺丁橡胶却不能满足市场需求，需要大量进口。化学肥料中的尿素、磷胺及复肥，合成材料中的已内酰胺、聚氯乙烯、环氧树脂、工程塑料、有机玻璃、橡胶制品中的子午胎和尼龙斜交胎，农药中的低污染精细产品等均是我国的弱项，面对加入 WTO 后国外产品的冲击，这些行业都面临巨大的考验。石油产品水平仍处于发达国家五、六十代的水平，70 号汽油比例仍占 20%，含铅汽油的比例高达 40%。柴油的稳定性能差、十六烷值低、含硫量高，润滑油产品中的中高档产品仅占 60%，其中产销量最大的内燃机油比国外差 3～5 个等级，石蜡产量和出口量虽居世界第一，但产品质量不高，食品蜡只有个别企业能生产，全炼蜡的比例也很低。

综合来说，我国石化产业的粗放型大路产品生产过剩，而精细高质量和专用产品却依赖进口，产品生产出现结构性矛盾。

（2）石化产品生产成本高，价格缺少竞争优势。由于世界原油价格逐步走高，石油进口和生产成本不断增大，因此国际上石化产品的价格大都低于我国产品的出厂价格，而化工产品的价格相差更大，从而导致我国的石化产品在价格上没有优势。造成这一现象的主要原因是建设项目国产化程度低，设计水平不高，投资约束机制不健全，造成投资不规范，固定资产投资过高，投入成本过大，开工不足。同时由于管理过于粗放，管理成本过高，企业人员太多，劳动成本上升，从而失去了我国制造业的劳动力成本优势。

（3）石化工业技术进步相对较慢，进一步拉大了与发达国家间的技术差距。石化工业已由过去的粗放式生产向精细化生产转变，已由资金密集型产业向技术密集型产业转变，所以当代石化产品的竞争直接表现为生产技术和工艺的竞争，我国的石化产业在技术开发上虽然有了很大进步，但由于我们起点低，发展速度相对较慢，所以石化产业与发达国家间的差距有逐步扩大的趋势。

（4）石化产业资产结构不合理，经济效益差，利润率低。产业的发展要求必须从以扩大外延为主的初期发展向提高内涵为主的发展方式转变，那种大规模铺摊子、上项目的做法已不再适应当代石化产业发展的形势，也不符合中国石化工业的发展现状。目前我国石油、石化产业的主要任务是理顺资产关系，实现由规模扩张型向提高内涵型转变，优化资产结构，提高企业经营效益。

3. 化工产业在国民经济中的地位和作用

我国化工产业的发展历史并不长，却与国民经济和社会发展有着极为密切的关系，其中以石油、天然气为原料生产合成树脂、合成纤维、合成橡胶等合成材料产品的石油化工产业是关系到国家经济、国防安全的重要产业，在国民经济和社会发展中占有重要地位。石油化工产业是以石油、天然气为原料生产汽油、煤油、柴油、润滑油等石油产品和基本有机化工原料、三大合成材料（合成树脂、合成纤维、合成橡胶）等石油化工产品的能源和原材料的产业，其生产的汽油、航空煤油、柴油、润滑油等石油产品可直接为交通运输业、工农业、国防提供能源，这是其他能源难以替代或者难以大规模替代的燃动能源；生产的三大合成材料等石油化工产品，广泛应用于国民经济和人民生活的各个方面。因此，石油化工产业是关系国家经济命脉和安全的支柱产业，在促进国民经济和社会发展中具有重要地位和作用。

以石油、天然气为原料的合成树脂、合成纤维、合成橡胶，替代了木材、棉、丝、麻、天然橡胶等天然材料，保护了森林、节省了耕地。合成树脂在包装、建筑等方面的应用能节省的木材数量还很难统计，但是 1 吨聚酯纤维可织布 17600 尺、可做衣服 1100 套，如以每亩粮田平均年产 250 公斤粮食计，这些棉田可产粮食 7.7 吨；1 吨合成橡胶相当于 16 亩橡胶园一年所产的天然橡胶。可以设想没有合成材料的发展，人类生存给自然环境带来的压力将要增加到难以承受的程度。不仅三大合成化工产品，其他化工产品的重要性也非常突出。涂料保护着世界数以亿吨计的钢铁免遭腐蚀，并使建筑、机电产品、家具等变得丰富多彩、耐用可靠。近代黏合材料在保证材料原有性能的前提下，几乎可以把性能各异的基材结合在一起。功能高分子结合了材料的结构性和功能性，由人工合成具有各种功能的高分子都是可能的。

微电子和信息处理技术得到发展，对电子器件的性能提出了更高的要求，并将在苛刻条件下使用的电子线路封装，给半导体集成电路和元器件等提供材料。随着国防工业的现代化和军工技术的发展，迫切需要耐辐射、耐高低温、重量轻和强度高的新材料，化工新型材料应运而生，并不断发展壮大。新型化工材料的发展历史不长，世界总产量和消费量也仅占三大合成材料的 0.3% 左右，却对国防建设具有不可替代的作用。

当代化学的合成方法可以对分子进行合理的设计，使分子的组成、结构和大小等特性达到前所未有的精度，从而获得材料所需的各种性能。化工材料除强度高、重量轻、柔性好、耐腐蚀外，在膨胀系数、介电常数、感光、磁性等方面具有许多优异的性能。除数量不断增长外，正是由于化工材料不断改进的性能使化工产业在国民经济和社会发展中发挥着越来越重要的作用。

4. 国内石化产业的发展趋势

目前，中国石化工业正以提高竞争力为核心，追赶国际先进水平为目标，努力实现高起点、跨越式的发展。预计到 2020 年，中国石化工业在若干领域的生产、技术和服务均将达到世界一流水平；形成 2～3 个炼油和石化工业集中布点的区域群体；炼油综合配套能力达到每年 3.8 亿吨左右，乙烯生产能力达到每年 1400～1500 万吨，以乙烯为代表的主要石化产品国内自给率达到 65% 以上；大型石化集团的资产规模、销售收入和资产回报率跻身世界前列；石化工业技术创新能力部分进入世界先进水平，在替代能源、天然气利用、新材料开发、精细化学品和环境无害化等方面实现突破性进展。主要发展趋势有以下几个方面：

（1）合理利用资源，重视替代能源开发。中国国民经济的发展对石油石化产品的需求越来越大，对石油资源的总需求超过总供给的矛盾将长期存在，因此确保资源供应是一项十分重要的工作。

（2）加强环境保护，实现可持续发展。新世纪是人类注重环境、追求经济与环境和人类社会协调发展的世纪。中国石化工业发展将继续遵循减少资源消耗、减轻环境污染的原则，大力开发清洁的生产技术和生产绿色产品，防治污染、保护环境，进行生产的全过程控制，实现中国石化工业的可持续发展。

中国石化工业注重对现有资源的节约使用，在千方百计降低石化生产单耗、能耗的同时，更加重视再生资源、再生能源的利用，使资源利用更加合理。加快治理和淘汰不符合环保要求的生产工艺，鼓励开发节能、降耗和与环境友好的工艺技术，限制生产污染环境的石化产品，鼓励开发绿色产品。实现以最小的环境代价和最少的能耗、物耗，获取最大的经济效益和可持续发展。

（3）加快产业结构与布局的调整。面对加入 WTO 的挑战，中国石化工业将加快产业布局与产业结构调整，实施集中化、大型化、基地化的石化工业发展模式，提高竞争能力。根据"布点要依托市场相对集中，规模要不断扩大，竞争力要越来越强"的原则，在条件较好的地区开辟国家石化工业区，集中布点建设大型炼油和乙烯装置，实施石化工业区的相对集中，推进炼油化工一体化布局。通过合资、独资等多种投资方式，依托大型炼油厂新建大型乙烯装置，发挥油化结合的一体化优势，使布局更加合理。同时关停一批达不到安全、环保和质量要求，消耗高、扭亏无望的小炼厂，淘汰一批大炼厂中陈旧、落后的一次加工能力和其他小装置，实现规模化、大型化生产。

（4）进一步加快技术创新步伐，以满足市场需求。加快新产品、新工艺、新技术的开发步伐；发展和完善馏分油加氢、脱硫、高压加氢裂化、渣油加氢处理、大型硫回收等含硫原油加工配套技术；提高进口含硫原油的加工能力和技术水平，满足进口含硫原油加工量增加的需求；大力开发和推广催化裂化汽油降烯烃催化剂及技术；开发主要石化产品生产技术和装置大型化工程技术；发展以乙烯为龙头的石油化工配套技术，重点开发乙烯成套技术、聚烯烃生产技术、芳烃成套技术、丙烯腈成套技术、催化裂解技术、乙烯/苯乙烯成套技术等；加速三大合成材料的新产品开发，发展专用合成树脂新牌号、差别化纤维和合成橡胶新品种，提高产品的技术含量和附加价值；开发通用合成材料改性技术，采用新催化剂技术、共聚技术、共混/合金/复合技术、可降解技术等，使传统的通用合成材料的性能得到提升，拓宽其应用领域；适度发展精细化工和天然气化工技术，特别是石化工业所需的催化剂技术，如乙烯氧化制环氧乙烷催化剂（YS 系列等）、醋酸乙烯催化、芳烃异构化催化剂、烷基转移基甲苯歧化催化剂、烷基转移基甲苯歧化催化剂、乙苯/异丙苯分子筛催化剂等。

（5）进一步深化改革和重组。中国石化工业只有不断地进行改革和重组，才能在新的竞争形势中抓住机遇，迎接挑战，使我国从石化大国成为石化强国。结构调整将是中国石化工业今后一段时期的重要任务。事实表明，突出核心业务、强化在该领域的竞争优势是石化企业发展的客观规律。因此，中国石化工业将会积极吸取国外大公司的经验，在市场竞争中不断地进行以上下游一体化、专业化和特色化为重点的资产重组和业务交换，进一步形成自己的优势领域、核心产品和具有国际影响力的品牌地位，真正成为具有技术、经济优势的产业集团，推进所有制结构多元化。随着国有企业改革的不断深入，中国石化工业的所有制结构也日益多元化。中国石油石化工业的企业集团在改制上市后，根据业务发展的需要，还会进行增资扩股。另外，为了支持国有企业解决企业办社会、减员分离和加大技术改造力度，各个集团所拥有的国有股也有可能减持。这些措施都加大了企业的股权多元化，必将使改革和重组工作继续深入下去，加大合资合作力度。中国石化业界已经与BP、埃克森（Exxon）、壳牌（Shell）等跨国石化公司进行过成功合作，在新世纪到来之际，以扬子-巴斯夫、上海-BP、福建-埃克森-沙特阿美、天津-道化学等大型乙烯合资项目为契机，中国石化业界将与众多跨国石化公司进行广泛的合作，这必将进一步推动中国石化工业的改革和重组。同时，随着中国加入WTO，中国石化工业拓展国际化经营的步伐也将加快，以中国石化、中国石油、中国海洋为骨干的几大企业集团将进一步迈出国门，逐步拓宽国际化经营的范围，在全球化竞争中进一步发展壮大。

当然，石油化工产业在发展过程中可能还存在一些问题，整体上来说包括：

① 发展起步晚，各项基础设施不够完备；

② 部分生产商为了追求经济利益最大化，不惜以污染环境为代价；

③ 国内对于危险品生产、运输等的监管力度不够，部分危险品动作仍沿用甚至直接套用普通货物的操作模式，很容易造成事故。

尽管有这么多问题，但由于国内经济的迅速发展，市场对石化产品的需求将越发强劲，石化产业在国内将得到飞速发展。

（四）国外石油化工产业的发展现状

1. 国外石油化工行业的法律法规概况

国外石油化工产业的发展起步早，各项基础设备及管理制作比较规范，最具代表性的国家有美国、日本、德国等。最近十年来，美国因危险货物而引起的事故显著减少，特别是重大恶性事故发生的概率大大降低，这与美国完善的危险货物法规和完备监管体制是分不开的。而日本早在1948年就制定了《消防法》，对危险品的储藏、运送、保管、处理等进行了较为详细的规定，另外，还制定了一系列其他的法典，诸如《道路运送法》及《货物汽车运送事业法》等，来规范危险品行业的各种行为。德国在危险品管理上具有完备的法律法规体系及完善的调整机制，在道路危险货物运输管理方面，形成了适用于欧洲或德国实践操作的《德国关于道路危险货物运输的有关规定》，以法律的形式细化、明确了道路危险货物包装、仓储、装卸、搬运、运单填写、运输等各环节的具体要求及作业或管理人员的具体职责。总之，国外的一些发达国家，都以规范的制度来约束危险品生产、运输、使用的全过程。

以上是各个国家石化产业的法律法规情况，从各个国家企业的实际情况来看，又会有所不同。从炼油的能力、石油化工的技术和管理水平看，美国的石油公司占有绝对的优势，多少年来，埃克森/美孚(Exxon/Mobile)、壳牌(Shell)、道化学(Dow)、雪佛龙(Chevron)等国际跨国公司一直主宰着国际的石油化工市场。美国对原油的消耗占世界的 25.5%，对天然气的消耗占全球的 27%；美国对石油化工产品的消耗也远超世界其他国家。

2. 跨国石油石化公司的发展趋势

为了在国际竞争中处于有利地位，国外的石油石化大公司从上世纪 90 年代开始就采取各种措施，主要有以下几个方面：

(1) 强-强企业间合作、兼并、重组。

世界石化工业近年掀起了以跨国公司为主体、以资产重组和突出核心业务为主要特征的兼并联合热潮，成立了埃克森-美孚、新 BP、道达尔-菲纳-埃尔夫三个超大规模公司，与壳牌集团一起形成了四强并立、各具优势的新格局。通过业务重组，这些巨型跨国公司能够在更大范围内实现资源的全球性优化配置，强化优势技术，突出核心产品，以更强的竞争力，给新世纪世界石化工业带来深远的影响。值得注意的是，这些大公司的兼并重组并不是公司已经出现危机而进行的危机重组，而是以提高企业核心竞争力为目标的战略重组，其兼并重组后的效果有的十分明显。例如埃克森公司重组后年节支增效达 28 亿美元，BP 公司重组后年节支增效达 22 亿美元。

壳牌石油公司的业务主要分油气的勘探开发(EP)、石油炼制(OP)、壳牌化工(CP)三部分。壳牌石油在并购上似乎落后于其他的石油公司，通过交流了解到，这主要是公司的领导层认为，壳牌在跨国石油公司中已足够大，有自己的竞争优势。壳牌主要在油品的销售环节与其他的石油公司有些油品互供的合作，通过利用其他石油公司的储运设施在油品中调和本公司的添加剂，然后供应本公司的加油站，这样的合作在石油公司间非常普遍，极有利于降低成本。

从公司的重组与并购看，也有相当部分不成功的例子。主要原因是并购时不是非常清楚被并购的公司存在的真实风险，以及并购后两家公司原有的企业文化的冲突。据了解，雪佛龙(Chevron)并购德士古(Texaco)炼厂时就遇到非常尖锐的观念冲突。对大多数重组公司来说，原来公司的品牌都采取保留的形式，如 Exxon 与 Mobile、Chevron 与 Texaco、BP 与 Armoco 等，并购后的加油站仍为原来的商标，未采取合并或去掉其中部分商标的形式，只是公司对品牌的投入可能有策略上的变化，这一点值得我们注意。

(2) 重视对上游油气勘探的投资力度。为了尽量减少石油供应危机所产生的影响，各大石油公司都十分重视加大上游勘探力度，向有资源潜力的低成本区域争夺石油资源，特别是向非洲和美洲的深海区块进行油气田的勘探开发。另外，有的公司也充分地对油气资源进行置换或交易运作，提高资产增值的速度，尽管投资的风险相当大。

（3）集中精力保持核心业务的技术优势。这一点在石油化工方面表现得尤为突出。

壳牌化工的发展战略中，特别重视的一点就是要在自己所从事的领域做行业的领先者，公司的决策者定位产品系列的决策是，在未来五年如果该业务不能处于世界的前两位，则会采取转让卖掉而不论其现在是否有盈利。壳牌的产品销售模式定位是提供大宗化工产品，以最低的成本向工业客户供货，不断地简化生产结构。据称，在其具有优势的烯烃衍生物产品系列中，从乙烯开始到化学成品，如果化学反应超过两个则不再保留该业务。在过去的几年中，壳牌化工的橡胶、树脂厂的 14 个产品业务中，被出售了 7 个。壳牌化工认为它的优势在于提供大宗的低成本产品，过长的产品链必然会带来产品数量的减少和成本的增加。在苯乙烯的业务领域，壳牌化工有其专有技术，并不断地强化自己在苯乙烯单体生产上的优势，只提供苯乙烯的单体，总量达到了全球销售量的 50%，而且还在投资建厂，其中包括中国的南海项目。壳牌化工在技术开发上的策略，主要为已有的产品寻找新的用途，由于新产品的开发投资风险较大，所以它在这方面的关注较少。壳牌化工的战略思想是要将有限的资源和精力投入到更具优势的业务中。

（4）加快了国外市场的扩张。从各大系列的产品看，亚洲是市场和消费量增长速度最快的区域，在亚洲的投资成了他们考虑的重点。向外扩张、夺取市场，是国外大公司全球战略的重要组成部分。在他们看来，中国市场具有巨大潜力，于是纷纷来华投资。如壳牌公司在中国南海的大型化工项目等，所建的装置都是世界级规模。德国的巴斯夫公司，在其母国仅有位于路德维斯港一处生产基地，并且德国政府已严格限制其生产规模，除技术改造外，不准新建生产线，迫使其向海外转移。同样，杜邦公司等世界 500 强化工企业也计划在近几年内将其生产全部转移到国外。与其他产业一样，研发中心与生产加工基地的分离也是产业内分工和要素分工取代产品分工的结果，在这一新情况下，各国和地区应利用自身的优势要素参与石油化工产业的内部分工。

（五）石油化工产业的发展趋势

综观国内外石油化工产业行业的发展，该行业前景看好，必定会有长足的发展，未来的发展会有以下趋势：

（1）危险品的类别会更加精细化，针对各种类别的说明也会更加详尽。

（2）危险品行业的行业标准也会更加完善，逐步形成统一、规范的行业标准。这些标准包括生产标准、服务标准等。

（3）对相关从业单位和从业人员的要求也会不断提高，形成一定的行业壁垒。对于危化品的生产、仓储、运输等将会有专业的机构提供服务。

（4）未来危险品的需求量会不断增大，但是与之相关的企业也会越来越多。

由上面的发展趋势我们可以推测，与石油化工产业相关的行业，比如仓储行业、运输行业、包装行业等都将面临新的挑战，越来越需要专业化公司来提供服务。在此背景下，为石化行业服务的化工物流行业将迎来新的发展契机。对于中国化工物流企业而言，由于国内市场已经成为国际化工巨头们争夺的重要市场，这些化工巨头们的在华业务必然要依托国内化工物流公司的力量，因此，国内化工物流企业必须抓住这一有利时机，实现飞跃式发展。

二、化工物流业的发展

随着我国物流市场全面对外开放，国外物流企业将加速进军中国化工物流市场，国内许多企业也重金投向化工产品流通领域，比如中远、中外运等一些大型国企都成立了专门的化工物流公司。特别是国家《物流业调整和振兴规划》的制定，其中一个重要的目的就是培育一批具有国际竞争力的大型综合物流企业集团，为国内石化产业的发展奠定基础。

（一）化工物流市场的现状

近年来，国内的化工行业高速发展，2009 年，全行业增长 15.9%，增势突出。外贸发展迅速，仅有机化工产品的进口量，同比增长就达 50.3%，其中乙烯和甲醇进口量同比分别增长 35.1% 和 268.8%；合成树脂进口量同比增长 25%，其中聚乙烯、聚丙烯、聚氯乙烯的进口量同比分别增长 64.8%、51.8% 和 73.5%。受能源供应紧张、价格上涨刺激，煤化工以及生物燃料产业快速发展，液体化工产品、液体燃料总产能高达数千万吨。

与此同时，我国化工物流的发展也十分迅速。统计数据显示，2009 年我国石化商品一次物流总额已超过 8.5 万亿元。危险化学品运输量占全国危险品运输总量的比例已达到 85%。大宗石化产品的流动有力地带动了化工物流业的发展。

2009 年 3 月和 5 月，国务院相继出台的物流业和石化产业调整和振兴规划，又为化工物流发展带来了重大历史机遇。据中国物流信息中心统计核算，2009 年我国化工行业物流总额达 3.7 亿元，与上年同期相比增长 8.9%，高出同期工业品物流总额 0.6 个百分点。统计数据显示，目前化工物流业作为我国化工行业的扩张和延伸，已成长为我国独具特色的最专业的物流行业之一，呈现出蓬勃发展的良好势头。

从化工物流设施上看，至 2007 年全国已有包括原油、成品油、液化气和散装化学品专用船舶 4000 多艘，约 700 万载重吨，占总运力的 10% 左右；专业化码头也得到了快速发展，国内有原油、成品油、液化气和散装化学品装卸作业码头约 300 座，吞吐能力分别占沿海主要港口总泊位数和总吞吐能力的 35% 和 1/6 左右。据统计，目前原油、成品油、液化气、化学品以及其他固体品种在内的危化品运量达 3 亿多吨，约占我国全部运量的 1/10。

化工行业的高增长态势为化工物流拓展了更大的市场空间。据粗略估计，仅进口这一项,就涉及海运、码头、铁路、仓储、管道输送、报关和货代等物流环节,由此产生的物流费用多达数千亿元。虽然我国化工行业物流需求一直保持快速增长,但物流效率较低,成本偏高,与发达国家相比存在较大差距。全国重点企业物流统计调查数据显示,2009 年,我国化工行业物流费用率为 12.3%,在工业物流领域处于较高水平,高出工业行业整体平均水平 2.5 个百分点,高出制造业 1.5 个百分点。同发达国家相比,差距更大。例如,当年日本制造业物流费用率仅为 4.6%,我国化工行业物流费用率为其 2.7 倍。

从化工物流的费用结构来看,运输费用一项独大,占比 67.1%。其次为管理费用,占 15.5%,其他各项费用支出较小,多在 5% 以内。例如,利息支出占 4.9%,仓储费用占 3.5%,包装费用占 2%,流通加工费用占 0.2%,配送费用占 5.5%。从发展趋势来看,近年来,我国化工行业物流费用率不但没有下降,反而呈现稳中略升的态势。2009 年,我国化工行业物流费用率为 12.3%,比上年提高 1 个百分点,从结构上看,运输费用、包装费用微降,在总费用中的比重分别下降 1.1 个百分点和 0.2 个百分点,其余各项费用有所上升。例如,管理费用占 15.5%,比上年提高 1.1 个百分点;利息支出比重为 4.9%,提高 0.6 个百分点;仓储费用占 3.5%,提高 0.4 个百分点;配送费用占 5.5%,提高 0.1 个百分点;流通加工费用占 0.2%,提高 0.1 个百分点。

从化工物流的运输方式上看,化工原料和产品的仓储及运输对港口的依存度越来越高,在全国逐渐形成以上海为中心的多个化学物流基地。中国 5 大港口群均布局在沿海地区石油和化工产品的重要产地。环渤海、长三角、东南沿海、珠三角等国内主要石油和化工产业基地的发展,对 5 大港口群的建设和发展起到推动作用,化学品物流也成为这些港口群的主业。以 5 大港口群中货物吞吐量最大的长三角地区港口群为例,其中上海港 2015 年的吞吐量达到 4.9 亿吨,位居世界第一。而上海市的石油化工产能也居全国之首,原油加工量 5827 万吨,占全国 20.3%;乙烯产能 309.5 万吨,占全国 40%。由于上海市石化产业拥有巨大的竞争力和吸引力,因此国际化学品物流著名企业荷兰孚宝、丹麦马士基等纷纷落户上海化工区,大大提升了上海港乃至长三角港口群的国际竞争力。

另外,中国最大规模的石化产品物流中心在上海投入运营,该配送中心位于上海奉贤区海港综合经济开发区,以占地面积计算,是中国迄今最大规模的石化产品配送中心,这个 6.6 万多平方米的中心每年将接受来自阿联酋 60 万吨的聚合物,经过分装后交给中国企业生产塑料管道、电线电缆、汽车零部件、白色家电等。

从化工物流模式上看,目前我国危险品物流由第三方物流公司提供的比例还比较低,仅为 35%,其余的 65% 仍为企业自办。从物流运作模式上讲,存在下面问题:

(1)石化企业自办物流较多。我国石化企业自身规模巨大,实力较强,具有自办危险品物流的基础。中石油、中石化、中化工、中海油等主要石化企业自办物流的程度达 90% 以上,在体系内部消化掉了大部分危险品物流需求,图 1-1 为化工物流外包程度表。

（2）危化品仓储开办困难。危险品物流当中，仓储是非常重要的一环。但危化品仓储业审批、征地比较困难，在政策上并无什么优惠，使第三方企业从业的积极性受到影响。

（3）行业准入门槛高。危险品物流的准入门槛相对较高，设施设备技术含量高，一次性投资大，专业技术性强，安全风险较大，使得非专业或经济实力不足的企业不敢盲目涉足。

（4）物流企业自身实力较弱。在现有第三方危险品物流企业当中，中小企业占大多数，他们规模小，资金能力与技术能力都比较弱，缺乏在危险品物流行业开展业务的必要条件。

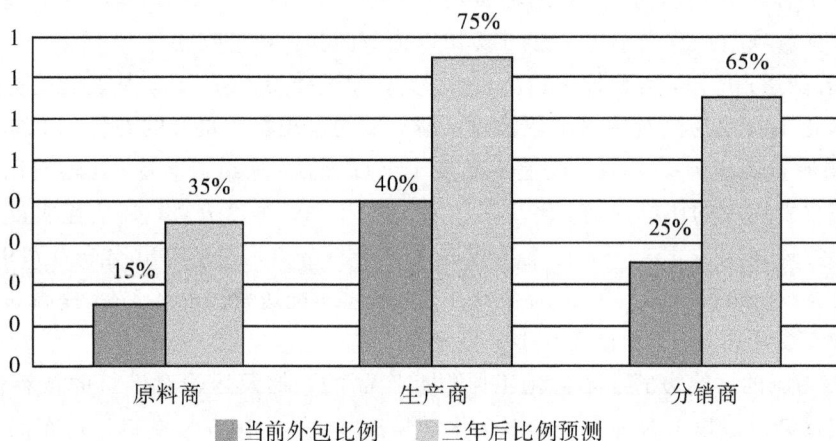

图 1-1　我国危险品产业链各环节物流外包程度

（二）化工物流市场的特点

根据上述对国内化工物流市场现状的分析，国内化工物流市场的主要特点如下：

（1）化工物流流量大，跨区域流动，需要多种运输方式的协作。它与国家宏观经济和对外贸易有关，涉及铁路、公路、水路和空运等多种运输方式。它也涉及口岸监管、商务、土地、税务和信息等其他相关部门，但这些部门之间缺少有效的沟通与协调，因而跨地区的物流服务往往受到区域性局部利益的限制而难以得到良好的发展。

（2）化工物流市场的硬件条件与物流增长需求不配套。化工品及其原料中有大量危险品，所以化工物流有时需要特殊的交通设施和仓储设施。目前在化工物流方面存在着物流网络规模小，地区发展不平衡，技术装备水平低与运输质量差等问题，沿海、内陆和铁路的基础设施都不足以满足化工物流量增长的需要，货运卡车大部分是过时的旧车，货物包装设施差，物流的及时性、安全性和质量都难以保证。

（3）化工产品的消费特点决定了会产生大量的库存需要。石化产品是重要的化工原料，其价格影响着许多下游的石化产品和聚合物的价格，以乙烯为例，由于产品需求有波峰和波谷，存在着一定的需求周期，当需求旺盛的时候，产品价格大幅度上升，当需求降低时，产品价格大幅度回落，而生产却因为设施的不停顿运转继续，因此产生的库存需求量也是巨大的。

（4）化工物流成本高：

① 各项杂费多。化工产品多为危险品，经营门槛高，相关法律、法规监管措施严格，投资经营成本高。据企业反映，在具体的运营中，化工产品尤其是危险品运输企业，不但要为办《通行证》（有的城市要办两个通行证）、年票、GPS 系统等各项业务支付费用，每年还要缴纳城市建设费、保险费、附加费等费用。

② 重复纳税多。物流本是完整的综合性服务链，但从税赋方面看，却将其按段分割。企业反映，物流公司需要给客户开几张不同的发票，运输是一个税率，仓储是一个税率，货代是一个税率，几段累加使总税率偏高。

③ 运输成本高。化工产品不同于一般的物品，从形态上说，除了少数是气态外，大部分都是液态和固态。一般具有易燃、易爆、有毒和腐蚀性强等特性，对运输多有特殊要求，比如针对一些危险易爆品的运输，需要对车辆进行 GPS 全程定位跟踪。从运输距离上说，一般是从沿海生产地通过铁路、公路、水路，运往华东、华南、华北等主要消费地，还有一些产品通过外贸形式输往海外，距离较远，并且在途运输具有较大不可控性，影响运输安全的因素比较多，涉及到司机、车辆、货物、制度、环境等多方面因素。化工物流的这种专业性特点，使得运输费用一直居高不下。2008 年运输费用占总费用的比重为 68.2%，2012 年为 67.1%。化工物流由于具有上述特点，因此在化工物流运作过程中，与普通物品的物流比较起来，要复杂的多，困难的多。

（三）化工物流市场存在的问题及发展趋势

1. 国内化工物流市场存在的问题

（1）国家现有化工物流基础设施的能力和质量，特别是现有的化工产品专用码头和高标准的储存设施（储罐）等，满足不了化工物流量不断增长的需要，因此对于满足化工产品物流的基础设施投入有充分的市场需求。

（2）交通运输设备建设缓慢，影响化工物流的发展。专用的化工集装箱运输中转站发展较慢，集装箱"门到门"的多式联运未得到充分发展。服务于区域或城市的化工物流基地、化工物流中心等现代化物流设施相对缺乏。多种运输方式之间缺少良好的衔接与配合，发展不平衡、不协调，使得各种运输方式不能合理地发挥各自的优势。

（3）化工物流成本较高。据统计，总体化工物流成本较高，运输和仓储占某些化工产品的 70%～80%。近年来，运输价格上涨，影响了石油和化工行业的正常生产和运行。汽车运输价格也由于治理超载现象出现上涨。聚氯乙烯全行业的成本因公路运输治理平均上升了 300 元/吨，火车运输中车皮却极度紧缺。

（4）工业品物流总值在社会物流总值中的比重加大。据中国物流与采购联合会发布的数据，2010 年我国工业品物流总额 113.1 万亿元，同比增长 14.6％，增幅比上年提高 0.5个百分点，占社会物流总额的比重为 90.2％，是带动社会物流总额增长的主要因素。进口货物物流总额 9.4 万亿元，按可比价格计算，同比增长 22.1％，增幅比上年提高 34.9 个百分点，这表明我国进口货物物流重回快速增长通道。

值得关注是，社会物流总费用与 GDP 的比率稳中有降。统计数据显示，2010 年全国社会物流总费用达 7.1 万亿元，同比增长 16.7％；而 2010 年全年国内生产总值（GDP）为39.8 万亿元，由此得出，2010 年社会物流总费用与 GDP 的比率为 17.8％，同比下降 0.3个百分点，物流运行效率有所提高。

（5）各地大型化工物流基地纷纷建立。化工物流产业作为化工产业的辅助产业，化工产业或化工厂商的集聚必然带来化工物流商的集聚，化工物流商的集聚即形成了化工物流园区，也就是说，化工物流园区是依托于化工园区而形成的，并为化工产业服务，提供化工产品的仓储、运输、包装等业务。由于市场分工日益细化，为了提高核心竞争力，大多数国际化工企业都将物流业务外包给物流服务提供商来完成，化工物流本身又具有复杂性、专业性和危险性的特点，所以化工物流的健康发展也是化工产业集群的规模经济效应得到充分体现的保证。化工物流园区（包括原油码头、储罐、液体化工品管道和储罐等）与化工区（包括炼厂、乙烯厂和其他大型的石化生产装置）互相补充和需要。一方面，化工物流园区的物流功能满足了化工区的生产和发展的需要；另一方面，化工区的原料输入和产品输出又支持了化工物流园区的发展。两者相互配合，发挥了良好的互补作用。目前国内比较成熟的化工物流园区有：上海金山化工物流园区、重庆长寿化工物流园区、郑州化工物流园区、南京化工物流园区等一系列运作良好的化工物流园区。

（6）专业的第三方化工物流服务商缺乏。目前化工物流的现状是，小产品实施第三方物流，而大产品因企业自己具备物流设施大多数实施的是点对点物流。也就是说，化工物流现在大部分是由化工企业自己完成。化工物流企业既要讲经济效益，还要解决物流的安全问题。特别是石油和化工行业对物流的安全性要求较高，在实施第三方物流时，需要占用土地建立专有园区和安全保障体系，配备专业化队伍和专用运输车队，并进行环保评价等，前期的投资比较大，这些因素制约了我国专业化工物流企业的发展。

2. 国内化工物流市场的前景分析

国内化工物流市场存在着系统软硬件水平较低、物流成本高、专业从事化工物流的企业及人才缺乏等问题。国内的化工物流市场还处于发展阶段，还没有完善的网络体系及规范的运作模式，但是其市场前景广阔。

（1）化工市场变化带来商机。现在许多大的化工企业已经认识到商流和物流分离的重要性，有的已经在改革之中。一方面，客户对化工物流的要求越来越高，特别是运输安全性和时效性方面的考虑。另一方面，随着物流理念深入人心，越来越多的客户将对化工品的专业化、一体化物流服务需求提到议事日程上来。大型化工企业物流和商流分离，为专业的化工物流服务商提供了机遇，对国内第三方化工物流企业来说是一个发展契机。

（2）市场尚未完全开放。根据我国的政策规定，经营沿海运输属于严格限制类项目，外商不能直接参与我国沿海和内河的货物运输。外商必须首先通过批准成立合资或合营水路运输企业，同时取得交通主管部门的许可，方可经营我国沿海和内河的货物运输。由于国内化工品运输属于国内沿海运输，政策上就限制了国外大型航运企业的进入。目前国内化工物流市场经营管理还比较混乱，运营主体分散，没有形成统一的运作模式和规范，且国内大型的第三方物流经营者还很少涉足化工物流领域，因此，当前的国内化工物流市场状况非常有利于那些致力于经营化工物流的有实力的物流供应商快速抢占市场。

（3）政府对化工物流的重视。许多地方政府对化工物流的发展非常重视，特别是一些化工产业比较集中的地方，更是将化工物流作为自己的支柱产业。例如，扬州引入"3P（Public-Private-Partnerships）模式"即"私人融资进入公共工程建设领域从而与政府进行合作"，打造化工物流。苏州市化工物流行业规划中，将以扬子江国际化学工业园、江苏高科技氟化学工业园和中化国际化工物流产业园为载体，建设全国重要的基础化工和精细化工生产基地、华东地区化工物流基地。随着中国经济的高速发展，我国的化工产业也正经历着一个腾飞的时期。化工物流巨大的市场需求是摆在每一个物流从业者面前的空前挑战，同时也为物流公司和分销商提供了充分的发展空间。依托国内化工产业的快速发展、海运量的不断增加和物流业的迅速崛起，化工物流作为一门新兴的物流业领域，相信会受到越来越多从业者的重视，其可观的利润发展空间和巨大的社会效益前景看好。

（四）化工物流的发展现状与趋势

1. 化工物流的发展现状及存在的问题

一是随着化工行业的快速发展，化工物流的需求快速上升，化工物流的增长幅度明显高于同期 GDP 的增幅。这说明经济发展对化工物流的依赖程度越来越高。二是社会物流总成本占 GDP 的比重仍处于高位，这反映出我国物流运作水平是极为粗放的，社会化、专业化水平低，经济增长付出的物流成本太高。三是社会物流增加值的幅度高于国民经济增长水平，说明我国物流社会化、专业化水平在不断提高，第三方物流企业在加速发展，物流业已成为国民经济的重要产业。四是现有化工物流基础设施薄弱，交通运输设备落后造成化工物流的成本较高。

我国物流领域低效率和高成本状况说明，目前的物流活动还存在很大的挖崛潜力，化工领域的物流也是如此。

我国化工物流目前存在的主要问题：

（1）化工物流的专业化分工程度不够，安全、环保意识不够。多年来，我国多数化工生产企业既怕失去对采购和销售的控制权，又怕额外利润被别的企业赚去，于是拥有仓库和运输车队，自己承揽几乎全部的物流业务活动。同时，许多企业把经营重点都放在了生产和销售环节上，对物流管理比较粗放，造成化工物流成本增加。一份对来华跨国企业的调查显示，物流业务都有外包且比例高达 90％以上，而国内生产企业真正寻求第三方物流总代理的仅在 10％右。大部分企业在物流上花费的时间几乎占整个生产过程的 90％，化学企业的原料或成品一般都是危险品，有其特殊的物理、化学性能，其运输、仓储等环节是一项技术性和专业性很强的工作。然而，我国大部分危险品物流的运作只是沿用甚至直接套用普通货物的物流运作方式，导致危险品物流事故频发。可以说安全因素是长期以来制约我国化工物流发展的重要原因之一。

（2）化工物流企业装备落后，现代化水平还较低。管理落后，对于资质管理、质量安全体系、标准制订、维修保养、现场监管、安全技术培训和包装检验等方面的管理体系及其实施还很不完善。符合危险品运输、搬运装卸的装备专用化程度不高，装备技术状况整体较差；缺乏统一的能够保障安全的装备技术标准。

（3）化工物流企业规模小，物流效率低，存在着地区发展不平衡，技术装备水平低与运输质量差，物流成本高等问题。大部分化工物流企业规模普遍较小，抗风险能力差、诚信度不高。我国低物流成本的水路、铁路对危险品运输限制多，铁路运输运力严重不足，加大了高成本的道路危险品的运输量。危险品生产又主要集中在东部沿海地区，中西部及东北地区偏少，而需求分散，导致运输半径过大，其运输半径往往超过公路运输的经济半径。

（4）缺乏高素质的专业物流人才，化工品的特殊性要求企业的物流管理人员不但要具有化工专业知识，熟悉化工工艺流程，而且要掌握企业内物流以及向外延伸的整条供应链的管理等物流综合知识。而我国这方面人才严重缺乏，从业人员素质普遍低、安全意识不够，技能欠缺亟须补充。

（5）物流的信息化程度低，信息技术落后。无线射频技术（RFID）、卫星定位系统（GPS）、地理信息系统（GIS）等现代物流技术在危险品运输企业的应用还很有限，信息沟通不畅，造成库存大，运力浪费，物流成本高。

（6）法制建设滞后。主要问题是参差不齐的发展水平使得行业难以形成通行的判断标准。目前我国不仅缺乏有关化工物流本身的法律法规，而且现有的化工物流法律法规也存在大量的衔接问题，还没有建立起危险化学品安全监管的长效机制。虽然一些有较强安全意识与安全责任感的企业对危险化学品物流运输的操作开始重视起来，但是由于没有可供参考的具体操作方法和管理体系，导致危险化学品物流管理成为企业发展壮大的瓶颈。我国现行的危险品安全方面的法律、法规和标准，主要都是从三个角度来制定的：第一是产品本身；第二是运输过程；第三是仓储过程。但就联系生产、运输、仓储的整条供应链来讲，至今没有一部法规或规范的管理标准。

事实证明，这三个关键环节间几乎没有法规管理，所以对各个环节的管理是分开进行的，只能分部门操作，这就是形成目前危险化学品领域众多资格证的原因，交通部门、安全部门、环保部门都参与审批发证；然而资格证众多又导致了其他的矛盾，比如企业在运输一批危险品的时候，必须通过多个部门的审批。假如交通部门批准了运输，但是安监局遵循另一套法规而禁止运输，那么会给企业造成很大的困难致使成本上升。比起这种现象，更易出现的是政策的重叠，即多个部门同时管理同一件事；各地区局部政策的差异化也会阻碍物流管理的发展。

2. 发展我国化工物流的对策

（1）进一步加大准入门坎，加强对现有化工物流企业的评估，对于不符合条件，且整改后也达不到标准的企业采取淘汰制度。进一步加大对外化工物流的开放。促使国内危险品运输企业增强竞争意识，提升自己，加速国内危险品运输企业的淘汰、整合和优化。鼓励化工物流企业朝规模经营、设备先进、管理高标准的方向发展。

（2）提高化工物流装备水平，制定先进的装备安全技术标准；积极引进先进的装备技术；建立技术进步的政策支持环境；培养和提高与装备的研发、生产、维护相关的人员和技术水平；加快现有技术装备的升级和改造。从物流装备差、管理水平低、高事故率向重视管理、不断更新物流装备方向发展。

（3）建立全国性的化工物流管理信息平台。利用无线射频技术(RFID)、卫星定位系统(GPS)、地理信息系统(GIS)等现代物流技术，为危险品运输过程的跟踪、监控、管理等提供技术支撑，并为事故发生后的应急管理提供技术上的保障。实现信息连通，做到事故在第一时间就近、就地处置，用信息化推动物流现代化。

（4）健全化工物流危险品的应急救援系统以及机制。建立专业的化学品应急救援网络，并建立快速应急救援机制。加强对化学品应急救援成员的培训，以便快速处理事故，防止事故扩大，使损失降至最低，以保障人民生命财产安全。建立与企业的应急反应联合机制，联合进行培训、演习以及事故救援。且在操作的过程中，对于物流企业的 HSEQ（健康、安全、环境、质量）都提出要求。

（5）发展专业化的第三方化工物流。随着市场竞争的激化和社会分工的细化，有的化工企业也开始意识到自己并不是运输经营和库存管理的行家，为了把更多的精力集中在自己的主营业务上，以便同自己的对手展开竞争，有些企业开始把一些非核心业务，诸如运输、仓储这样的业务外包给"第三方"经营。这表明部分化工企业已认识到第三方物流的重要性，并且进行了积极的尝试。

（6）建立高质量化工物流人才队伍，加大人才培养力度，采用先进物流理念，结合化工品危险性高的特点，对员工进行专业的化工供应链操作管理和处理化工危险品方面的完善培训，提供高效率、高质量安全的物流服务。

（7）单一服务向一体化服务发展。随着外资化工巨头在国内的发展，从原来单一的寻找运输服务商或者仓储服务商向寻找集成解决方案提供商的方向发展，且在为化工企业提供物流服务的过程中，外资的要求会越来越多，希望集成商能够帮助解决企业所遇到的所有物流问题，包括运输方面、仓储方面，其至是包装方面的问题。在这种背景下，要求一些水平比较高的化工物流企业能够整合社会资源，为石化企业提供一站式、一体化、全方位的服务。

三、化工物流中的安全问题

目前，我国化工物流业存在着许多不规范现象，带来的安全隐患也不容忽视。随着国内工业化进程的加快和经济的迅猛发展，我国对于各类化学品的需求与日俱增，目前已成为仅次于美国的世界危化品生产和使用大国。在此背景下，带来的危化品物流量急剧增长。

巨大的化学品物流量与混乱的市场、落后的标准和不规范的物流装备之间的矛盾十分突出，给化工物流带来了诸多的安全隐患。当所有的不规范行为积累到一定程度，问题就会集中爆发，而且是以一种极其惨烈的形式呈现。对于化工物流而言，安全是有代价的，如果不付出正常的代价，就得付出惨烈的代价，就像天津港8·12爆炸事故一样。目前国内在化工物流这块存在的主要问题包括：

（一）安全方面投入不足

理论上讲，危化品物流业对企业资质要求非常严格，投资大、门槛高、专业性强，审批手续复杂，不是一般的企业可以涉足的。从事危化品运输的企业要具有10台以上的专用车辆经营规模，5年以上从事运输经营的经验，还要配有相应的专业技术管理人员，要有一套完整的安全管理、监督体系，还要有交通部门授予的车辆营运资格。

但由于化工物流运输能力的增长速度跟不上石油化工产业发展的速度，化工物流储运资源一直处于短缺状态，同时危化品运输比普通货物运输利润高，巨大的市场需求以及高利润的诱惑催生了众多的非法从业者。有数据显示，目前从事道路运输的企业中个体经营者超过 80%，高度分散的业态使得行业竞争激烈，同时也埋下了众多的安全隐患。

除了装备不合格外，危化品运输车辆超速、超载、不按指定路线行驶、未经批准进入限行区域、未配备押运人员、未喷涂警示标志等交通违法行为突出，大大增加了运输环节发生事故的概率。另外，在危化品道路运输行业标准的制定上也存在着政出多门、标准相互打架的问题。目前我国涉及危化品交通运输管理的部门有工信部、交通部、公安部、环保部、质检总局等多个部门，各部门的法规政策存在着相互不一致的现象。与欧美发达国家相比，我国的一些产品标准十分落后，特别是在一些设计理念上，还有许多要提升和改进的地方，这些都是亟待解决的问题，要有投入，要付出代价。

（二）安全资源整合不足

事实上，天津港 8·12 事故是危化品仓储运输过程中存在问题的一个集中体现。危化品物流长期以来一直存在着散乱差的现象，运输产能供大于求，恶性竞争、安全保障堪忧都是不争的事实。瑞海物流之所以会出现如此严重的事故，不是一个环节出现了一个问题，而是所有的管理环节都出了问题，是所有问题的集中体现。

上海网盛运泽物流网络有限公司曾经做过一次调研，走访了 20 多个城市和地区，调查结果显示，化工物流市场往往是有车无货，有货没钱赚，有钱赚收款难，车辆空载率达40% 左右；仓库市场呈现冰火两重天的现象，具有保税和金融服务功能的仓库供不应求，普通仓库空置率较高，宁波、张家港等地的储罐空置率大概在 50% 左右。从货主到司机、第三方等都在抱怨收入低、货源少、成本高。

在目前这种情况下，一些小企业、水平低下的企业必然没有能力在安全方面进行投资，而且这些企业所接的业务，基本都是在拼价格，因此在利润率低下的情况下，更没有可能增加安全方面的投资。因此通过什么样的技术手段整合现有资源，将一部分安全管理好的危化品物流企业作为龙头，带动危化品物流行业整体安全水平的提高，是提高危化品物流行业整体安全水平的关键。

（三）风险管理机制不健全

危化品物流企业所面临的风险来自于多方面，主要风险可归纳为以下几种：与分包商之间的风险、社会公众之间的风险、制度与法律风险、合同风险、第三者法律责任风险投资与融资风险、提供物流方案的风险、提供金融服务的风险、责任范围加大的风险。其中与社会公众之间可能产生的责任风险主要是环境污染、交通肇事以及危化品泄漏。国家越来越重视环境污染和危化品泄漏问题，2015 年 1 月出台的环境保护法被称为史上最严厉的环境保护条例，国家对于环境污染的处罚力度加大，并且在环境污染方面会存在一个极高的环境污染恢复和治理投入的风险。

面对如此多的风险，危化品物流企业该如何规避？建立风险管理体系、健全风险预防机制是危化品物流企业确保平安的主要手段。在由风险识别、评估、评价、规划、控制以及管理效果评价六部分组成的管理体系中，特别重要的环节是风险评估和风险控制，风险评估不完善、风险控制不到位的话，必然导致事故，而危险品物流的事故可能会带来一系列不可预知的后果，包括对员工身体安全的伤害、对环境的破坏。但目前国内企业在风险控制环节投入不多，一方面是存在侥幸心理，另外也是因为企业管理水平跟不上，不知道该如何着手管理安全和风险问题。

四、研究意义和思路

（一）研究意义

中国经过几十年的高速发展，人民群众的生活水平得到了极大的提高。在这种情况下，按照马斯洛的需求层次理论，满足温饱之后，就会产生更高层次的需求，对于企业员工而言，健康、安全的工作环境成为考量工作满意度的基本条件。

同时对于企业而言，不仅仅是创造更多财富，还应该承担更大的社会责任。所谓企业社会责任（Corporate Social Responsibility，CSR）是指企业在创造利润、对股东承担法律责任的同时，还要承担对员工、消费者、社区和环境的责任。企业的社会责任要求企业必须超越把利润作为唯一目标的传统理念，强调要在生产过程中对人的价值的关注，强调对消费者、对环境、对社会的贡献。参考这一定义，可以得出化工物流企业的社会责任是指化工物流企业在创造利润、对股东承担法律责任的同时，承担对员工健康、安全以及对外部环境的责任。

对于危化品物流服务来说，健康安全的社会责任是必须重点考虑的对象。但是，由于法律法规的滞后，国内企业对健康、安全的重视度不够。目前，国内对员工健康、生产安全比较重视的企业一般都是石化行业。近年来，随着一些外资企业在国内的发展，员工健康、生产安全以及环境保护理念逐渐在国内一些行业优先推行起来。定期对员工开展安全生产教育，对企业而言，安全就是最大的效益；对员工而言，安全就是最大福利。化工物流企业的安全生产关系到社会的长治久安。目前，在国内投资的一些跨国化工企业在选择化工物流企业作为合作伙伴时，对于化工物流企业的健康安全及其他社会责任，提出了非常高的要求。

而对目前国内现有的化工物流企业而言，真正开始健康、安全与环境管理的企业还比较少，更多的企业是不知道该如何入手，本书是作者近年来在化工物流安全领域教学、研究的基础上写出来的。除了理论研究外，本书还特别针对化工物流运输、化工物流仓储中的危险源辨识、化工物流中的环境因素辨识进行了详细研究，并提出了具体的执行方案，方便一般化工物流企业按此方案建立本企业的健康、安全与环境管理体系。

（二）研究思路

本文以化工物流企业在实施健康、安全与环境管理体系（Health、Safety、Environment，HSE）过程中遇到的若干关键问题作为研究对象，首先从理论研究入手，研究安全系统工程理论在化工物流领域的具体应用。由于危险源辨识是化工物流安全管理的基础，因此本书首先对危险源辨识方法进行了归纳，并针对与化工物流特色相符合的危险源辨识理论和方法进行了详细阐述；接着研究其中的几个关键问题：化工物流运输过程中的危险源辨识与控制、化工物流仓储过程中的危险源辨识与控制、化工物流过程中的关键环境因素识别，最后研究了化工物流企业的 HSE 管理体系构建，并由此得出本书的结论。

本文的研究框架与路线图如图 1-2 所示。

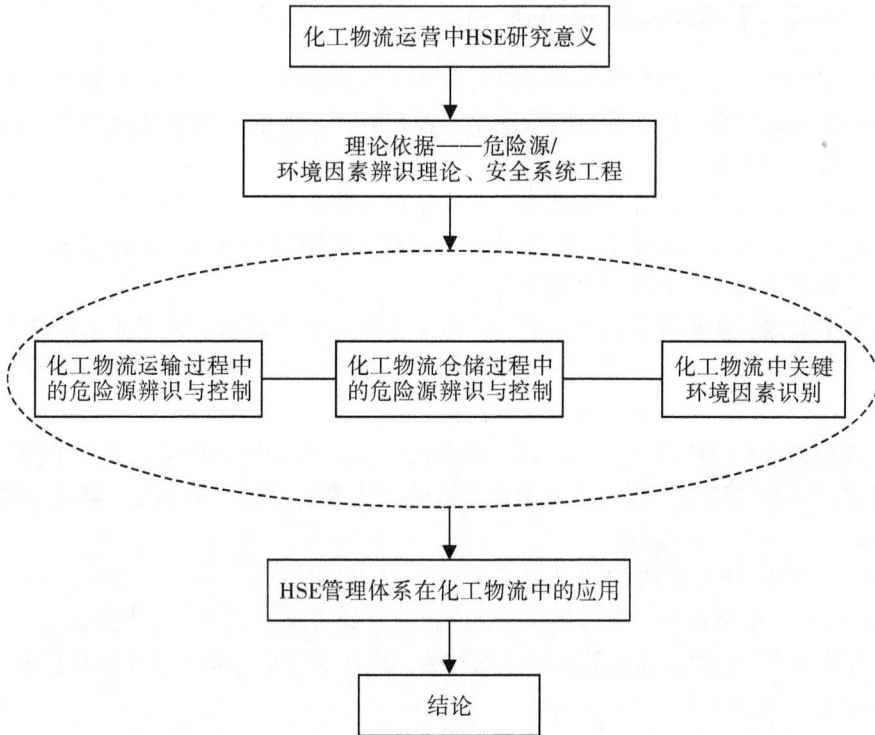

图 1-2　文章研究框架和路线图

第二章　化工物流 HSE 管理的相关理论和方法

在化工物流 HSE 管理研究的过程中，涉及到的理论很多，既包括可持续发展理论又包括危险源辨识的相关理论，特别值得一提的是，在对化工物流 HSE 管理的研究中，马斯洛的需求层次理论，也是研究的基础。因此，下面将对涉及到的理论和方法进行简单介绍。

一、马斯洛需求层次理论

（一）马斯洛需求层次理论简介

在马斯洛看来，人类的价值体系中存在两类不同的需求，一类是沿生物谱系上升方向逐渐变弱的本能或冲动，称为低级需求或生理需求；一类是随生物进化而逐渐显现的潜能或需求，称为高级需求。

人都潜藏着这五种不同层次的需求，但在不同时期，表现出来的对各种需求的迫切程度是不同的。人的最迫切的需求才是激励人行动的主要原因和动力。人的需求会由从外部得来的满足逐渐向从内在得到的满足转化。

低层次的需求：基本得到满足以后，它的激励作用就会降低，其优势地位将不再保持下去，高层次的需求会取代它成为推动行为的主要原因。有的需求一经满足，便不能成为激发人们行为的起因，于是被其他需求取而代之。

高层次的需求：比低层次的需求具有更大的价值。热情是由高层次的需求激发的。人的最高需求即自我实现就是以最有效和最完整的方式表现他自己的潜力，唯此才能使人得到高峰体验。

马斯洛在 1943 年发表的《人类动机的理论》（ A Theory of Human Motivation Psychological Review）一书中提出了需求层次论。这种理论的构成根据三个基本假设：

（1）人要生存，他的需求能够影响他的行为。只有未满足的需求能够影响行为，满足了的需求不能充当激励工具。

（2）人的需求按重要性和层次性排成一定的次序，从基本的（如食物和住房）到复杂的（如自我实现）。

（3）当人的某一级的需求得到最低限度满足后，才会追求高一级的需求，如此逐级上升，成为推动继续努力的内在动力。

马斯洛理论把需求分成**生理**需求、**安全**需求、**社会**需求、**尊重**需求和**自我实现**需求五类，依次由较低层次到较高层次（如图 2-1 所示）。

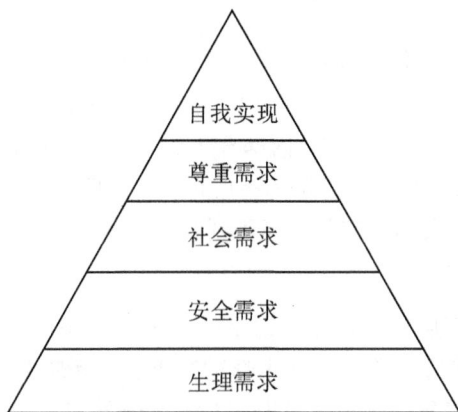

图 2-1　马斯洛需求层次理论图

（二）马斯洛需求层次理论的基本内容

马斯洛需求层次理论中，各层次需求的基本含义如下。

1. 生理上的需求

生理上的需求是人类维持自身生存的最基本要求，包括饥、渴、衣、住、行方面的要求。如果这些需求得不到满足，人类的生存就成了问题。从这个意义上说，生理需求是推动人们行动的最强大动力。马斯洛认为，只有这些最基本的需求满足到维持生存所必需的程度后，其他的需求才能成为新的激励因素，而到了此时，这些已相对满足的需求也就不再成为激励因素了。

2. 安全上的需求

安全上的需求是人类要求保障自身安全，摆脱事业和财产丧失威胁，避免职业病的侵袭、接触严酷的监督等方面的需求。马斯洛认为，整个有机体是一个追求安全的机制，人的感受器官、效应器官、智能和其他能量主要是寻求安全的工具，甚至可以把科学和人生观都看成是满足安全需求的一部分。当然，当这种需求一旦相对满足后，也就不再成为激励因素了。

3. 感情上的需求

感情上的需求包括两个方面的内容。一是友爱的需求，即人人都需求伙伴之间、同事之间的关系融洽或保持友谊和忠诚；人人都希望得到爱情，希望爱别人，也渴望接受别人的爱。二是归属的需求，即人都有一种归属于一个群体的感情，希望成为群体中的一员，并相互关心和照顾。感情上的需求比生理上的需求来的细致，它和一个人的生理特性、经历、教育、宗教信仰都有关系。

4. 尊重的需求

人人都希望自己有稳定的社会地位，要求个人的能力和成就得到社会的承认。尊重的需求又可分为内部尊重和外部尊重。内部尊重是指一个人希望在各种不同情境中有实力、能胜任、充满信心、能独立自主。总之，内部尊重就是人的自尊；外部尊重是指一个人希望有地位、有威信，受到别人的尊重、信赖和高度评价。马斯洛认为，尊重需求得到满足，能使人对自己充满信心，对社会满腔热情，体验到自己活着的用处和价值。

5. 自我实现的需求

自我实现的需求是最高层次的需求，它是指实现个人理想、抱负，发挥个人的能力到最大程度，完成与自己的能力相称的一切事情的需求。也就是说，人必须干称职的工作，这样才会使他们感到最大的快乐。马斯洛提出，为满足自我实现需求所采取的途径是因人而异的。自我实现的需求是在努力实现自己的潜力，使自己越来越成为自己所期望的人物。

（三）对马斯洛需求层次理论的理解

以服务于本书的研究为出发点，对马斯洛需求层次理论进行如下解释：

（1）五种需求像阶梯一样从低到高，按层次逐级递升，但这种次序不是完全固定的，可以变化，也有种种例外情况。

（2）需求层次理论有两个基本出发点，一是人人都有需求，某层的需求获得满足后，另一层的需求才会出现；二是在多种需求未获满足前，首先满足迫切需求；三是该需求满足后，后面的需求才能显示出其激励作用。

（3）一般来说，某一层次的需求相对满足了，就会向高一层次发展，追求更高一层次的需求就成为驱使行为的动力。相应的，获得基本满足的需求就不再是一股激励力量。

（4）五种需求可以分为两级，其中生理上的需求、安全上的需求和感情上的需求都属于低一级的需求，这些需求通过外部条件就可以满足；而尊重的需求和自我实现的需求是高级需求，他们是通过内部因素才能满足的，而且一个人对尊重和自我实现的需求是无止境的。同一时期，一个人可能有几种需求，但每一时期总有一种需求占支配地位，对行为起决定作用。任何一种需求都不会因为更高层次需求的发展而消失。各层次的需求相互依赖和重叠，高层次的需求发展后，低层次的需求仍然存在，只是对行为影响的程度大大减小。

（5）马斯洛和其他的行为心理学家都认为，一个国家多数人的需求层次结构，是同这个国家的经济发展水平、科技发展水平、文化和人民受教育的程度直接相关的。在发展中国家，生理需求和安全需求占主导的人数比例较大，而高级需求占主导的人数比例较小；在发达国家，则刚好相反。

中国目前处于一个从发展中国家向发达国家过渡的阶段，在满足基本物质需求以后，人们追求的必然是安全的需求和情感的需求，以及尊重的需求和自我实现的需求，这也是目前国内为什么越来越多企业重视企业健康、安全与环境管理，以及更加重视文化建设的缘由。

二、可持续发展理论

（一）可持续发展理论的产生

可持续发展理论的形成经历了相当长的历史过程。20 世纪 50 到 60 年代，人们在经济增长、城市化、人口、资源等所形成的环境压力下，对"增长＝发展"的模式产生怀疑并展开讨论。

在所有可持续发展大事记中，有一个美国女海洋生物学家的名字总会被提起，她就是莱切尔·卡逊（Rachel Carson）。这是因为在上个世纪中叶她推出了一本论述杀虫剂，特别是滴滴涕对鸟类和生态环境毁灭性危害的著作——《寂静的春天》。尽管这本书的问世使卡逊一度备受攻击、诋毁，但书中提出的有关生态保护的观点最终还是被人们所接受。环境问题从此由一个边缘问题逐渐走向全球政治、经济议程的中心。在这之后，随着公害问题的加剧和能源危机的出现，人们逐渐认识到把经济、社会和环境割裂开来谋求发展，只能给地球和人类社会带来毁灭性的灾难。源于这种危机感，可持续发展的思想在 80 年代逐步形成。

1983 年 11 月，联合国成立了世界环境与发展委员会（WECD）。1987 年，以挪威首相布伦特兰为主席的联合国世界与环境发展委员会发表了一份报告《我们共同的未来》，正式提出可持续发展概念，并以此为主题对人类共同关心的环境与发展问题进行了全面论述，受到世界各国政府组织和舆论的极大重视，在 1992 年联合国环境与发展大会上可持续发展要领得到与会者们的共同认可。

（二）可持续发展理论的内容

1. 可持续发展的概念

有关可持续发展的定义很多，但是，世界公认的是以布伦特兰为首的联合国世界环境与发展委员会在 1987 年年会所发表的布伦特兰报告书所提出的定义："可持续发展（Sustainable Development）是既满足当代人的需要，又不对后代人满足其需要的能力构成危害的发展。"传统的发展是以高投入、高消耗为其发展的重要手段和基本途径，以高消费、高享受为其发展的目标和原动力，因而它往往片面强调发展的经济指标，片面强调发展的速度和发展的数量，而忽视生态保护，忽视资源的综合利用，忽视污染防治，因而是以牺牲环境作为代价换取经济一时的繁荣发展的方式。

2. 可持续发展的内涵

（1）共同发展。地球是一个复杂的巨系统，每个国家或地区都是这个巨系统不可分割的子系统。系统的最根本特征是其整体性，每个子系统都和其他子系统相互联系并发生作用，只要一个系统发生问题，都会直接或间接影响到其他系统的紊乱，甚至会诱发系统的整体突变，这在地球生态系统中表现最为突出。因此，可持续发展追求的是整体发展和协调发展，即共同发展。

（2）协调发展。协调发展包括经济、社会、环境三大系统的整体协调发展，也包括世界、国家和地区三个空间层面的协调发展，还包括一个国家或地区经济与人口、资源、环境、社会以及内部各个阶层的协调发展，持续发展源于协调发展。

（3）公平发展。世界经济的发展呈现出因水平差异而表现出来的层次性，这是发展过程中始终存在的问题。但是这种发展水平的层次性若因不公平、不平等而引发或加剧，就会从局部上升到整体，并最终影响到整个世界的可持续发展。可持续发展思想的公平发展包含两个纬度：一是时间纬度上的公平，当代人的发展不能以损害后代人的发展能力为代价；二是空间纬度上的公平，一个国家或地区的发展不能以损害其他国家或地区的发展能力为代价。

（4）高效发展。公平和效率是可持续发展的两个轮子。可持续发展的效率不同于经济学的效率，可持续发展的效率既包括经济意义上的效率，也包含着自然资源和环境损益的成分。因此，可持续发展思想中的高效发展是指经济、社会、资源、环境、人口等协调下的高效率发展。

3. 可持续发展的相关理论

第一：可持续发展的基础理论

（1）经济学理论：

① 增长的极限理论。这是 D·H·Meadows 在其《增长的极限》一文中提出的有关可持续发展的理论，该理论的基本要点是：运用系统动力学的方法，将支配世界系统的物质关系、经济关系和社会关系进行综合，提出了人口不断增长、消费日益提高，而资源则不断减少、污染日益严重，制约了生产的增长；虽然科技不断进步能起到促进生产的作用，但这种作用是有一定限度的，因此生产的增长是有限的。

② 知识经济理论。该理论认为经济发展的主要驱动力是知识和信息技术，知识经济将是未来人类可持续发展的基础。

（2）可持续发展的生态学理论。所谓可持续发展的生态学理论是指根据生态系统的可持续性要求，人类的经济社会发展要遵循生态学的三个定律：一是高效原理，即能源的高效利用和废弃物的循环再生产；二是和谐原理，即系统中各个组成部分之间的和睦共生，协同进化；三是自我调节原理，即协同的演化着眼于其内部各组织的自我调节功能的完善和持续性，而非外部的控制或结构的单纯增长。

（3）人口承载力理论。所谓人口承载力理论是指地球系统的资源与环境，由于自身自组织与自我恢复能力存在一个阈值，在特定技术水平和发展阶段下对于人口的承载能力是有限的。人口数量以及特定数量人口的社会经济活动对于地球系统的影响必须控制在这个限度之内，否则，就会影响或危及人类的持续生存与发展。这一理论被喻为 20 世纪人类最重要的三大发现之一。

（4）人地系统理论。所谓人地系统理论，指人类社会是地球系统的一个组成部分，是生物圈的重要组成部分，是地球系统的主要子系统。它是由地球系统所产生的，同时又与地球系统的各个子系统之间存在相互联系、相互制约、相互影响的密切关系。人类社会的一切活动，包括经济活动，都受到地球系统的气候（大气圈）、水文与海洋（水圈）、土地与矿产资源（岩石圈）及生物资源（生物圈）的影响，地球系统是人类赖以生存和社会经济可持续发展的物质基础和必要条件；而人类的社会活动和经济活动，又直接或间接影响了大气圈（大气污染、温室效应、臭氧洞）、岩石圈（矿产资源枯竭、沙漠化、土壤退化）及生物圈（森林减少、物种灭绝）的状态。人地系统理论是地球系统科学理论的核心，是陆地系统科学理论的重要组成部分，是可持续发展的理论基础。

第二：可持续发展的核心理论

可持续发展的核心理论，尚处于探索和形成之中。目前已具雏形的流派大致可分为以下几种：

（1）资源永续利用理论。资源永续利用理论流派的认识论基础在于：认为人类社会能否可持续发展取决于人类社会赖以生存发展的自然资源是否可以被永远地使用下去。基于这一认识，该流派致力于探讨使自然资源得到永续利用的理论和方法。

（2）外部性理论。外部性理论流派的认识论基础在于：认为环境日益恶化和人类社会出现不可持续发展现象和趋势的根源，是人类迄今为止一直把自然（资源和环境）视为可以免费享用的"公共物品"，不承认自然资源具有经济学意义上的价值，并在经济生活中把自然的投入排除在经济核算体系之外。基于这一认识，该流派致力于从经济学的角度探讨把自然资源纳入经济核算体系的理论与方法。

（3）财富代际公平分配理论。财富代际公平分配理论流派的认识论基础在于：认为人类社会出现不可持续发展现象和趋势的根源是当代人过多地占有和使用了本应属于后代人的财富，特别是自然财富。基于这一认识，该流派致力于探讨财富（包括自然财富）在代际之间能够得到公平分配的理论和方法。

（4）三种生产理论。三种生产理论流派的认识论基础在于：人类社会可持续发展的物质基础在于人类社会和自然环境组成的世界系统中物质的流动是否通畅并构成良性循环。

他们把人与自然组成的世界系统的物质运动分为三大"生产"活动，即人的生产、物资生产和环境生产，致力于探讨三大生产活动之间和谐运行的理论与方法。

（三）中国可持续发展战略的特征

作为一个具有 14 亿人口的发展中大国，提高经济技术水平，加速社会发展，尽快地由粗放型经济过渡到集约型经济，是当今中国可持续发展的首要任务。在这个时期，中国可持续发展战略具有以下基本特征：突出了产业部门，包括钢铁、有色冶金、化工、轻工、纺织、机械电子、建筑以及交通运输、物资流通等行业，特别注重能源和农业两大支柱性产业的可持续发展战略。

在保护与发展这个既矛盾又统一的问题上，采取了在促进经济发展的同时保护资源与环境的战略。为实现这一战略目标，强调尽可能地提高资源、能源利用率和废弃物综合利用率，减轻经济发展对环境的危害；强调可再生自然资源特别是生物和生态资源的开发，着眼于开发和增值的协调，扩大资源的再生能力，确保不因开发规模扩大而导致可再生自然资源的枯竭。

高度重视区域性和全球性重大环境问题，积极加入了《气候变化框架公约》、《生物多样性公约》、《蒙特利尔议定书》等有关国际公约，并制定了履行公约的战略措施。在《中国 21 世纪议程》的基础上，基于我国的实际情况，中国对可持续发展的认识和理解主要强调以下几点：

第一，可持续发展的核心是发展。历史表明，落后和贫穷不可能实现可持续发展的目标。中国必须毫不动摇地把发展经济放在首位，各项工作都要围绕经济建设这个中心来展开，无论是社会生产力的提高、综合国力的增强、人民生活水平和人口素质的提高，还是资源的有效利用、环境和生态的保护，都有赖于经济的发展。经济发展既是发展的物质基础，也是实现人口、资源、环境与经济社会协调发展的根本保障。

第二，可持续发展的重要标志是资源的永续利用和良好的生态环境。可持续发展要求在严格控制人口增长、提高人口素质和保护环境、资源永续利用的条件下进行经济和社会建设，保持发展的持续性和良好势头。因此，保护好人类赖以生存与发展的大气、淡水、海洋、土地和森林等自然环境和自然资源，防止环境污染和生态破坏，既是中国社会广义建设的一项战略性任务，也是中国的一项基本国策。

第三，可持续发展要求既要考虑当前发展的需要，又要考虑未来发展的需要。中国实施可持续发展战略的实质是要开创一种新的发展模式代替传统落后的发展模式，把经济发展与人口、资源、环境协调起来，把当前发展与长远发展结合起来，而不是以牺牲后代人为代价来满足当代人利益的发展。

第四，实现可持续发展战略必须转变思想观念和行为规范。要正确认识和对待人与自然的关系，用可持续发展的新思想、新观点、新知识，改变人们传统的不可持续发展的生产方式、消费方式、思维方式，从整体上转变人们的传统观念和行为规范。

以上介绍的可持续发展理论主要强调人与自然的和谐发展，在本文后续所研究化工物流服务供应链运作过程中，由于服务对象的特殊性，会存在与自然发展不和谐的地方，那么如何利用可持续发展理论来协调生产活动与自然之间的关系，是后面章节研究的重点。

三、危险源概述

（一）危险源定义

危险源是指一个系统中具有潜在能量和物质释放危险的、可造成人员伤害、在一定的触发因素作用下可转化为事故的部位、区域、场所、空间、岗位、设备及其位置。它的实质是具有潜在危险的源点或部位，是爆发事故的源头，是能量、危险物质集中的核心，是能量流传出来或爆发的地方。危险源存在于确定的系统中，不同的系统范围，危险源的区域也不同。例如，从全国范围来说，对于危险行业（如石油、化工等）具体的一个企业（如炼油厂）就是一个危险源；而从一个企业系统来说，可能某个车间、仓库就是危险源；一个车间系统中，可能某台设备是危险源。因此，分析危险源应按系统的不同层次来进行。一般来说，危险源可能存在事故隐患，也可能不存在事故隐患。对于存在事故隐患的危险源一定要及时加以整改，否则随时都可能导致事故，它和隐患一词经常被混淆。其实两者的含义有本质的区别：隐患即潜藏着的祸患，是指某一系统已经具备了发生事故的充分条件；而危险源并不具备发生事故的充分条件。实际中，对事故隐患的控制管理总是与一定的危险源联系在一起，因为没有危险的隐患也就谈不上要去控制它；而对危险源的控制，实际就是消除其存在的事故隐患或防止其出现事故隐患。

（二）危险源构成要素

危险源由三个要素构成：潜在危险性、存在条件和触发因素。危险源的潜在危险性是指一旦触发事故，可能带来的危害程度或损失大小，或者说危险源可能释放的能量强度或危险物质量的大小。危险源的存在条件是指危险源所处的物理、化学状态和约束条件状态。例如，物质的压力、温度、化学稳定性，盛装压力容器的坚固性，周围环境障碍物等情况。触发因素虽然不属于危险源的固有属性，但它是危险源转化为事故的外因，而且每一类型的危险源都有相应的敏感触发因素，如易燃、易爆物质，热能是其敏感的触发因素，又如压力容器，压力升高是其敏感触发因素。因此，一定的危险源总是与相应的触发因素相关联。在触发因素的作用下，危险源转化为危险状态，继而转化为事故。

（三）危险源相关理论

1. 能量意外释放理论

能量意外释放理论从事故发生的物理本质出发，阐述了事故的连锁过程：由于管理失误引发的人的不安全行为和物的不安全状态及其相互作用，使不正常的或不希望的危险物质和能量释放，并转移于人体、设施，造成人员伤亡和（或）财产损失，事故可以通过减少能量和加强屏蔽来预防，如图 2-2 所示。人类在生产和生活中不可缺少的各种能量，如因某种原因失去控制，就会发生能量违背人的意愿而意外释放或逸出，使进行中的活动中止而发生事故，导致人员伤害或财产损失。

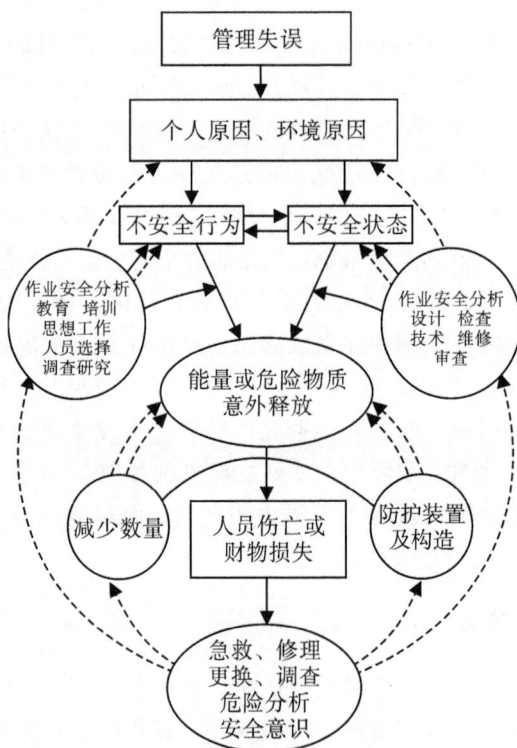

图 2-2　能量意外释放理论描述的事故连锁示意图

2. 两类危险源理论

1995 年陈宝智教授在对系统安全理论进行研究的基础上，提出了事故致因的两类危险源理论。该理论认为，一起伤亡事故的发生往往是两类危险源共同作用的结果。第一类危险源是伤亡事故发生的能量主体，是第二类危险源出现的前提，并决定事故后果的严重程度；第二类危险源是第一类危险源造成事故的必要条件，决定事故发生的可能性。两类危险源相互关联、相互依存。**两类危险源的分类，使事故预防和控制的对象更加清晰**。

两类危险源理论从系统安全的角度来考察能量或危险物质的约束或限制措施被破坏的原因，认为第二类危险源包括人、物、环境三个方面的问题，主要包括人的失误、物的故障和环境因素。

人失误（human error）即人的行为结果偏离了预定的标准。人的不安全行为是人失误的特例，人失误可能直接破坏第一类危险源控制措施，造成能量或危险物质的意外释放。

物的因素的问题是物的故障，物的不安全状态也是一种故障状态，包括在物的故障之中。物的故障可能直接破坏对能量及危险物质的约束或限制措施。有时一种物的故障导致另一种物的故障，最终造成能量或危险物质的意外释放。

环境因素主要指系统的运行环境，包括温度、湿度、照明、粉尘、通风换气、噪声等物理因素。不良的环境会引起物的故障或人的失误。

人失误、物的故障等第二类危险源是第一类危险源失控的原因。第二类危险源出现得越频繁，发生事故的可能性越高，故第二类危险源出现情况决定事故发生的可能性。

根据两类危险源理论，第一类危险源是一些物理实体，第二类危险源是围绕着第一类危险源而出现的一些异常现象或状态。因此危险源辨识的首要任务是辨识第一类危险源，然后围绕第一类危险源来辨识第二类危险源，由这一理论而产生的新的事故因果连锁模型如图 2-3 所示。

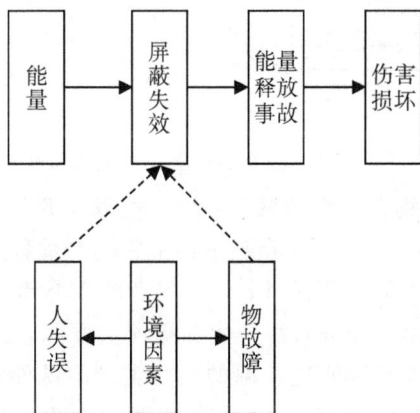

图 2-3　基于两类危险源理论的事故因果连锁模型

3. 三类危险源理论

危险源一般是由潜在危险性、存在条件和触发因素三者组成的。在一定条件下，具有潜在危险的源点或部位受触发因素的作用，可能会引发安全事故。这里的危险源的潜在危险性是指安全事故发生后，可能会造成的危害的大小，也可以指相关源点或部位可能释放出的能量大小或者危险有害物质量的多少。例如，火灾爆炸造成的破坏大小、人员与财产损失等，释放的能量与有害物质的多少等。危险源的存在条件指的是其所处的理化状态、约束条件等物质存在情况。例如，危险有害物质的湿度、温度、饱和度等，盛装储存容器的许用压力等情况。危险源的触发因素是指危险源演变成安全事故的重要外部因素，并且每一种危险源都有其特定的触发因素。如易燃、易爆的危险物品，受热能变化的影响比较大，热就是它们的特定敏感触发因素。因而，一个特定的危险源总是与其对应的敏感触发因素相联系。在敏感触发因素的作用下，危险源会逐渐演变到潜在危险状态，进而会演变成安全事故。

基于危险源的三个要素，可将危险源划分为不同的三类，其中，第一类危险源指的是能量的载体或能量源；第二类危险源指的是物的不安全状态、人的不安全行为；第三类危险源指的是组织管理上的不安全因素，如组织程序不合理、管理制度不合适等。

基于三类危险源理论的事故致因机理如图 2-4 所示。

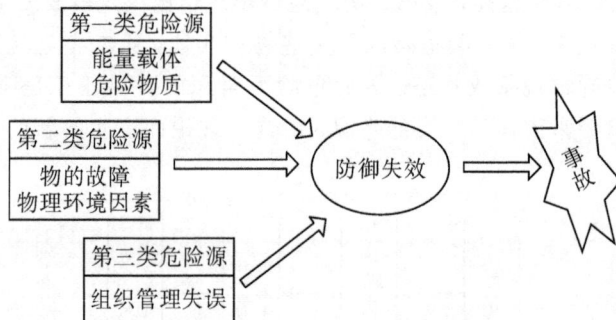

图 2-4　基于三类危险源的事故致因机理

三类不同的危险源之间具有一定的联系：第一类危险源是安全事故发生的（物质固有属性）条件，它决定了在事故发生之后，所造成的危害的严重程度；第二类危险源是安全事故发生的导火索，是事故产生的必要条件；第三类危险源是事故发生的根本所在，它的存在是前两类危险源，尤其是第二类危险源产生的更深层原因，是安全事故发生的组织性条件。例如，组织因素的安全性可以使危险源的第一类危险源储存地远离人员密集的位置，以减少泄漏、火灾和其他事故的影响；也可使第二类危险源中物的不安全状态、人的不安全行为通过维护、改善来达到减轻、消除事故危害的安全目标，使得第二类危险源能够得到控制；相反地，组织因素的不安全状态会引发前两类危险源的进一步恶化，从而使得事故危害进一步扩大。

四、国内外与危险源相关的法律法规

（一）国外与危险源相关的法律法规

安全是相对的，危险是绝对的。在繁多的危险源中，尤其是重大危险源，一旦引发安全事故，极易给企业的安全管理和职工的人身安全带来严重的破坏和危害，造成巨大的人身伤亡和物质损失。为了预防事故，有效减轻和消除事故带来的危害，就有必要控制重大危险源。要准确有效地控制重大危险源，首先需要正确辨识重大危险源，确保安全管理工作的有效开展，从根本上控制事故以达到本质安全。

危险源的辨识工作是不断演进的，它随着工业发展而不断发展，各国的研究工作之所以存在较大差异，是因为各个国家本身的工业发展阶段是不同的。在工业发展的不同阶段，危险源的辨识与控制也会表现出不同的特点。对重大危险源识别与控制的研究主要体现在对主要危险源辨识的法律、法规和标准的制定中。

从世界范围来看，英国是世界上最早对重大危险源的控制技术进行全面、系统研究的国家。美国、澳大利亚、欧共体、国际劳工组织等国家和机构关于重大危险源的相关法律、法规和标准在国际上也有着重要影响。这些国家和机构的主要法律、法规和标准如表 2-1 所示。

表 2-1　国外危险源相关法律、法规和标准

序 号	时 间	主 要 内 容
1	1982 年	欧共体颁布了《工业活动中重大事故危险法令》即《塞韦索法令》
2	1984 年	英国政府颁布了《重大工业事故控制规程》
3	1988 年	国际劳工组织(ILO)出版了《重大危险源控制手册》
4	1992 年	美国劳工部职业安全卫生管理局(OSHA)颁布了《高危险性化学物质生产过程安全管理》
5	1993 年	澳大利亚国家职业安全卫生委员会颁布了国家标准《重大危险设施控制》
6	1993 年	国际劳工组织颁布了《预防重大工业事故公约》
7	1996 年	欧共体颁布《塞韦索法令 II》替代了《塞韦索法令》
8	2003 年	欧共体对《塞韦索法令 II》进行修订，颁布了《塞韦索法令》(2003/501/EEC)

（二）国内的危险源相关法律法规体系

1. 法规体系

借鉴工业大国危险化学品管理的立法经验和我国目前的实际情况，可建立如图 2-5 所示的法规体系。

　　发达国家开展危险化学品法规建设可追溯到百年以上，发展到今天这样的规模和完善程度也经历了一次次血的教训。我国目前正处于任何发达国家均不可避免的盲目发展期和事故多发期，吸取国外经验，少走弯路、少受损失，制定完善的法规体系和化学品管理机制，应是我国政府所面临的首要问题。从危险化学品法律法规体系图（图 2 - 5）可以看出，目前我国在完善危险化学品法律法规方面应做以下工作：

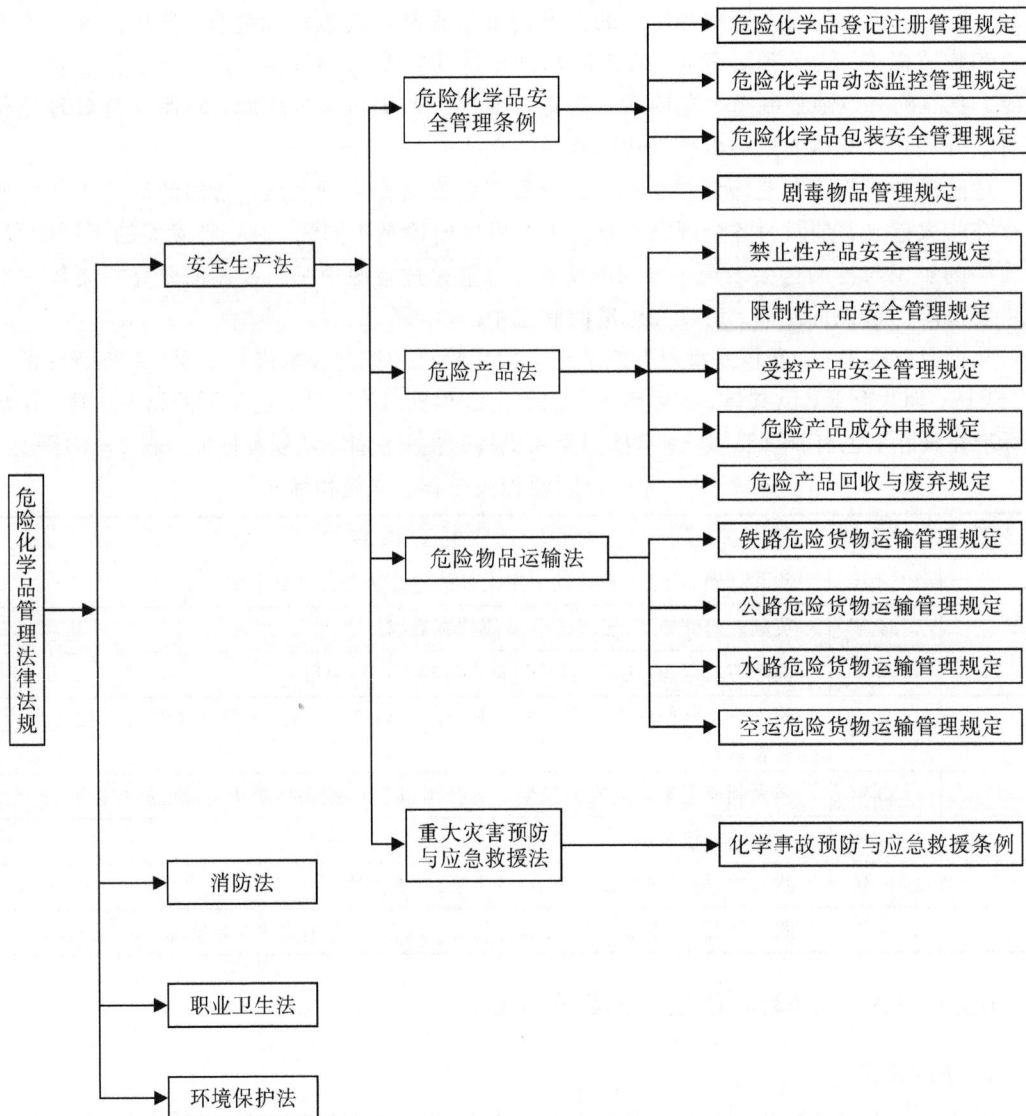

图 2 - 5　危险化学品法规体系

（1）完善我国的职业安全卫生综合性法律。

我国目前有关职业安全卫生方面的综合性法律是《安全生产法》，该法是我国搞好职业安全卫生工作的综合性大法，是各专项法律的依据。该法的目的是保障作业人员的安全与健康；保障非工作人员的健康或安全不受作业人员活动的影响；保证建立良好的工作环境和生活环境，预防工作中出现的危害和事故。由于执行过程中涉及国家各个部门，内容涉及方方面面，应对各方的权利与义务作明确规定。这样可理顺各方关系，互相联系、互相制约又互相配合，可为保证职业安全卫生的顺利实施提供有效机制。

（2）建立健全危险化学品专项法规。

① 建立我国的《危险产品法》。规范禁止性产品、限制性产品和受控产品的管理，根据《危险产品法》制定"禁止性产品管理规定"、"限制性产品管理规定"、"受控产品管理规定"、"成分申报规定"和"化学品回收与废弃规定"等，并对《危险产品法》中的某些条款进行细化。

② 建立《危险物品运输法》。目前，我国对铁路、公路、水路的危险品运输，分别由铁道部、交通部制定了一系列运输规则，但尚无统一的危险物品运输法规，这给多种方式联合运输带来了一定困难，国家需建立综合性的运输法规，理顺各方关系，建立统一的管理机制。

③ 建立《重大灾害预防与应急救援法》。目前我国重大灾害预防机制尚不健全，由于缺乏平时的组织和训练，一旦出现事故，往往使政府措手不及。通过该法的制定，建立一套明确的机构，规定各方责任，可有效、快速地处理事故。

针对不同行业可制定有关管理条例，如"化学事故预防与应急救援条例"、"地震预防与救援条例"等。

2. 标准体系

为促进各项法规的实施，可建立标准支持体系，如图 2-6 所示。

目前，国内关于危险化学品的标准体系中，某些标准由于制定时间较早，很多内容已不能满足当下化学品管理的要求，需进行修订。如《常用危险化学品的分类及标志》(GB 13690—1992)需增加环境危害、刺激性、慢性毒性、致癌性、致敏性等分类方法与分类判据；《危险货物分类和品名编号》(GB 6944—1986)和《危险货物品名表》(GB 12268—1990)由于联合国《关于危险货物运输的建议书》自 1986 年来已修订过多次，为了保持与国际做法的一致性，需对该标准进行修订。

而更多需要的标准目前却没有制定，因此需要对这些标准进行制定。如《危险产品法》标准体系如下：

（1）禁止性产品划分标准；

（2）限制性产品划分标准；

（3）受控产品划分标准；

危险化学品及其鉴别与分类
1.危险化学品的分类及标志（GB13690-1992）（需修订）
2.危险化学品品名表（未制定）
3.化学品安全技术说明书编写规定（GB16483-2000）（已制定）
4.化学品安全标签编写规定（GB15258-1999）（已制定）
5.作业场所化学品安全标签（未指定）
6.化学品危险性鉴别与分类方法（未制订）
7.化学品危害分级（未制订）
8.化学品危险性安全评估（未制订）
9.化学品危险性鉴定管理规范（未制订）
10.禁止性产品划分标准（未制订）
11.限制性产品划分标准（未制订）
12.受控产品划分标准（未制订）
13.危险产品成分申报限制（未制订）
14.危险产品回收与废弃方法（未制订）
15.有毒有害物质分类与品名表

储存与运输
1.常用化学危险物品储存通则（GB15603-1995）（已制订）
2.危险货物分类与品名编号（GB6944-1986）（需修订）
3.危险货物品名表（GB12268-1990）（需修定）
4.危险货物命名原则（GB7694-1987）（需修订）
5.危险货物运输包装类别划分原则（GB7694-1987）（已修订）
6.危险货物包装标志（GB190-1990）（已修订）

化学品管理标准体系

工业卫生与职业病
1.职业病分类（未制订）
2.职业病鉴定规范（未制订）
3.环境有毒物质检测规范（未制订）
4.职业性接触毒物危险程度分级（GB5044-1985）（需修定）
5.生产性粉尘作业危害程度分级（GB5817-1986）（需修定）
6.各个物质的车间空气卫生标准（需修订、扩充）

环境保护
1.大气污染物综合排放标准（GB16297-1996）（已制订）
2.污水综合排放标准（GB8978-1996）（已制订）
3.环境控制质量标准（GB3095-1996）（已制订）
4.地面水环境质量标准（GB3838-1988）（需修定）

化学事故应急救援
1.化学事故应急救援预案编写规范（未制订）
2.化学事故应急救援中心资质鉴定规范（未制订）
3.化学事故应急救援操作标准（未制订）
4.化学事故应急救援防护标准（未制订）

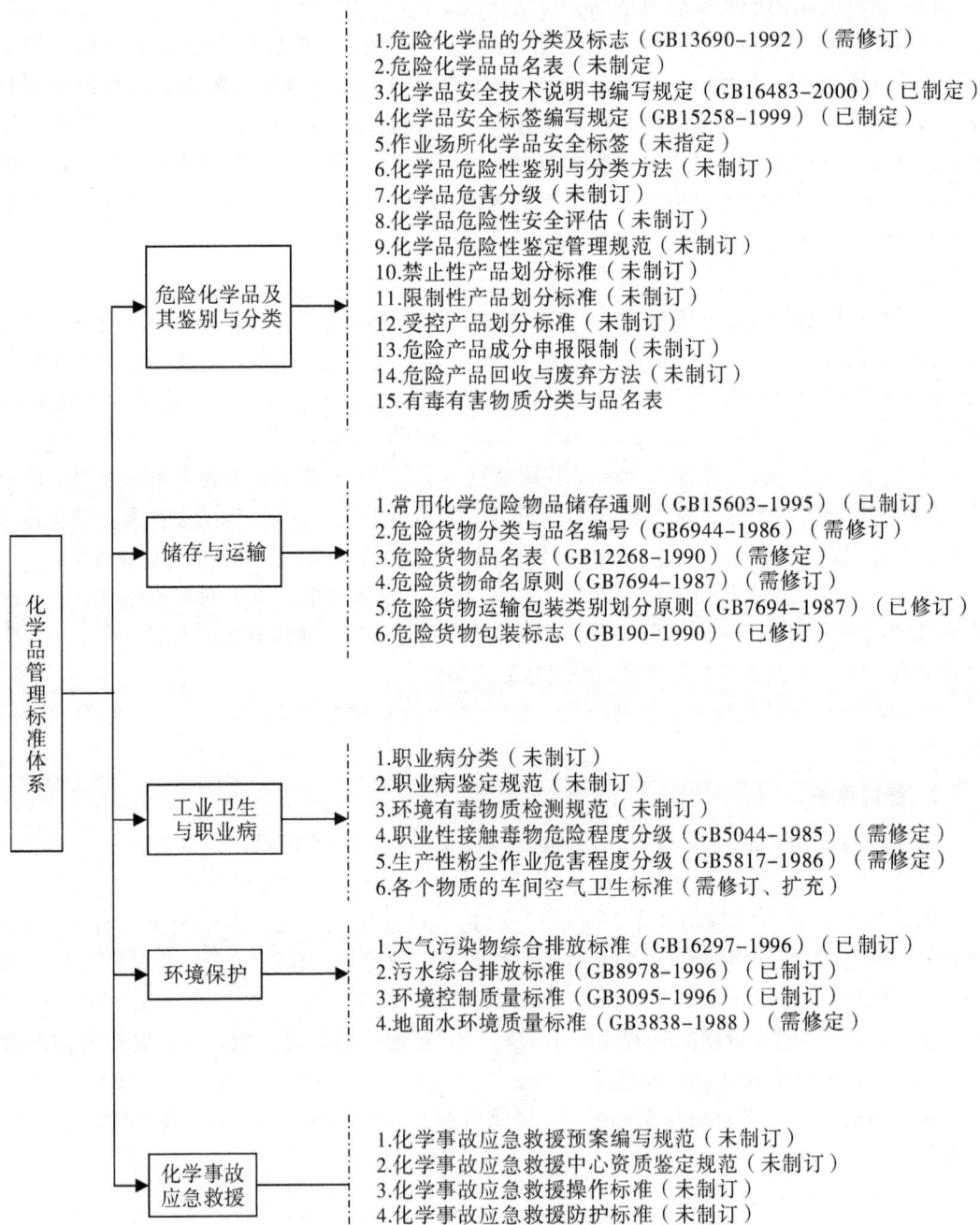

图 2-6　化学品管理标准体系

（4）危险产品成分申报限值；

（5）危险产品回收与废弃方法。

而化学事故应急救援标准包括：

（1）化学品应急预案编写规范；

（2）化学事故应急救援中心资质鉴定规范；

（3）化学事故应急救援操作标准；

（4）化学事故应急救援防护标准。

五、基于系统安全的危险源分析与评价方法

安全管理是预防管理，安全管理的核心内容就是风险管理，一切工作都围绕危险源来进行，那么危险源辨识是第一步。通过危险源辨识，确定危险、有害因素，再通过定量和定性分析，找出关键点，进行控制和预防，最后总结整理出评价报告，这是企业一般的安全管理流程，如图 2-7 所示。

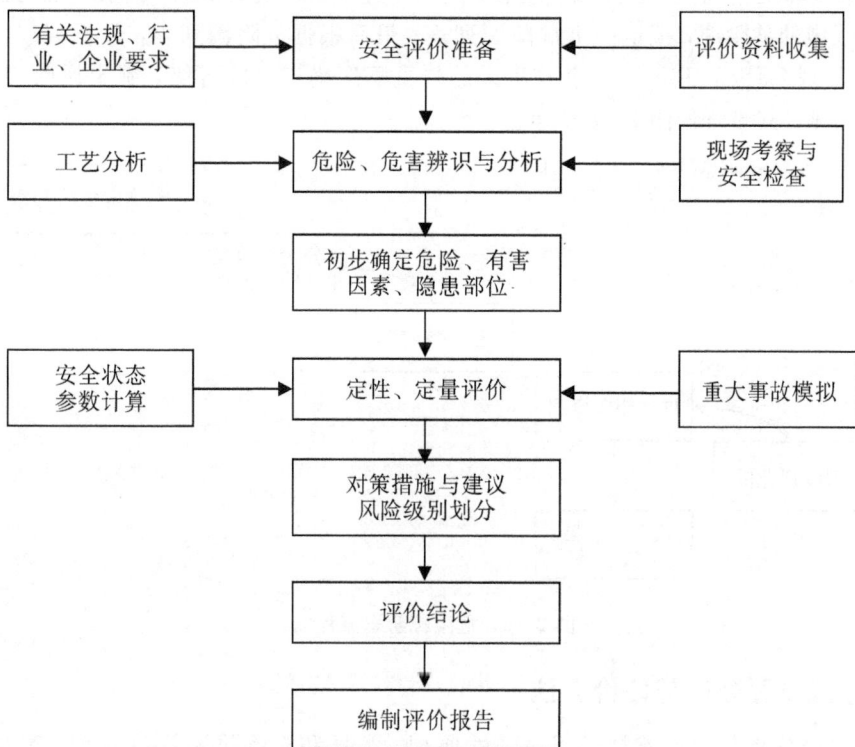

图 2-7　安全现状评价程序

图 2-7 中的危险源辨识是基础，在辨识清楚危险源的基础上，进行危险源的分析与评价。

在危险源辨识的过程中，一般应该遵循以下原则：

（1）科学性。危险源辨识是分辨、识别、分析确定系统中存在的危险，是预测安全状态和事件发生途径的一种手段，必须要有科学的安全理论作指导，使之真正揭示安全状况、危险、有害因素存在的部位、存在的方式，事件发生的途径等。

（2）系统性。危险源存在于生产活动的各个方面，必须要对系统进行全面、详细的分析，分清主要危险源及其相关的危险性、有害性。

（3）全面性。危险源辨识不能发生遗漏，要全面进行分析，以免留下隐患。只有认识到它是危险源，才能对它进行风险评价，才能对它采取措施。

（4）预测性。对危险源，要分析其触发事件，也就是危险源出现的重要依据或设想的事件模式或后果。

（一）危险源辨识流程

一般，危险源的辨别过程为：首先收集相关材料，掌握项目进度、工作划分，了解各操作区域、结构和工艺流程，了解相关设备、材料、人员和环境的影响；然后找出可能存在的每个作业区域的危险源，拟定一个危险源列表；最后根据危险源列表，分析事故发生的可能性，根据事故原因的重要性和事故后果的严重程度确定风险等级，制定风险控制方案，加强防范措施。其流程如图 2-8 所示。

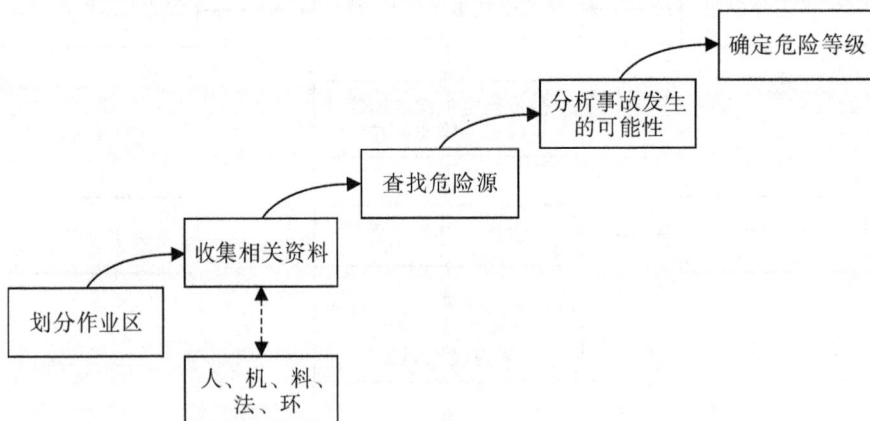

图 2-8　危险源辨识流程图

（二）危险源分析与评价方法

系统安全分析与评价就是运用相关性原理、类推和概率推断评价原理、惯性原理等系统安全理论，对工业生产系统（包括生产工艺过程、生产装置、工作环境以及工作人员等)的安全状况进行定性和定量诊断分析,对系统存在的事故隐患进行辨识预测。从系统安全的观点出发,对生产系统进行全面分析,掌握系统的组成及功能任务,熟悉系统与环境的相互关系及变化趋势,进而辨识预测出系统的薄弱环节,得出系统发生危险的可能性和危险程度。这对消除危险、防止灾害、改进系统安全状况有重要作用,还能使生产系统在规定的功能、时间、成本等边界限制条件下,达到人员伤害和设备财产损失最小,投资效益最好。

实践证明,系统安全分析与评价是实现系统安全的重要手段。对于诸如航空航天、交通运输、机械、化工、煤炭、矿山等复杂集成项目及变量众多的系统,更应仔细地进行系统安全分析与评价。只有分析评价的正确,才能采取适宜的安全预防措施,消除和控制事故的发生。常见的系统安全分析与评价方法有安全检查表(Safety Check List,SCL)、预先危险性分析(Preliminary Hazard Analysis,PHA)、故障类型及影响分析(Failure Mode Effects Analysis,FMEA)、危险性与可操作性分析(Hazard and Operability Analysis,HAZOP)、故障树分析(Fault Tree Analysis,FTA)、工作危害分析法(Job Hazard Analysis,JHA)等。

这些安全分析与评价的技术方法对促进安全生产、减少生产事故发挥了重要作用。但是,各种系统安全分析评价方法是各行业各部门在特定的安全分析评价需求的基础上,根据各自的特殊情况研究提出的,不同的分析评价方法有不同的研究思路和侧重点,许多方法是从国外直接翻译引进的,还有一些方法虽然名称不同但内容相近。同时,系统安全状况与技术水平、人员素质、管理水平、社会环境等诸多因素密切相关,因此,每种分析评价方法都有一定的适用范围和局限性。这样,对各种系统安全分析与评价方法进行对比研究,针对具体的应用系统,选择切实可行的安全分析方法有着重要意义。

下面逐一介绍这些安全分析与评价方法的基本情况和使用范围。

1. 安全检查表

1) 安全检查表的定义

安全检查表(Safety Checklist List,SCL)是依据相关的标准、规范,对工程、系统中已知的危险类别、设计缺陷以及与一般工艺设备、操作、管理有关的潜在危险性和有害性进行判别检查。为了避免检查项目遗漏,事先把检查对象分割成若干系统,以提问或打分的形式,将检查项目列成表,这种表就称为安全检查表。

安全检查表是系统安全工程中一种最基础、最简便、应用最广泛的系统危险性评价方法。目前,安全检查表在我国不仅用于查找系统中各种潜在的事故隐患,还对各检查项目给予量化,用于进行系统安全评价。

2) 安全检查表的编制依据

(1) 国家、地方的相关安全法规、规定、规程、规范和标准,行业、企业的规章制度、标准及企业安全生产操作规程。

（2）国内外行业、企业事故统计案例，经验教训。

（3）行业及企业安全生产的经验，特别是本企业安全生产的实践经验，引发事故的各种潜在不安全因素及成功杜绝或减少事故发生的成功经验。

（4）系统安全分析的结果，即是为防止重大事故的发生而采用事故树分析方法，对系统并行分析得出能导致引发事故的各种不安全因素的基本事件，作为防止事故控制点源列入检查表。

3）安全检查表编制流程

要编制一个符合客观实际，能全面识别、分析系统危险性的安全检查表，首先要建立一个编制小组，其成员应包括熟悉系统各方面的专业人员。其主要步骤有：

（1）熟悉系统。包括系统的结构、功能、工艺流程、主要设备、操作条件、布置和已有的安全消防设施。

（2）搜集资料。搜集有关的安全法规、标准、制度及本系统过去发生过事故的资料，作为编制安全检查表的重要依据。

（3）划分单元。按功能或结构将系统划分成若干个子系统或单元，逐个分析潜在的危险因素。

（4）编制检查表。针对危险因素，依据有关法规、标准规定，参考过去事故的教训和本单位的经验，确定安全检查表的检查要点、内容和为达到安全指标应在设计中采取的措施，然后按照一定的要求编制检查表。

① 按系统、单元的特点和预评价的要求，列出检查要点、检查项目清单，以便全面查出存在的危险、有害因素；

② 针对各检查项目、可能出现的危险、有害因素，依据有关标准、法规列出安全指标的要求和应设计的对策措施；

（5）编制复查表，其内容应包括危险、有害因素明细，是否落实了相应设计的对策措施，能否达到预期的安全指标要求，遗留问题及解决办法和复查人等。

4）安全检查表的优缺点和适用范围

（1）优缺点。作为普遍采用的一种评价方法，安全检查法具有直观、简便、实用和能定性发现事故隐患，督促人们采取有效的安全技术和管理措施，预防事故发生的特点。但是，安全检查法的效果常与安全检查组成员组成以及成员的个人素质、开展检查的方法和手段等因素有着密切的关系。

（2）适用范围。安全检查法适用于安全预评价、安全验收评价、专项安全评价、安全现状综合评价，也可对正在建设的项目（工程）或系统（可行性研究报告、初步设计、生产工艺过程的各个阶段）进行检查。

2. 预先危险性分析

1) 预先危险性分析概述

预先危险性分析(Preliminary Hazard Analysis，PHA)也称初始危险分析，是安全评价的一种方法。是在每项生产活动之前，如设计、施工、生产之前，或技术改造后，即制定操作规程和使用新工艺等情况之后，对系统存在的危险性类型、来源、出现条件、导致事故的后果以及有关措施等做一概略分析。其目的是辨识系统中存在的潜在危险，确定其危险等级，防止这些危险发展成事故。预先危险性分析也是对固有系统中采取新的操作方法、接触新的危险性物质、工具和设备时进行的分析。这种方法是一种简单易行、经济、有效的定性分析方法。预先危险性分析的目的是防止操作人员直接接触对人体有害的原材料、半成品、成品和生产废弃物，防止使用危险性工艺、装置、工具和采用不安全的技术路线；如果必须使用时，也应从工艺上或设备上采取安全措施，以保证这些危险因素不至于发展成为事故。

2) 预先危险性分析步骤

(1) 危害辨识。通过经验判断、技术诊断等方法，查找系统中存在的危险、有害因素。

(2) 确定可能事故类型。根据过去的经验教训，分析危险、有害因素对系统的影响，分析事故的可能类型。

(3) 针对已确定的危险、有害因素，制定预先危险性分析表。

(4) 确定危险、有害因素的危害等级，按危害等级排定次序，以便按计划处理。

(5) 制定预防事故发生的安全对策措施

3) 预先危险性分析等级划分

为了评判危险、有害因素的危害等级以及它们对系统破坏性的影响大小，预先危险性分析法给出了各类危险性的划分标准。该法将危险性划分为 4 个等级，见表 2-2。

表 2-2　危险性等级划分表

级别	危险程度	可能导致的后果
Ⅰ	安全的	不会造成人员伤亡及系统损坏
Ⅱ	临界的	处于事故的边缘状态，暂时还不至于造成人员伤亡、系统损坏或降低系统性能，但应予以排除或采取控制措施
Ⅲ	危险的	会造成人员伤亡和系统损坏，要立即采取防范对策措施
Ⅳ	灾难性的	造成人员重大伤亡及系统严重破坏的灾难性事故，必须予以果断排除并进行重点防范

4) 预先危险性分析的主要优点

预先危险性分析的优点是在事件之初能够较早的发现潜伏的危险，并能加以控制，花最小的功夫去解决或者降低它对于时间的危害性，为事件能够顺利展开提出重要依据，主要表现为四点：

（1）分析工作做在行动之前，能够较早地采取有效措施、降低危害的发生，规避由于考虑不周造成的损失。

（2）对事件的发生所做的分析可以为事件提供所需要的注意事项和指导方针。

（3）对于分析事件得出的结果可以为建立规范和标注提供必要的参考资料

（4）根据分析结果可编制安全检查表以保证实施安全，并可作为安全教育的材料。

3. 故障类型及影响分析

1）故障类型及影响分析概述

故障类型和影响分析（Failure Mode Effects Analysis，FMEA）是采用系统分割的方法，根据需要将系统分割成子系统或元件，然后逐个分析子系统或元件潜在的各种故障类型、原因及对子系统乃至整个系统产生的影响，并制定措施加以预防或消除。

FMEA 分析方法能够对系统或设备部件可能发生的故障模式、危险因素，对系统的影响、危险程度，发生可能性大小或者概率等进行全面的、系统的定量或定性分析，并可针对故障情况提出相应的检测方法和预防措施，因而具有较强的系统性、全面性和科学性，实践证明，用 FMEA 分析法进行工业系统中的潜在危险辨识和分析，具有良好的效果。

所谓的故障是指元件、子系统或系统在运行时达不到设计规定的要求，因而不能完成规定的任务或任务完成的不好。故障类型是故障呈现的状态，例如，一个阀门发生故障可能有四种类型：内漏、外漏、打不开、关不紧。

2）故障类型严重程度划分

按故障可能产生后果的严重程度（故障类型的影响程度），可采用如下定性等级：

（1）安全的（一级），不需要采取措施；

（2）临界的（二级），有可能造成较轻的伤害和损坏，应采取措施；

（3）危险的（三级），会造成人员伤亡和系统破坏，要立即采取措施；

（4）破坏性的（四级），会造成灾难性事故，必须立即排除。

3）故障类型和影响分析适用范围和优缺点

故障类型和影响分析主要用于系统的安全设计。众所周知，新的工程项目或机械设备在设计时如果事先考虑不周，会产生一些薄弱环节或事故隐患，以致在运转过程中经常发生故障或事故。故障类型和影响分析是逐个查明每个部分可能发生的故障，因而对危险性识别是比较周密和完善的，为安全设计提供了很好的依据，从而使系统的可靠性得到了保证。

4. 危险性与可操作性分析

1）危险性与可操作性分析概述

危险与可操作性分析（Hazard and Operability Analysis，HAZOP）是英国帝国化学工

业公司(ICI)于 1974 年开发的,是以系统工程为基础,主要针对化工设备、装置而开发的危险性评价方法。该方法研究的基本过程是以关键词为引导,寻找系统中工艺过程或状态的偏差,然后再进一步分析造成该变化的原因、可能的后果,并有针对的提出必要的预防对策措施。

运用危险与可操作性研究(HAZOP)分析方法,可以查处系统中存在的危险、有害因素,并能以危险、有害因素可能导致的事故后果确定设备、装置中的主要危险、有害因素。

危险与可操作性研究也能作为确定事故树"顶上事件"的一种方法。

HAZOP 分析是全面系统地对作业流程和实际操作进行检查,以确定产生的偏差是否导致严重的后果。HAZOP 将关键词作为指引,找出生产作业的过程或状态产生的偏差,然后分析造成偏差的前因后果以及可以采取的纠正措施。HAZOP 分析需要准确的管道仪表图、生产流程图、设计意图及参数和过程描述,流程如图 2-9 所示。

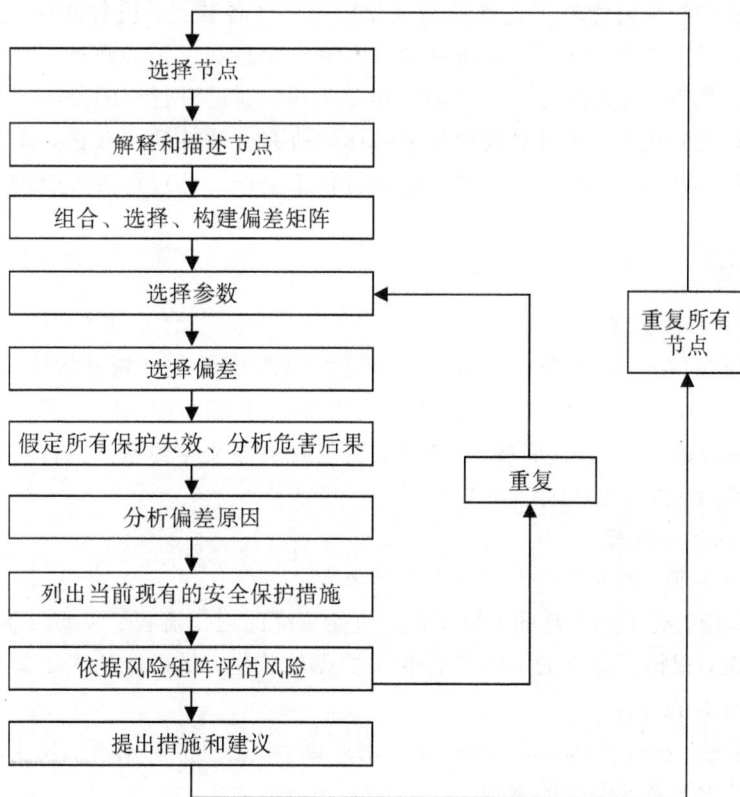

图 2-9　HAZOP 法流程图

2）危险与可操作性研究的优缺点和适用范围

HAZOP 分析方法具有三大特点：首先是确立了系统安全的观点，而不是单个设备安全的观点；其次是系统性、完善性好，有利于发现各种可能的潜在危险；再次是结构性好，易于掌握。

HAZOP 分析作为一种系统的、有效的方法广泛地应用于各类工艺过程和项目的风险评估工作中，但它也存在一定的不足之处。由于缺乏复杂系统安全评价的深层知识建模理论和推理方法，导致国内外的安全评价工作主要依靠人工完成，这往往造成以下几个问题：

（1）评价结果受到专家小组的经验影响较大；

（2）对于复杂的工艺过程，人工很难考虑周全，难免遗漏；

（3）人工评价费时、费力且成本较高。

危险与可操作性研究方法适用于设计阶段和现有的生产装置的评价。起初，英国帝国化学工业公司开发的危险与可操作性研究方法主要在连续的化工生产工艺过程中应用。化工生产工艺过程中管道内物料工艺参数的变化可以反映各装置、设备的状况，因此，在连续过程中分析的对象应确定为管道，通过管道内物料状态及工艺参数产生偏差的分析，查找出系统存在的危险、有害因素以及可能的事故后果。通过对管道的分析，就能够全面地了解整个系统存在的危险。通过对危险与可操作性研究方法的适当改进，该方法也能应用于间歇化工生产工艺过程的危险性分析。在进行化工生产工艺过程的评价时，分析对象应是主体设备。

5. 事故树法

1）事故树分析法概述

事故树分析法（Accident Tree Analysis，简称 ATA）又称故障树分析法（Fault Tree Analysis，简称 FTA），是从要分析的特定事故或故障（顶上事件）开始，层层分析其发生的原因，直到找出事故的基本原因（底事件）为止。这些底事件又称为基本事件，它们的数据已知或者已经有统计或实验的结果。

2）事故树的实施流程

事故树图的编制一般可以分为以下几个步骤：

（1）熟悉系统。要了解系统的实际情况，包括系统的工作流程、主要设施的重要参数、主要作业的情况，根据所分析的事件进行相关数据的收集。尽可能地去了解系统，从而对系统做出真实有效的分析。

（2）调查事故。在以往的事故实例、报告的基础上，尽可能地调查已发生的和可预见的事故，从而充分把握系统事故的类型。

（3）确定本事故的顶上事件，即必须运用事故树分析方法来分析的事件，一般是容易发生或者危害程度很大的事故。

（4）调查事故原因。从人-机-环境系统工程的角度，对和事故树顶上事件相关的所有事故进行全面的调查研究。

（5）绘制事故树。主要是把顶上事件、中间事件以及找出的同本事故相关的各种基本事件用一些逻辑连接符连接起来从而构成事故树。这一步骤是事故树分析法的核心部分。

事故树绘制完成后，要对事故树进行安全分析与评价，主要包括定性分析与评价和定量分析与评价两个方面。然后根据分析结果，得出减轻或消除系统危险、提高安全性的针对性措施，最后再反馈修正事故树。事故树分析法的流程图如图 2-10 所示。

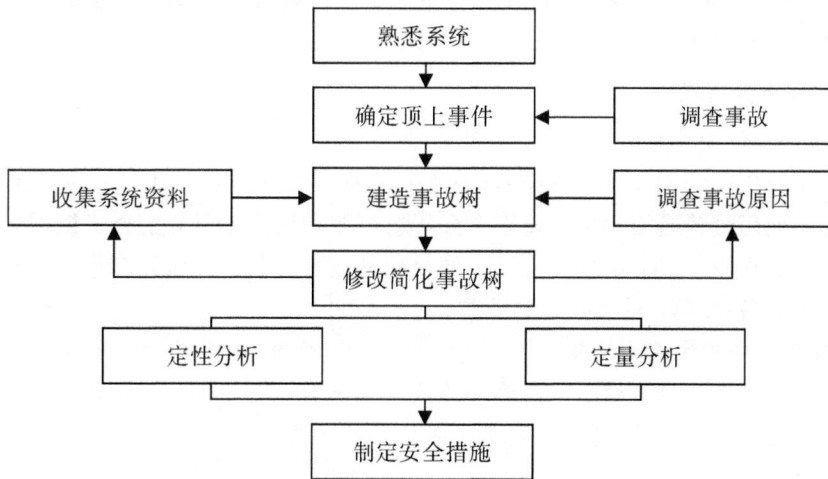

图 2-10　事故树分析法流程图

3）**事故树的优缺点**

事故树分析法是安全系统工程中重要的分析方法之一，它具有以下几个优点：

（1）由于事故树分析法是采用演绎方法分析事故的因果关系，能详细找出系统各种潜在的危险因素，为安全设计、制定安全技术措施和安全管理要点提供了依据。

（2）能简洁、形象地表示出事故和各种原因之间的因果关系和逻辑关系。

（3）在事故树分析中，顶上事件可以是已经发生的事故，也可以是预想的事故。通过分析找出原因，采取对策加以控制，从而起到预测和预防事故的作用。

（4）事故树分析法既可用于定性分析，也可用于定量分析。通过定性分析，确定各种危险因素对事故影响的大小，从而掌握和制定防灾控制要点；而定量分析，则能计算出顶上事件（事故）发生的概率，并可从数量上说明危险因素的重要度，为实现系统最佳安全目标提供依据。同时事故树分析法的适用范围也非常广范。

（5）可选择最感兴趣的事故作为顶上事件分析，这和事件树不同，事件树是由一个故障开始，而引起的事故不一定是使用者最感兴趣的。

事故树分析法也存在以下缺点：

随着计算机技术的发展，用计算机画图及定性定量分析已成为现实，这为事故树分析法的应用提供了科学手段。但事故树分析法也存在着一些缺点，如：

（1）要编好一棵事故树必须对系统非常熟悉和有丰富的经验，并且要准确地掌握好分析方法。即便如此，不同人编出的事故树其结果也不会完全相同。

（2）对很复杂的系统，编出的事故树会很庞大，这给定性定量分析带来一定的困难，有时甚至计算机都难以胜任。

（3）要对系统进行定量分析，必须知道事故树中各事件的故障率，如果这些数据不准确则定量分析便不可能。

6. 工作危害分析法

1）工作危害分析法概述

工作危害分析（Job Hazard Analysis，JHA）又称工作安全分析（JSA），是目前欧美企业在安全管理中使用最普遍的一种作业安全分析与控制的管理工具，是为了识别和控制操作危害的预防性工作流程。此方法通过对工作过程的逐步分析，找出其多余的、有危险的工作步骤和工作设备/设施，进行控制和预防。

2）工作危害分析法实施步骤

工作危害分析法是将一项生产活动分解成若干部分，按照生产流程，识别每部分中潜在的风险，并提出相应的纠正和控制措施，如图 2-11 所示。

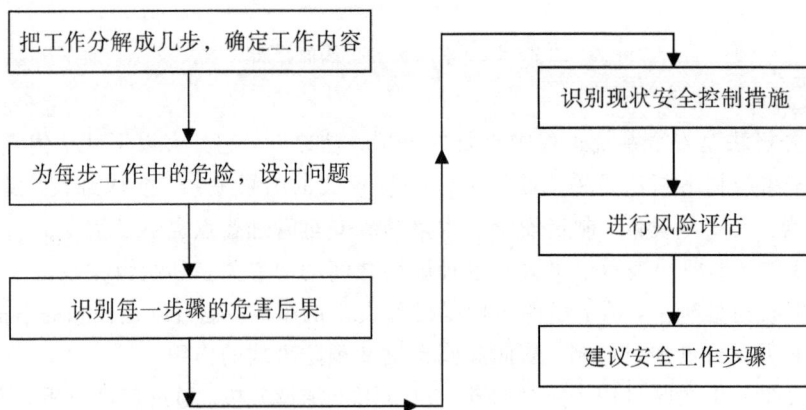

图 2-11　JHA 法流程图

3）工作危害分析法的优缺点和适用范围

工作危害分析法是通过表格的形式将一个完整工作中的各要素作出明确的、具体化的描述。此分析法简单易行、便于掌握，分析细致；适合于对作业活动中存在的风险进行分析，制定控制和改进措施，以达到控制风险、减少和杜绝事故的目标。不适用于对装备和工艺的分析。

用一张简单的表(表 2 - 3)来比较上述各种方法的各项指标，对这些方法的评价目标、使用范围、用法等进行比较。

表 2 - 3　安全评价方法比较表

评价方法	评价目标	方法特点	使用范围	应用条件	优缺点
安全检查表（SCL）	危险有害因素分析、安全等级	按事先编制的有标准要求的检查表逐项检查，按规定赋分，评定安全等级	各类系统的设计、验收、运行、管理、事故调查	有事先编制的各类检查表，有赋分、评价标准	简便、易于掌握、编制检查表难度及工作量大
预先危险性分析（PHA）	危险有害因素分析、危险性等级	讨论分析系统存在的危险、有害因素、触发条件、事故类型，评定危险性等级	各类系统的设计、施工、生产、维修前的概略分析与评价	分析评价人员熟悉系统，有丰富的知识和实践经验	简便、易行，易受分析评价人员主观因素影响
故障类型及影响分析（FMEA）	危险性等级	根据需要将系统分割成子系统或元件，然后分析子系统或元件潜在的各种故障类型、原因及对子系统乃至整个系统产生的影响	主要用于系统的安全设计	分析评价人员熟悉系统，有丰富的知识和实践经验	简便、易行，易受分析评价人员主观因素影响
危险性与可操作性研究（HAZOP）	偏离及其原因、后果对系统的影响	研究结果可用于设计与操作评价；可用来编制、完善安全规程及可操作的安全教育材料	适用于设计阶段及现有的生产装置	不需要有可靠性工程的专业知识，因而很容易掌握	较复杂、详尽，易受分析评价人员主管因素影响
事故树（ATA）	事故原因、事故概率	演绎法，由事故和基本事件逻辑推断事故原因，由基本时间概率计算事故概率	复杂系统事故分析	熟练掌握方法和事故、基本事件间的联系，有基本事件概率数据	复杂、工作量大、精确，事故树编制有误的话，导致结果失真

评价方法	评价目标	方法特点	使用范围	应用条件	优缺点
工作危害分析（LEC）	危险性等级	通过讨论，分析系统可能出现的偏离及原因、偏离后果及对整个系统的影响	化工系统、热力系统、水力系统的安全分析	分析评价人员熟悉系统，有丰富的知识和实践经验	简便、易行，易受分析评价人员的主观因素影响

除了以上几种常用的定性与定量分析与评价法，在业界用的比较多的还有以下 3 种危险指数评价方法。

7. 日本劳动省化工企业六阶段安全评价法

1）基本概述

日本劳动省颁布的化工企业六阶段安全评价法综合应用安全检查表、定量危险性评价、事故信息评价、故障树分析以及事件树分析等方法，分成六个阶段，采取逐步深入、定性与定量结合、层层筛选的方式识别、分析、评价危险，并采取措施修改设计以消除危险。

2）六阶段评价法步骤

（1）第一阶段：资料准备。

建厂条件、原料和产品的物化性质，有关法规标准；反应过程；制造工程概要；流程图；流程机械表；配管、仪表系统图；安全设备种类及设置地点；运转要点；人员配置图；安全教育训练计划等其他有关资料。

（2）第二阶段：定性评价。

应用安全检查表主要针对厂址选择、工厂内部布置、建筑、工艺流程和设备布置、原材料、中间体、产品、输送存储系统、消防设施等方面进行检查，发现问题改进设计。

（3）第三阶段：定量评价。

将装置划分成若干个单元，对各单元的物质、容量、温度、压力和操作等进行评价，每项又分为 A、B、C、D 四个分段，分别对应分值 10 点、5 点、2 点、0 点。

（4）第四阶段：制定安全对策。

根据单元的危险度等级，按照方法推荐的各评价等级应采取的措施和要求，采取相应技术、设备和组织管理等方面的安全对策措施。

（5）第五阶段：用过去类似设备和装置的事故资料进行复查评价。

根据设计内容参照过去同样的设备和装置的事故情报进行再评价，如果有应改进的地方，再按第四阶段要求进一步采取措施。

（6）第六阶段：再评价。

用故障树、事件树进行再评价。

3）六阶段评价法的优缺点及适用范围

该方法综合运用检查表、基准局法、定量评价法、类比法、事故树、事件树反复评价，准确性高，但工作量大，它是一种周到的评价方法。

除化工厂外，此方法还可以用于其他行业的安全评价。

8. 道化学公司火灾、爆炸危险指数评价法

1）方法概述

1964 年美国道（DOW）化学公司根据化工生产的特点，首先开发出"火灾、爆炸危险指数评价法"，用于对化工生产装置进行安全性评价。该方法经过多次修订，不断完善。它以以往事故的统计资料、物质的能量和现行的安全防护措施的状况为依据，以单元重要危险物质在标准状态下的火灾、爆炸或释放出危险性潜在能量的大小为基础，同时考虑工艺过程的危险性，计算单元火灾、爆炸指数，确定危险等级。还利用特定物质、一般工艺及特定工艺的危险修正系数求出火灾爆炸指数，定量的对工艺过程和生产装置及所含物料的实际潜在火灾、爆炸和反应性危险进行逐步推算和客观的评价，再根据指数的大小将其分成几个等级，按等级的要求及火灾爆炸危险的分组采取相应的安全措施的一种方法。由于该评价方法切合实际、科学合理，并提供了火灾、爆炸总体的关键数据，因此，已经被世界化学工业及石油化学工业公认为最主要的危险指数评价法。

2）评价法步骤

（1）该方法以工艺过程中的物质、设备、物量等数据为基础，另外加上一般或特殊工艺的危险修正系数，求出火灾爆炸系数，然后通过逐步推算，得出最大可能的财产损失和停业损失。

（2）工艺单元的划分。评价单元就是在危险、有害因素分析的基础上，根据评价目标和评价方法的需要，将系统分成用于有限的、确定范围的部分。工艺单元是指工艺装置的任一主要单元。

显然，多数工厂都是由多个工艺单元组成的，但在计算工厂的火灾、爆炸指数时，只选择那些从损失预防角度来看对工艺有影响的工艺单元进行评价，这些单元称为恰当工艺单元，简称工艺单元。

选择恰当工艺单元的重要参数包括：

① 物质的潜在化学能（物质系数）；

② 工艺单元中危险物质的数量；

③ 资金密度（每平方米每元数）；

④ 操作压力与操作温度；

⑤ 导致火灾、爆炸事故的历史资料；

⑥ 对装置操作起关键作用的设备。

一般情况下，这些参数的数值越大，则该工艺单元就越需要评价。工艺区域或工艺区附近的个别设备、关键设备或单机设备一旦遭受破坏，就可能导致停产数日；甚至极小的火灾、爆炸，都可能导致停产而造成巨大的经济损失。因此，这些关键的设备所能导致的损失也是选择恰当工艺单元的一个重要因素。

(3) 确定物质系数。物质系数(MF)是反映物质在由燃烧或其他化学反应引起的火灾、爆炸过程中所释放能量大小的内在特性的量，是一最基础的数值。物质系数是由美国消防协会规定的 NF 和 NR(分别代表物质的燃烧性和化学活泼性或不稳定性)决定的。通常，NF 和 NR 是针对正常环境温度而言的，但物质发生燃烧和反应的危险性随温度上升而急剧增大，反应速率也随温度上升而急剧增大，所以当物质的温度超过 60℃ 时，物质系数就要进行修正。

(4) 确定工艺单元危险系数。工艺单元危险系数 F3 包括一般工艺危险系数 F1 和特殊工艺危险系数 F2。构成工艺危险系数的每一项都可能引起火灾或爆炸事故的扩大或升级。

计算工艺单元危险系数(F3)中的各项系数时，应该选择物质在工艺单元中所处的最危险状态。可以考虑的操作状态有开车、连续操作和停车。应该防止对过程中的危险进行重复计算，因为在确定物质系数时已经选取了单元中最危险的物质，并据此进行火灾、爆炸分析，即已考虑到实际上可能发生的最坏状况。

计算 FI 时，如果 MF 是按照工艺单元中的易燃液体来确定的，就不要选择与可燃性粉尘有关的系数，即使粉尘可能存在于过程的另一段时间内。合理的计算方法为：先用易燃性液体的物质进行评价，然后再用可燃性粉尘的物质系数进行评价。

但混合物是个例外，如果某种混杂在一起的混合物被作为最危险物质的代表，则计算工艺单元危险系数时，可燃粉尘和易燃蒸汽的系数都要考虑。注意：一次只分析一种危险，使分析结果与特定的最危险状况相对应，始终把焦点放在工艺单元和选出进行分析的物质系数上，而且只有恰当地对每一项系数进行评估，其最终结果才是有效的。

3) 道化学公司评价法的优缺点及适用范围

(1) 该评价方法的优点是：该方法是指数评价法的一种，指数的采用使得系统结构复杂、用概率难以表述其危险性单元的评价难题有了一个可行的解决方法。这类方法操作简单，是目前应用较多的评价方法之一。指数的采用，避免了事故概率及其后果难以确定的困难。评价指数值同时含有事故频率和事故后果两个方面的因数。

(2) 该评价方法的缺点是：评价模型对系统安全保障体系的功能重视不够，特别是危险物质和安全保障体系间的相互作用关系未予考虑；各因素之间均以乘积或相加的方式处理，忽视了各因素之间重要性的差别；评价自开始起就用指标给出，使得评价后期对系统的安全改进工作较困难；指标值的确定只和指标的设置与否有关，而与指标因素的客观状态无关，致使危险物质的种类、含量、空间布置相似，即实际安全水平相差较远的系统，其评价结果却相似，导致该方法的灵活性和敏感性较差。

（3）适用范围：道化学公司评价法目前在化工、石油等领域应用较多。

9. ICI 蒙德火灾、爆炸、毒性指标评价法

1）方法概述

1974 年英国帝国化学工业公司（ICI）蒙德（Mond）部在道化学指数评价法的基础上引进了毒性概念，并发展了一些新的补偿系数，提出了"蒙德火灾、爆炸、毒性指标评价法"。

蒙德法在对现有装置及计划建设装置的危险性研究中，尤其是在新设计项目的潜在危险性评价时，有必要对道化学公司方法进行改进和补充。其中最重要的两个方面是：

（1）引进了毒性的概念，将道化学公司的"火灾、爆炸指数"扩展到包括物质毒性在内的"火灾、爆炸、毒性指数"的初期评价。

（2）发展了新的补偿系数，进行装置现实危险性水平再评价。

2）蒙德法的评价步骤

（1）评价单元的确定。"单元"是装置的一部分，而不是与装置在一起的其余部分，如有一定间距、挡火墙、防护堤等隔开的装置的一部分设施，也可作为单元。在选择装置的部分作为单元时，要注意邻近其他单元的特征及是否存在有不同的特别工艺和有危险性物质的区域。

装置中具有代表性的单元类型有：原料贮区、供应区域、反应区域、产品蒸馏区域、吸收或洗涤区域、半成品贮区、产品贮区、运输装卸区、催化剂处理区、副产品处理区、废液处理区、通入装置区的主要配管桥区。此外，还有过滤、干燥、固体处理、气体压缩等，合适时也可将装置划分为适当的单元。

将装置划分为不同类型的一些单元就能对装置不同单元的危险特性进行评价。否则，整个装置或装置的大部分就会带有其中最危险单元的特征。此外，通过单元划分，可对装置中最危险的单元向其他投资多的单元发生事故蔓延时的界限加以考虑。

评价贮存区时，单元通常由一个堤坝和共同堤坝内的全部贮罐等组成。其他用堤坝分开的区域，如液化气、高着火性液体、可燃性液体和有自聚危险性、可能产生过氧化物、有凝聚相爆炸危险等特殊危险性物质，可作不同单元处理，以便能正确识别其相对危险性。

装置区中主要配管桥不同于装置工艺或贮存单元，应作为一个独立单元来考虑，其危险性主要是支柱或架设在架台间的管桥长度及在其上支撑的钢管。

（2）单元内的重要物质及其物质系数的确定。

① 选取单元内的重要物质。单元内往往有原料、中间产品、产品、副产品、催化剂、溶剂等多种物质的存在，这些物质的危险性潜能和在单元内的存在数量是不同的。选用不同的物质对单元的危险性进行评价，其评价结果不同。因此，在选择单元中以较多数量存在的、危险性潜能较大的物质作为单元内的重要物质对单元进行评价。

若装置、单元中存在一种以上的重要物质时，必须对各重要物质作不同评价，并选用最危险的那个作为该单元危险性的代表和最终评价的依据。若装置内的物质是混合物且组成保持一定，在装置内具有主要火灾、爆炸反应或毒性的潜在危险性时，亦可取混合物作为重要物质。

② 重要物质系数的确定。物质系数是指重要物质在标准状态(25℃，0.1 MPa)下的火灾、爆炸或放出能量的危险性潜能的尺度。进行总效果计算时物质系数用符号 MF 表示。

A. 一般可燃性物质。其物质系数由重要物质在标准状态下在空气中的燃烧热决定。

B. 边缘可燃性物质。边缘可燃性重要物质或在输送条件下不燃的重要物质的物质系数，因可由反应的燃烧热计算，故不能为零，其值可由重要物质的生成热和气相燃烧生成物的生成热的差计算而得。边缘可燃性物质包括三氯乙烯、1，1，1-三氯乙烷、过氯乙烷、氯仿、二氯甲烷等。

C. 不燃性物质。这种物质是与氧气不会发生放热反应的物质，如水、砂、氮气、氦、四氯化碳、二氧化碳、六氯乙烷等。为维持方法的有效性，对物质系数为零的物质，假定 MF=0.1。

D. 加入稀释剂的可燃性物质混合物。若在可燃性物质混合物中加入了组分一定的稀释剂，则用可燃性强或爆炸性强的这种成分的物质系数；或用非活性成分的 MF=0.1 及组分中的成分比求出混合物的物质系数。对于边缘可燃性物质，采用比非活性物质的物质系数要适当高的值。

E. 可燃性固体和粉尘。多数固体求不出恰当的燃烧热。如在单元内被选作重要物质的木块和大体积的金属固体等，只有这种固体在微粒状、粒状或粉尘状态其危险性比大体积状态高得多时才可以用 MF=0.1。在粉状等高危险性时，必须用燃烧热作为物质系数。

F. 组成不明物质。燃料气、特殊用途的物质、医药品等的混合粉末、面粉及煤等各种粉尘类物质，要经实验测定其燃烧值。

G. 物质的混合危险。当物质混合时，大量氧化剂和还原剂在装置内混合所放出的反应热比可燃性物质的燃烧值大，如铝热反应、金属粉末和卤化碳反应、硝化反应、磺化反应等。

H. 具有凝聚相爆炸或分解的潜在危险性物质。这类物质(如硝基甲烷、二基苯、乙炔、硝化丙烷、浓过氧化氢、有机过氧化物、四氟乙烯等)在使用时应了解其燃烧值是否比爆炸值或分解热大，要采用大的值计算其物质系数。

重要物质暴露在空气中或在其他条件下可变为具有凝聚相爆炸或分解的潜在危险性的混合物或生成物时，由于在操作单元中变化的物质任何时候都不会存在，因此在计算物质系数时可忽略不计。

(3) 单元危险性的初期评价。

① 特殊物质的危险性。评价物质危险性时，对重要物质的特殊性质、重要物质在单元内与催化剂等其他物质混合的情况要重新进行评价。要根据该单元内重要物质的数量、在

火灾或可能出现火灾的条件下对其特定性质所产生的影响来决定特殊物质危险性系数的标准。

危险性系数是所研究的特定单元内的重要物质在具体使用环境中的一个函数，不能用孤立的重要物质的性质来定义。因此，不同单元中某一物质的危险系数可强可弱，如单元不同，即使是同样的重要物质也需要对特殊物质危险性系数加以改变。

② 一般工艺过程危险性。这类危险性与单元内进行的工艺及其操作的基本类型有关。其操作过程包括：纯物理变化、单一连续反应、单一间歇反应、反应多重性、同一装置中进行不同的工艺操作、物质运输、可搬动容器等。

③ 特殊工艺过程危险性。在重要物质或基本工艺和操作性质所评价的评分基础上，有些操作过程及其工艺会使总体的危险性增加。它们包括：低压、高压、低温、高温及腐蚀和侵蚀的危险性、接头和填料的危险性、振动及循环负荷疲劳危险性、难控制工艺反应、爆炸极限附近的操作、粉尘或雾滴爆炸的危险性、使用强气相氧化剂工艺、静电危险性等。

（4）数量的危险性。处理大量的可燃性和分解性物质时，要给予附加的危险性系数。

计算所研究的单元中物质总量应考虑反应器、管道、供料槽、塔等设备内的全部物料数量。可以根据物质质量直接计算，也可以根据体积和密度计算。根据气体、固体、液体及其混合物的质量，可以进行危险性的比较。

（5）布置上的危险性。单元布置引起的危险性系数所考察的重要项目是大量可燃性物质在单元内存在的高度。单元的高度是指装置工艺单元和输送物质配管顶部从地面开始的高度，排气管、梁式升降机的横梁构造物不能用于决定高度；但一定要考虑蒸馏塔和反应塔的主配管位置、生成物塔顶冷凝器、上部供料容器等。在计算中，高度用 H(m)表示。

工艺单元的通常作业区域是指和单元有关的构造物的计划区域。需要包括上述作业区域以外的泵、配管、装置等时可予以扩大。由周围单元的构造物以及有关的辅助设施用最小限度长度的墙围起来的领域可视为作业区域，用 N(m²)表示。评价主管桥单元的通常作业区域指管桥的最大宽度与支架或架台中心的间距相乘所得面积。评价带堤坝的贮罐单元的通常作业区域指贮罐自身的实际计划区域与单元内的泵及有关配管所占的区域，堤坝内总的区域不能算作通常作业区。地下贮罐的通常作业区由地下贮罐所处位置决定，在更深处贮藏洞的通常作业区是指地表或地下 10 m 以上的入孔及配管连接部的位置。

（6）毒性的危险性。它是关于毒性危险性的相对评分及其对综合危险性评价的影响。对健康的危害性可根据造成的原因和程度来考虑，有的可归因于维护及工艺不能控制或易发生火灾等异常工艺条件；有来自接头、基础、工艺排气等处经常发生的细微泄漏；还有由氮气、甲烷、二氧化碳等窒息性气体造成的对健康的危害。

瓦斯、蒸气、粉尘的毒性一般是以每周 40 h、每天劳动 7～8 h 为标准的时间负荷值(TLV)表示。对于短时间接触，用 TLV 乘以一定系数，而用更大的值。有的物质即使在短时间内接触也必须控制在比 TLV 值低的范围。

一般泄漏造成的危险性及通常的维修或者工艺操作引起的危害性，用 TLV 值评价；异常高的泄漏、装置控制系统的故障、火灾条件等用高短时间的浓度值评价。

重要装置项目上的放射线源和热等物理因素与上述直接毒性一起，必须作为复合毒性危险性来考虑。发生异常混乱状态时，影响采取正确的动作速度和形式的问题也应考虑。

（7）初期评价结果的计算。对所记录的各种系数先进行小计，再根据 DOW 最初确定的方法变换为 DOW/ICI 的全部指标。

3）蒙德法的优缺点和适用范围

蒙德法在评价之前必须准备一批特定的数据取值表和系统资料，同时评价人员应具有丰富的专业知识，此方法适合具有良好的判断能力的专业人员使用。主要适用于火灾、爆炸危险性的判断上。

（三）危险源分析评价方法的对比研究

通过对上述各种系统安全分析评价技术进行对比研究，可以发现，各种技术方法之间既有紧密的联系，又有明显的区别。从时间域（主要指系统生命周期）、空间维（主要指宏观、微观）等不同角度及层次上分析研究，可得到以下几个结论。

1. 时间域角度分析

尽管系统安全分析评价方法很多，但其具体应用可以归为三个阶段：

其一为系统设计阶段，此时需要对其技术路线、工艺流程、设备设施等进行安全分析与评价，以使系统投产后达到最佳安全状况；

其二为生产过程分析评价阶段，以辨识运行系统、设备设施的安全可靠性，以保证系统处于良性循环状态；

其三为系统寿命终结阶段，系统设备零部件设计寿命即将完结，可靠性能变差，对其进行安全分析评价，以保证系统安全正常运转。

一般在一项工程活动（包括设备、设施、生产等活动）之前，对其系统危险性还没有很深的认识，可以运用 PHA 对系统存在的危险性类别、出现条件、可能导致事故的后果等，作一宏观概略性的分析，以避免不安全技术路线、危险物质、工艺和设备的潜伏。

在对系统的初步设计进行一段之后，进入技术设计阶段就可开始运用 FTA、ETA(Event Tree Analysis，ETA)、OS(Operability Study，OS)、OHA、FMEA 等技术对具体子系统、设备故障、典型致命性故障等进行安全性分析评价。

2. 从空间维的角度分析

系统安全分析评价技术既有宏观分析，亦有微观剖析。

由各种技术方法不难看出，工业安全分析评价技术基本上分为两大体系：

一种是对**工艺过程和生产装置危险度的评价分析体系**，如：前者以美国 DOW 化学公司使用的对化工装置和过程的火灾爆炸危险度评价及相应的安全措施方法为代表，包括杜邦公司、美国保险协会、日本劳动省六阶段安全评价法、英国帝国化学公司 MOND 标准等许多改进类型。

另一种则是对**系统的安全性和可靠性的分析体系**，这是以事故树分析为代表，包括 FTA、ETA、FMEA、FECA 等。

以 DOW 化学公司和日本劳动省为代表的对工艺过程和生产装置危险度的评价分析属于概略性的分析评价方法，它是从商品化上对工艺过程和生产装置的危险程度进行评定，而不是具体分析会出现什么样的危险以及危险的发生过程。

以事故树分析为代表的安全性和可靠性的分析则属于详细的分析评价方法，是具体地分析和查明系统会产生什么故障和事故，受那些因素的影响以及这些影响因素之间的相互关系。如 FMEA 方法就是对子系统或设备元部件可能会发生的故障类型、状态以及对子系统甚至整个系统的影响进行分析，其中特别严重的故障类型还要进行致命度分析。在实际应用过程中，往往通过宏观分析，找出事故隐患，再通过微观仔细剖解，寻找发生事故隐患的原因和可能性，以防止事故的发生。

3. 从系统安全分析评价方法的性质特点考虑

从系统安全分析评价方法的性质特点考虑，其既有定性的分析，也有定量的计算，如 PHA、FMEA 等属于定性分析，FTA、ETA 为定性定量结合分析，以 DOW 化学公司为代表的指数分析则属定量计算。

定性分析主要用于工厂考察、审查、诊断和安全检查，主要包括设计阶段、施工阶段、安全审查和试运行阶段、正常运行阶段的危险评价。诸如厂址选择及工厂环境布置、工艺过程的潜在危险性、机构设备的安全装置、误操作防止装置、仪器仪表、安全应急措施评价等等。

定量评价的目的在于判定事故危险的程度，用定量的形式将危险性表示出来，便于人们将其与相关的标准规范进行比较，从而进行事故预防和控制。定量指标可分为两类，以系统安全性和可靠性为基础的定性定量综合分析评价方法，先查明系统隐患，求出损失率，再与相关的安全标准进行比较，若小于规定的安全标准，则说明其处于安全状态，否则则意味着危险。另以物质系数为基础，用 DOW 化学公司和日本劳动省为代表的综合评分进行定量评价分析，其方法是将物质的危险性折合成火灾、爆炸、毒物扩散等定量指数，符合相关安全等级分数的指数则算是安全的，否则属于危险。

4. 从逻辑思维方法分析

用逻辑思维方法分析，可将安全分析方法划分为四种形式：

一种是从基本故障类型或各种失误（原因）推测可能导致的灾害事故（结果），如 FMECA 从具体故障开始，分析并判明其对系统的影响结果。

一种是对既定的灾害事故按系统的构成逐项展开，以探明原因或结果，如 FTA 以顶上事件为出发点，将构成其原因的事件按因果关系逐项列出，直至分析到部件故障为止，它实际上是一种演绎推理分析过程，而 ET 则是从总体上分析事故发生发展的动态过程和相关因素，并可以从中判明事故结果及严重程度，它实际上是一种逻辑归纳分析过程。

再一种是从已知的中间原因（如工艺参数的变动），推测其可能导致的后果，并找出原因，如 OS 则是探讨状态参数（如温度、压力、流量、组分等）变动（偏差）的影响及其发生的原因。

还有一种如人工神经网络模型，可以理解为反馈型，从影响系统安全的基本因素开始，通过正向推理、误差校正、反馈学习等过程，对系统安全状况进行分析评价。

（四）危险源分析与评价的实际应用要点

工业生产系统是一个包含许多子系统、拥有众多不同类型设备、设计方案时有改变的开放综合型复杂大系统，分析评价对象涉及到系统中人员素质、机械装备、管理状况、环境设置、物料质量等各方面。经验表明，很难用单一的方法完成分析评价的任务。

从各种系统安全分析与评价方法的特点也可以看出，评价方法本身就是一个定性定量、宏观微观、局部整体的方法综合体。因此，我们在实际应用过程中根据自己的分析思路，研究系统及研究对象的复杂性以及分析条件的局限性，从系统生命周期、定性定量、整体局部等多层次考虑，在充分分析其相关信息资料的基础上，从方法的科学化、综合性、适用性出发，选择切实可行的分析评价方法。

如果所分析的系统较为简单，如标准化的常规设备，不要求严格的危险计算结果，一般仅需综合应用几种定性分析方法，找出系统存在的事故隐患即可。对于比较复杂的分析系统，则必须进行定性定量等全面分析计算。在具体应用中，我们可以用事件树对系统危险进行动态分析，预测系统可能发生的各种事故后果，并进行定量风险评价，选择其中风险率超过允许界限的结果事件为顶上事件进行事故树分析，以便对形成该结果事件的事故机理进行微观分析，寻求控制事故的安全措施，使系统风险率降低到规定安全指标以下。

在进行 ETA、FTA 分析之前，若能采用 PHA 进行危险初步分析，对一些典型事故进行一些 FMEA 分析，必能得到更佳的安全分析效果。日本劳动省提出的化工装置安全评价六阶段法，实际上就是包含了定性定量及故障树分析等多种分析评价方法的综合分析方法。我国机械、化工、煤炭、冶金、航空等部门行业普遍推行的安全分析评价方法，其对象覆盖了人民素质、管理状况、生产设施、作业环境等方面，应用了定性分析及定量计算，也是比较典型的综合分析评价方法。

六、本章小结

本章分析了化工物流健康、安全与环境管理研究中所涉及到的理论、方法和体系。主要包括危险源定义、危险源辨识理论、可持续发展理论、几种危险源辨识方法，其中在危险源辨识方法中，即包括安全检查表(Safety Check List，SCL)、预先危险性分析(Preliminary Hazard Analysis，PHA)、故障类型及影响分析(Failure Mode Effects Analysis，FMEA)、危险与可操作性研究(Hazard and Operability Analysis，HAZOP)、故障树分析(Fault Tree Analysis，FTA)、工作危害分析法(Job Hazard Analysis，JHA)等以系统工程理论为基础的方法，还包括三种危险指数评价方法，这些方法在后续的研究中都会有所涉及。本章还对各种技术方法进行了对比研究，并分析了这些方法的实际应用场合。

第三章　危化品运输中的危险源辨识、评价与管理研究

在化工物流运作过程中危险源占大部分，因此，化工物流企业要实行 HSE 管理体系，对于其中的危险源进行识别、分析、控制就显得非常重要。接下来两章研究危险品运输和危险品仓储中的危险源辨识、评价和控制。本章重点研究化工物流运输过程中的危险源辨识、评价和控制，下一章节研究化工物流仓储过程中的危险源辨识、评价与控制。针对危化品运输过程，将重点研究危化品运输中的危险因素，利用关键控制点法建立危化品运输关键控制点模型，并在此基础上提出基于关键控制点的危化品运输安全管理办法。

一、国内外危险品道路运输研究的现状

（一）国内危险品道路运输研究的现状

我国危险品道路运输安全管理的研究落后，至 21 世纪，我国相关部门才依据国际化道路危险品运输有关法规，制定出《危险化工品名表》、《危险品分类和品名编号》、《危险品道路运输安全管理规定》、《道路危险品运输车辆标志》等一系列危险品道路运输安全管理的法律法规。

国内学者重点研究了危险品道路运输的风险评价和安全管理等领域的内容，并获取了阶段性的成就。

代表性成果源于以下几位作者的研究。

• 在科学性、可行性和经济性原则的指导下，王淼等人以人口分布、车辆状况、道路状况、生态环境等作为量化指标，利用模糊综合评价和层次分析法，建立以运输路线最优为目标的评价指标体系。

• 何雅婧和李升朝运用运输风险评价中的事故致因分析法，分析安全运输致因对危险货物运输安全体系建设的影响程度，并将道路运输事故产生的原因详细分类。

• 卜全民结合国内外先进技术和基本国情，搭建了基于现代信息技术的管理体系、风险预警机构及运输信息相结合的综合性平台，提出危险品道路安全运输控制对策和事故应急措施。

• 余强基于危险品性质、道路运输安全诱因及对企业自身优点的分析，创建了道路危

险品运输法安全水平指标体系，并运用层次分析法评估出权重；并依据灰色关联分析和TOPSI 分析法理念，构建改进了的安全水平研究模型，为事故预防和道路运输安全提供新技术方法。

　　• 严虎提出建立"以人为本"的运输安全管理体系，结合 HSE 管理体系、工作人员、车辆设施装备、GPS 信息系统、事故风险评估，建立以跟踪、监控、反馈、改进等功能为一体的全方位应急救援体系，提出预防事故发生的可行性报告。

　　关于上述研究成果的具体情况，见参考文献。

　　目前，我国危险品道路运输安全处于严峻的状态。从总体层次来看，运输行业整体运行质量低下，危险品道路运输操作不规范，监管体系薄弱，监管力度低下，信息监管技术落后，存在着一系列的安全隐患。

（二）国外危险品道路运输研究的现状

　　国外危险品道路运输行业有着悠久的发展历史，经过深入研究危险品道路运输系统，形成了健全的法律规章和具有经济效应的安全运输管理模式。同时为适应不同时期化工物流的发展模式，形成了相应匹配的管理理念。

　　自 20 世纪 70 年代，欧美国家就着力于统计道路危险品运输事故，建立运输事故数据库。利用不断更新和重新统计的数据，编制事故频率分布图，总结事故诱发因素。Ang 提出了运输风险评价的基础性架构。80 年代末，Brodsky 等通过统计危险品道路运输事故数据，总结出不同时间段、天气环境和道路类型对事故率影响程度大小各不相同的结论；Gliekman 详细分析泄漏事故案例，将其变量因子划分成模式、车辆类型、路面交通和装载方法等因素。90 年代末，国外对危险品道路运输风险度量模型展开深度的探究，利用可能影响的人数、期望损失值、事故概率大小等因子计算风险值；危险品运输学者通过定量分析不同因素，提出条件风险模型、感知风险模型、侧重后果的避灾减灾风险模型、改进风险的危害模型等。21 世纪，Erkut 等利用各种道路运输风险评价模型，以最小风险、最短距离、最少暴露人数、最低事故概率、最小事件概率等为权重，建立以"最优路径"为目标的评价系统，来区分选线中的相似相异性。

　　目前，欧美等发达国家利用大量数据资源来研究道路运输安全管理体系，并已获得较高成就。它们利用先进的信息监管技术和 GPS 定位系统，来全程跟踪危险品道路运输车辆，建立安全信息管理平台，使其能准确、及时地掌握车辆运行状态，加以控制车速，从而有效降低交通事故的发生。

　　近年来，世界各国开发了包括危险品道路运输危险根源辨识、事故概率分析、后果模型、综合风险定量分析等内容的商用化安全研究软件包，使得理论与实际相结合，提高了危险品道路运输安全研究水平。

(三) 国外成功的危险品运输管理模式

1. 美国危险货物运输管理

美国运输部机构单一，是所有运输方式唯一的管理机构，下设美国管道与危险物品安全管理局、联邦汽车运输安全管理局、联邦铁路局、联邦航空总署四个部门，各自均对其管辖内的危险运输企业进行监管，部门职责界定清晰。不仅如此，美国运输部有很多专业技术工程师，可以为法规制定提供一个重要依据，同时将各种所需专业人才归入综合部门，由单一机构管理，能节省人力资源，提高效率。美国运输部危险品与管道安全管理署下设 7 个办公室。如果对法规进行修改时，美国政府会将信息公开化，放在一个公共网站上，让所有政府部门和公众来了解企业。此外，美国在对危险品运输收费或罚款后，会将这笔数额的费用作为基金，培训当地危险品运输企业。目前美国也参与了多个国际危险品运输组织，如联合国危险物质运输专家委员会、联合国化学品全球统一分类和标签系统专家委员会、国际民航组织危险品专家小组等等。

2. 欧洲危险货物运输管理

欧洲各国基本上都有对危险品运输管理的专门机构，它们中的绝大部分都已纳入道路运输(含危险货物运输)管理机构。欧洲建立了统一、规范、针对性强的危险品道路运输行业标准，如《危险货物国际道路运输欧洲公约》。另外欧洲各国对危险货物运输的准入条件相当苛刻，包括驾驶证、老板是否有前科、起始资金等。另外值得借鉴的是所有的标准、法规均有 MSDS(Material Safety Data Sheet，货品安全信息卡——化学品生产商和进口商用来阐明化学品的理化特性以及对使用者的健康可能产生危害的一份文件)及各种运输单证在生产商、货运代理、运输车队、船公司、航空公司、仓储、接收站、分销商、下游企业、消费者等各个流转环节的交接转移的要求。

3. 日本危险货物运输管理

日本对危险货物物流的管理较为严格，近年来，为了应对国际化发展趋势，通过《消防法》、《火药类取缔法》、《毒物及剧物取缔法》等法律制度，对危险品的储藏、运送、保管、处理等做了较为详细的规定，同时对从事危险品业务的企业，从设施设备要符合标准、上岗人员要持有专门的资格等方面进行了严格的规定。另外，从事危险品业务的企业，在得到管理部门的营业许可证后，还必须将企业的状况、经营方位、设施状况等，在业务开始之前向所在地的消防和市政部门提出，消防和市政部门有权到设施内进行检查和防灾指导。规定从事危险品处理工作的人员，每 3 年以内，必须接受一次集中学习。在危险品运输事故防止对策上，推行《运行管理员》制度，对运行速度进行管理，实行驾驶员确认制度。

二、国内危化品道路运输安全现状

（一）危化品道路运输安全概述

据统计，截止 2015 年 12 月，我国每年通过公路运输的危化品约有 2 亿吨、3000 多个品种，光是剧毒氰化物就达几十万吨，易燃易爆油品类达 1 亿吨，公路运输危险货物的安全风险和危害程度逐渐增大，危化品运输事故占危化品事故总数的 30%～40%。以上海为例，2015 年上海危化品经营户总计达到 1069 家，其中一般危化品经营户 600 家左右，剧毒化学品经营户 300 多家，石油液化气站也大约 100 多家。危化品经营户分布广泛，覆盖上海市全部区县。其中国有企业有 100 多家，集体企业为 80 多家，约占总经营户数量的 20%，其余为私营企业和股份制企业，由此可见民营企业占据了绝大多数。中小企业的平均运能只有大型企业的 48.5%，中小企业的每辆运输车平均运能只有大型企业的 51.4%。上海的危化品运输一般由三类企业完成。首先，大型的危化品生产企业一般都有自己的运输车队；其次是大型国有运输企业，但只是占据小部分社会业务，而且基本上处于亏损状态；最后是数量众多的中小民营运输企业，占据了大部分的危化品运输市场，这些危化品运输企业规模都较小，管理松散，只顾盲目追求企业经济效益，忽视安全和保护环境，从业人员素质普遍不高，操作不规范，从而更加重了危化品运输的危险性。

（二）危化品道路运输存在的主要问题

随着上海交通网络的不断完善，车辆数量也在不断地上升，道路交通负荷压力变大。上海的道路交通具有拥挤、复杂等特点。上海是我国人口最密集的地区，危化品运输车辆在城市道路上进行运输，如若稍有不慎，就会引起重大人身、财产损失。而导致危化品运输事故的原因主要包括以下三个：

1. 人的因素

人是危险品运输事故发生的核心因素，从业人员缺少专业知识，无证上岗现象比较严重。本文将该因素分为人的不安全行为以及管理不完善两个方面。

1）人的不安全行为

人的不安全行为主要有四个方面：

（1）装车人的行为；

（2）驾驶员的行为；

（3）押车人的不安全行为；

（4）车辆维修保养员的不安全行为。

表 3-1　人的不安全行为举例

装车人的失误	驾驶员的不安全行为	押车人的不安全行为	车辆维修保养员的不安全行为
超重、超高装载	疲劳驾驶或驾驶技术差	驾驶员随意停车	车辆维修保养不善，检查不仔细，使有缺陷、有隐患的车辆上路
没对危险品容器采取紧固措施，使其在路上颠簸碰撞，甚至挣脱约束滚下车	超载和超速行驶	随意指使驾驶员改变行车路线	车辆检修、检查执行不严格
危险品容器的阀门没有拧紧，导致发生泄漏	行车路线不当，道路情况不清	擅离职守	电焊工违章在易燃易爆环境下动火修理运输危险品车辆，导致起火或爆炸
……	在多变的气象条件和复杂的路段上行车不慎……	……	……

2）管理的不完善

（1）政府主管部门方面管理不完善。个别的企业或司机个人没有相应的资质却仍在悄悄从事危化品运输，这是目前危险货物频繁出事故的重要原因之一；危险化学品道路运输公共设施相对落后，并且长期疏于管理；国家对于危险品事故后果方面的宣传力度还不够，公民特别是司机这方面意识薄弱，人员的违章、对运输的危险化学物理、化学性质缺乏一定了解，最终发生事故。由于政府管理不到位，从而导致危险品事故的发生，因此，政府完善好这些缺陷，就能有效地控制此类事故的发生了。

（2）企业方面的管理原因。企业方面的管理缺陷主要表现为：对于驾驶员安全方面的培训教育欠缺；运输车子的检验修理工作做的不够到位；相关道路运输的路线和时间规划欠佳；对于事故不可避免发生后的应急救援工作开展的指挥欠及时、欠有效；对于某些危化品的装卸运载及产品的包装等不达标的现象没有予以及时的纠正；有时出于利益的考虑，甚至允许一些违法行为，如非法装载运输、私运等。

通常，人的失误多数都与管理有着密切的关系。可以说，绝大多数的失误都是由于管理上的原因直接或间接造成的。因此，要想减少人的失误，从根本上来讲，还是要从法规、制度的建立健全，执法的严明，管理的完善，培训教育的加强等方面着手。

2.“机”的因素

“机”顾名思义就是指设备和货物，因此，“机”是危险品道路运输事故发生的基本因素。

1）设备的不完善

物流运输离不开具体的设备、工具或设施，如果这些物质条件处于不良的使用、运行状态，则很有可能导致相应的事故。通常情况下，由车辆或相关设施设备引起事故的具体原因有：

（1）车子的底盘等出现问题（如发动机、车闸、方向盘、轮胎等故障）；

（2）装运的罐体本身存在一定的缺陷（如安全阀等装置泄漏、焊接不够到位、有松动等）；

（3）安全控制部件等欠缺或失灵（如缺乏良好的除静电设备，液位计、压力表、温度计不能够正常清晰地显示等）。

2）运输货物的不安全状态

货物的不安全状态取决于企业车辆所运输的危险化学品自身的固有特性和其包装、堆垛、防潮防热措施等因素。爆炸品受热或受摩擦或在震荡的情况下有可能爆炸；压缩气体和液化气体在较高的温度环境下，体积膨胀、压力升高，会引起容器物理性破裂，导致泄漏，若遇到火源会发生燃烧或者爆炸；自燃物品若包装损坏，就会发生自燃；遇湿易燃物品如果包装损坏，在受潮的情况下会引起自燃。

3. 环境的因素

环境是危险品运输事故发生的外在因素，它主要受天气（如下雨、下雪、冰雹、大雾、大风、过度炎热等）、地形、路况（如遇到急转弯、崩塌事故、巨大石块阻挡、山体滑坡、泥石流等）、人口密度、运输时间以及其他因素的影响，造成撞车、翻车或车辆损毁的情况。

经过上述分析，可以看出目前在化工物流运输领域中所涉及的风险主要包括以下几类，如表 3-2 所示。

表 3-2　危险化学品运输过程中的风险一览表

风险	现象	主要危害
运输人员不合格	疲劳驾驶	引起车辆发生事故，导致危险品的泄露造成人员和环境的损害
	违章驾驶	
	没受专业培训	
天气路况差	雨雪，强台风，地面坑洼	导致危险品发生碰撞引发爆炸或者火灾
过量装载	车辆制动弱	容易发生交通事故
运输路径	运输路径混乱	
无危险品标志	无危险标示警示	导致人员受到危险品的伤害
危险品泄漏	无安全措施	导致人员伤亡

三、危险品运输过程的风险分析

（一）危险品运输过程的风险管控

　　企业的生产运作模式不同，导致作业流程和规章制度差异很大，所以危险源辨识的范围和风险评价标准也不同，因此企业在制定风险管控流程时应充分考虑自身需求，使其科学合理，达到预期的效果。一般的危险品运输企业风险管控的步骤如图 3-1 所示。

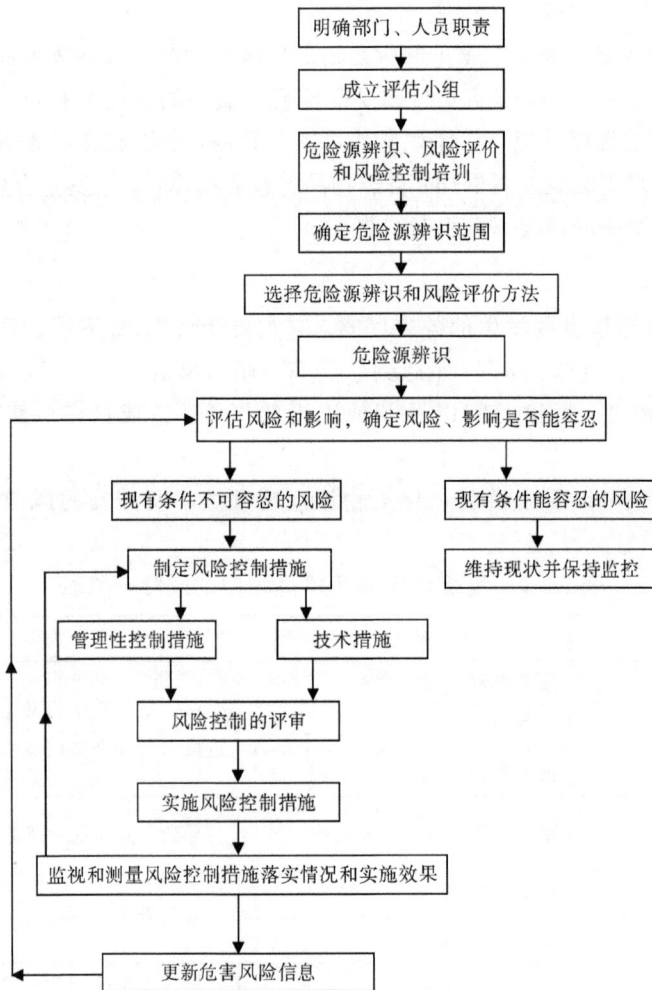

图 3-1　危险品运输企业风险控制过程

在危险品运输风险的管控过程中，危险源识别是起点，也是关键。因此在下一节中将重点研究危险品运输企业危险源辨识的方法。

（二）危险源辨识方法选择

危险品运输企业的危险源辨识方法繁多，不同级别的单位和部门选择不同。基层单位作业人员适用相对简单的方法，而对管理、技术人员和危险源辨识小组的成员，简单的方法已经不能满足管理需求，应选择系统的安全评价方法和综合评价方法，以获得满意的结果。普遍使用的辨识和评价方法主要有 JHA、SCL、PHA、FMEA、HAZOP 等。为实现各单位的危险源辨识和使风险评价工作有效的开展，危险品运输企业管理层和风险评价部门应设计相关记录表单，使执行部门和职员对日常工作中的行为和安全隐患进行记录，也为整个风险评价体系的改进提供基础。

从第二章对于各种危险源辨识方法的研究中可以看出，各种方法都有优缺点，能够给出量化评估的方法，当属 FMEA 法。用因果分析图法分析事故，可以使复杂的原因系统化、条理化，同时把主要原因搞清楚，也就明确了预防对策。对于危险品运输而言，其中的危险源不但数量特别巨大，而且种类繁多，系统地分析清楚这些危险源，是下一步管控的关键。在本次研究中，将采用因果分析图法对危险品运输企业的危险源进行辨识。

（三）基于因果分析图的危险因素分析

危险品运输企业的危险因素非常多，没有一定的方法指导的话，危险因素很难找全。为了把危险因素找全、找准确，在本次研究中，采用安全系统工程的方法，即从人、机、料、法、环五个维度来分析危险因素。图 3-2 为用因果分析图来分析危险因素。

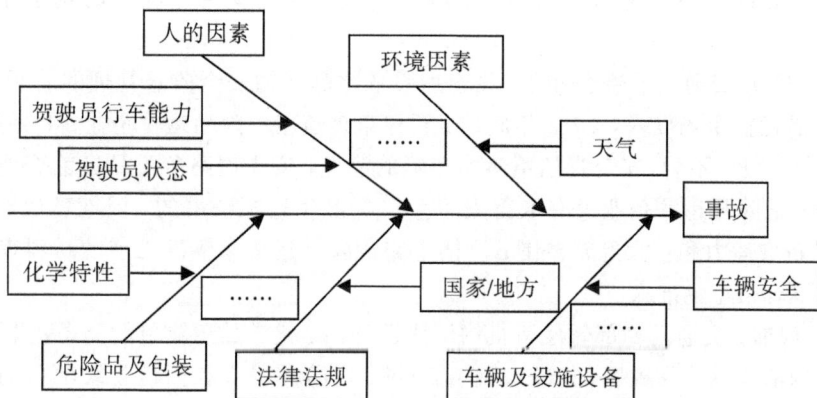

图 3-2　危险因素分析因果分析图

1. 人的因素

危险品运输业是一个特殊行业，从事此行业的相关人员必须经过培训，具有危险品运输相关专业知识和技能，并做到持证上岗。运输人员包括了驾驶员、押运人员、装卸人员等，运输危险品途中需较长时间停车，如需要住宿或者发生意外从而影响正常运输时，驾驶人员、押运人员必须采取有效的安全防范措施；运输剧毒品或者易致爆危险品的过程中还应当向相关地区公安机关报告。人是保证危险品道路运输安全的决定性因素，驾驶员的性别、年龄、专业技能、知识储备、素质直接影响到运输安全。

目前，我国运输从业人员素质普遍不高，对危险品运输的安全意识认识不足，在发生紧急情况时没有正确的处理措施是目前危险品道理运输事故的主要原因。如 2011 年 11 月，贵州省福泉市境内两车运输 TNT 的运输人员未按规定的路线行驶且违规停车而发生爆炸事故，造成 9 人死亡、217 人受伤的严重后果。运输人员没有规律的日常管理和参加专业化培训，危险品道路运输过程中就有可能违章操作，诸如违章超车、违章停车、操作失误、忽视瞭望、不实施日常三检、违章装卸危险品等。加强对危险品道路运输过程中人的行为的规范，提高运输人员的可靠性系数，是保证危险品运输安全的基石。

2. 车辆及设备设施

对于危险品运输，车辆是安全的重要保障。车辆风险来自行驶部件、安全附件、装卸系统、储运容器的安全性能风险。部分零部件的使用超过期限，行车前的安全检查不完整，都有可能遗漏导致事故的风险因素。储运容器要有相应的应急设备和保险装置，因为危险品的危害范围大，所以较好的车辆状态是安全的基础。运输车辆要配备简便的应急装置和安全附件，如灭火器、防火帽、三角灯、危险标识、拖地带等，缺失或不能正常使用都会影响车辆行驶安全。储运容器的形体受到外界压力和撞击，封闭的容器内气压急剧增加，并且随着使用时间越来越长，容器内壁长时间受到危险品的化学作用，抗压能力也会减弱。

2015 年 10 月交通运输部公布了《关于加强危险品运输安全监督管理的若干意见》，要求严格危险品运输市场准入，2015 年底前，暂停审批道路危险品运输企业；要做好"挂而不管、以包代管、包而不管"安全责任不落实车辆的清理，实现道路危险品运输企业全部车辆公司化经营；危险品运输企业没有取得安全生产标准化达标证书的，限期整改，仍未达标的企业不得新增运力和扩大经营范围；严格道路危险品运输车辆准入前的材料审核和年度审验，禁止不合格车辆准入。

2017 年底前，交通运输部暂停审批内河水路油品、化学品运输单船公司，并严格新建、改建、扩建的港口危险品罐区（储罐）、库（堆）场、危险品码头和输送管线项目的安全设施设计审查和验收，凡未通过安全生产条件审查的，一律不得开工；未通过项目验收、取得危险品码头作业附证的，一律不得运营生产。

3. 危险品及包装

危险品都具有易燃易爆、腐蚀性、放射性，而且会因为外部条件的改变导致难以预料的后果，例如运输易爆物长时间伴随外界高温环境，发生事故的概率将大大增加。运输放射性和腐蚀性物品的罐车，如果发生交通事故使罐体发生形变，内部的危险品受到的压力急剧增加，也会容易伴随交通事故发生更严重的泄露和爆炸事故，造成巨大的危害。

同时，危险品的数量也是一个重要因素，当数量达到一定量的时候，对于危险品的管理，就要从一般危险源转为重大危险源来管理，重大危险源的管理国家法律法规中是有特殊规定的。对于危险品运输而言，危险品包装对于运输的安全性关系非常大。几大类危险品各自对于运输包装都是有要求的。

比如：对有毒商品的包装要明显地标明有毒的标志。防毒的主要措施是包装严密不漏、不透气。例如重铬酸钾（红矾钾）和重铬酸钠（红矾钠），为红色透明结晶，有毒，应用坚固附桶包装，桶口要严密不漏，制桶的铁板厚度不能小于 1.2 mm。对有机农药一类的商品，应装入沥青麻袋，缝口严密不漏。如用塑料袋或沥青纸袋包装，外面应再用麻袋或布袋包裹。用作杀鼠剂的磷化锌有剧毒，应用塑料袋严封后再装入木箱中，箱内用两层牛皮纸、防潮纸或塑料薄膜衬垫，使其与外界隔绝。

对有腐蚀性的商品，要注意商品和包装容器的材质是否会发生化学变化。金属类的包装容器，要在容器壁涂上涂料，防止腐蚀性商品对容器的腐蚀。例如包装合成脂肪酸的铁桶内壁要涂有耐酸保护层，防止铁桶被商品腐蚀，从而商品也随之变质。再如氢氟酸是无机酸性腐蚀物品，有剧毒，能腐蚀玻璃，不能用玻璃瓶作包装容器，应装入金属桶或塑料桶，然后再装入木箱。甲酸易挥发，其气体有腐蚀性，应装入良好的耐酸坛、玻璃瓶或塑料桶中，严密封口，再装入坚固的木箱或金属桶中。

对黄磷等易自燃商品，宜将其装入壁厚不少于 1 mm 的铁桶中，桶内壁须涂耐酸保护层，桶内盛水，并使水面浸没商品，桶口严密封闭，每桶净重不超过 50 kg。再如见水会引起燃烧的物品如碳化钙，遇水即分解并产生易燃乙炔气，对其应用坚固的铁桶包装，桶内充入氮气。如果桶内不充氮气，则应装置放气活塞。

对于易燃、易爆商品，例如有强烈氧化性的，遇有微量不纯物或受热即急剧分解引起爆炸的产品，防爆炸的有效方法是采用塑料桶包装，然后将塑料桶装入铁桶或木箱中，每件净重不超过 50 kg，并应有自动放气的安全阀，当桶内达到一定气体压力时，能自动放气。

在进行风险辨识的时候，危险品的辨识是重要内容。

4. 法律法规

危险品运输过程中法律法规的限制非常多，国家级的就包括：《中华人民共和国安全生产法》、《中华人民共和国港口法》、《中华人民共和国海上交通安全法》、《中华人民共和国行政许可法》、《中华人民共和国海商法》、《中华人民共和国海上海事行政处罚规定》、《港口危险货物管理规定》、《危险化学品安全管理条例》、《中华人民共和国船舶载运危险货物安全监督管理规定》、《船舶载运危险货物申报与集装箱装箱诚信管理办法》、《关于进一步加强水路公路危险化学品运输管理的通知》等，地方性的法律法规还有很多。尽管有这么多的法律法规，企业在执行的过程中是否能做到，是危险品运输过程安全的关键。因此在企业危险因素辨识的过程中，企业是否遵守法律法规，是辨识的重要内容。如果有这一类的危险源存在，必须马上进行整改。

5. 环境因素

对于危化品运输，环境因素包括两个方面，一方面指自然环境，包括天气状况、季节等；另一个环境因素指的是路况，包括行程中的地形复杂度、交通设施完善程度以及人群密集程度。

其中天气状况是影响危险化学品公路运输的一种典型风险，恶劣的天气环境直接影响驾驶员对安全距离的判断，加之冰雪雨天降低轮胎与湿滑路面的摩擦力，大雾和沙尘暴等降低驾驶人的可视距离，这样驾驶人员操作不当或遇到紧急情况，很难采取正确的处理方式和措施，将会带来灾难性的事故。如果运输的危险品发生泄漏甚至爆炸等，一方面运输危险品车辆的预防施救设备不齐备，救援部门的到达时间因为天气原因大大加长，使救援非常困难；另一方面雨雪天气还会扩大危险品的扩散范围，危害周边的人员群众和生态环境，并且后续对控制危险品扩散的难度增加，如果剧毒危险品或者爆炸品爆炸产生二次危害，那后果是无法估量的。

路况因素对危险品运输安全的影响体现在，行驶过程中的路况越复杂，对驾驶员以及车辆的要求越高。为了防止危险品道路运输出现交通事故，减少事故损失，道路必须进行相关的道路安全设计，配有合理的道路设施，如停车设施、照明设施、防护设施、相关线路设施等。道路设施中禁止危险品车辆通过的标志不完善，也是导致危险品道路运输事故的一个重要因素。在道路安全设计时应在事故黑点地段设立明显的警示标志，长下坡路、急弯等危险地段应有防撞墩、防撞栏等安全防护措施，在不同地域、不同地段设置危险品道路运输的限制车速。道路安全设施配置是否完善影响着危险品道路运输安全状况，不良的安全防护措施带来不安全因素和直接影响危险品运输人员的心理，加大了事故发生的概率。因此，在道路规划设计时加强危险品运输安全设施的投入，是保证危险品道路运输安全的重要举措。

影响危险品道路运输的环境因素主要是危险品运输路线周围的人口密度、自然地理条件、交通流量等。目前，国外在大量统计的基础上得出，城市路段比农村路段事故率高，未划分的多车道事故率和泄露可能性比较高，因此在危险品运输线路选择时应优化运输路径，使安全效益最大化。交通流量大、气候环境恶劣的运输环境会增加事故发生概率，在人口密度大的商业点或者居住地发生危险品事故，会产生特重大事故，造成严重的财产损失和人员伤亡。

四、危化品运输安全管理的对策研究

上一节通过因果分析图对危化品运输进行了危险源分析，主要采用了安全系统工程的"人、机、料、法、环"五个维度分析了危化品运输中存在的主要风险。本节将在上一节讨论的基础上，采用危害分析的临界控制点（Hazard Analysis Critical Control Point，HACCP）对风险进行管控。HACCP 是对可能发生在食品加工环节中的危害进行评估，进而采取控制的一种预防性的食品安全控制体系。有别于传统的质量控制方法，HACCP 是对原料、各生产工序中影响产品安全的各种因素进行分析，确定加工过程中的关键环节，建立并完善监控程序和监控标准，采取有效的纠正措施，将危害降低到消费者可接受的水平，以确保食品加工者能为消费者提供更安全的食品，确保食品在生产、加工、制造、准备和食用等过程中的安全，在危害识别、评价和控制方面是一种科学、合理和系统的方法。

在本文的研究中，将把 HACCP 思想引入危化品运输过程，利用与 HACCP 同样的方法，找出危害因素，并进行控制。

在 HACCP 中，有七条原则作为体系的实施基础，它们分别是：

（1）进行危害分析和提出预防措施（Conduct Hazard Analysis and Preventive Measures）；

（2）确定关键控制点（Identify Critical Control Point）；

（3）建立关键界限（Establish Critical Limits）；

（4）关键控制点的监控（CCP Monitoring）；

（5）纠正措施（Corrective Actions）；

（6）记录保持程序（Record-keeping Procedures）；

（7）验证程序（Verification Procedures）。

在危化品运输安全控制中采取 HACCP，首先要找出系统中的关键控制点。

（一）危化品运输关键控制点分析

通过对近 5 年来危险货物事故的分析得知，其中有 55.7% 的事故是在运输过程中发生的。根据对这些运输事故的原因分析，得出了以下几点主要原因：管理方面的缺失；人的操作失误；车辆、包装及设备设施的缺陷；路况与自然环境方面的影响，具体比例见图 3-3。

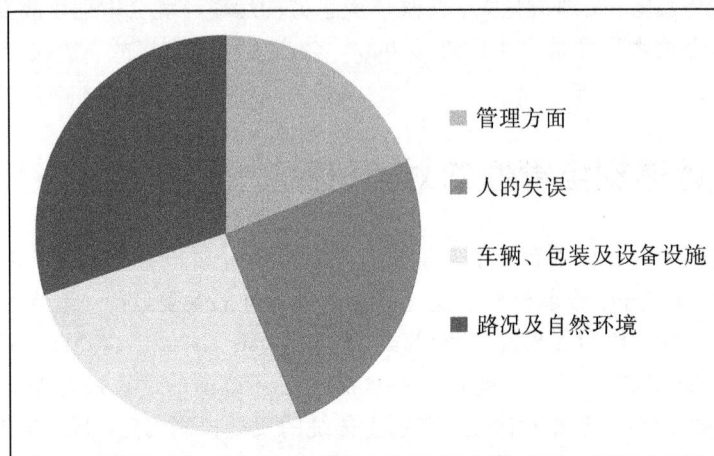

图 3-3   各种原因占总事故原因的比例

在这几个主要事故类型中，各事故类型中的主要原因分析见表 3-3。

表 3-3   危化品物流运输事故主要原因表

危化品物流运输事故主要原因（部分举例）			
车 辆 及 设 备	路 况 与 环 境	人 员 失 误	管 理 失 效
底盘故障	恶劣天气	司机技术不过关	停车维修时操作不当
罐体缺陷	路况条件差	装车人失误	车辆检修、检查执行不严格
静电导除装置差	交通设施不完善	押车人失误	驾驶员的培训时间不够，对安全意识不高
安全附件失效	其他干扰事故	停车维修时操作不当	运输路线、运输时间选择不合理
……	……	运输人员不按规定路线行驶	事故应急处理程序不合理
		……	没有遵守国家相关法规
			……

根据以上数据和分析，我们可以找到危化品运输安全的 3 个关键控制点：人（指管理、失误等）、机（指车辆、包装和设备设施等）、环境（指路况、天气等）。

（二）危化品运输中的关键控制点模型

危化品物流运输具有风险高、危害大、一旦发生事故损失特别大等诸多特点，在通过应用 HACCP 方法的基础上，我们已经找出了危化品物流运输的 3 个关键控制点：人（指管理、失误等）、机（指车辆、包装和设备设施等）、环境（指路况、天气等），并且通过对多年事故数据的研究发现，除了路况和环境是外部的客观因素外，人的失误、车辆、包装和设备设施都与企业自身的管理密不可分。因此，有必要优化企业的管理模式，从而实现对上述 3 个关键控制点的有效控制。针对危化品运输过程，可建立图 3 - 4 所示的关键控制点模型。

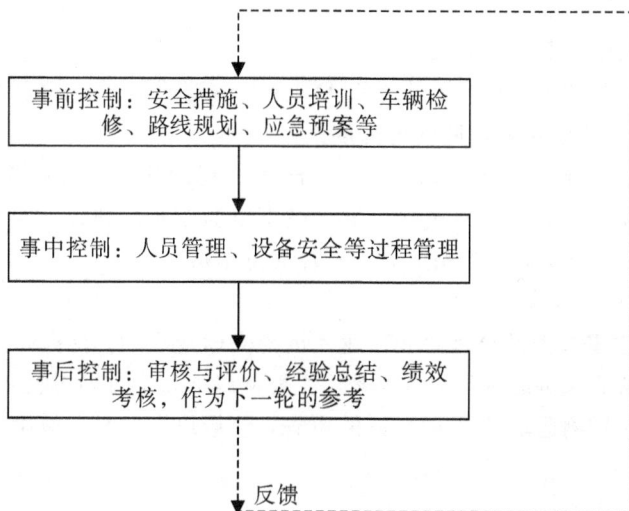

图 3 - 4　关键控制点模型

（三）基于关键控制点的危化品运输安全管理

1. 事前控制，预防为主

其实，任何事故只要做好了事先预防的工作，坚持安全第一、预防为主、综合治理的方针，就可以最大限度地避免事故的发生。由此可见预防在危化品道路运输中的重要作用，所以我们必须认清针对危化品道路运输关键控制点（Critical Control Point，CCP）事前控制的重要性，制定出有效的控制措施，确保危化品道路运输的健康、安全与环保。

1）建立完善的管理制度

一个好的管理制度能够保证完成组织、协调、检查、监督等各项工作，其职能主要包括：

（1）施行安全、环境和健康一体化管理，提高危化品物流运输活动的计划性，统一组织协调运输活动，帮助和推动危化品道路运输实现"零事故"；

（2）通过对实际运输过程分析，使管理制度合理化，将行之有效的管理措施和方法制定成统一标准，纳入制度管理，实现企业管理制度程序化和标准化；

（3）规范管理制度的信息传递方法和程序，统一信息收集、整理和传递的操作要求，保证信息准确并充分发挥作用；

（4）获取、识别适用的有关危化品道路运输的法律、法规、规范、标准和其他要求，并负责对其进行解释和说明；

（5）宣传 HSE 的思想和主张，更新和补充 HSE 的相关知识，注重员工对 HSE 思想意识的提高；

（6）明确划分企业内部人员的职责、管理界限，避免发生相互扯皮、相互推诿的现象；

（7）明确员工健康定期检查制度；

（8）逐步形成企业文化，使员工了解和认同企业的管理制度、管理目标，接受企业"零事故"的价值观，推行企业普遍认同的行为准则。

只有在严格遵守法律法规的基础上，健全法律法规的建设，增强各部门的协管能力，减少监管过程中的衔接问题，努力建立起危险品安全监管长效机制。同时对运输人员、路线、车辆、设施设备等都要进行严格监管，完善责罚体系。

2）制定有效的培训方案和内容

危险品道路运输事故大部分是由于从业人员的失职造成的，要提高危险货物道路运输的安全水平，提高从业人员的素质尤为重要。主要从以下几个方面进行：

（1）加强对危险货物运输从业资格证的审查，包括培训学校、教师、设备以及课程设置，确保培训质量。

（2）规定高中学历为从业者的最低学历。

（3）提高从业培训的难度，加长培训时间，增加培训内容。

目前，我国危险品道路运输呈现经营主体繁多、经营规模小、专业化水平不高、产业不集中及市场混乱的特点。这些企业大多数都为股份制，其中包括了很多以解决挂靠车辆和个体运输车辆问题而成立的企业，其模式为以车入股租赁的经营模式，企业与租赁者签订安全责任合同，依旧实行个体经营模式，导致安全管理得不到保障，加大了运输风险。而这些小企业的安全意识普遍不高，培训机制不健全，培训方案不完善。通过对危化品运输全流程的分析和研究，针对危化品运输的特殊性，企业可从以下几个角度设置培训内容，具体见表 3-4。

培训不可能一蹴而就，整个培训过程更是一步一步向上提升，即所谓螺旋式上升。培训应该定期举行，比如说半年一次，或者一年一次，同时培训的内容也应该根据培训对象的不同，每次各有侧重。

表 3-4　危化品运输培训内容

1 危化品安全运输国家层面的法律、法规、规章、标准和基本知识
2 危化品安全运输企业层面的管理、技术、制度
3 危化品运输中的环境、职业危害和危险因素
4 危化品运输中各岗位职责、操作技能及强制性标准

5 危化品运输中的应急管理、应急处置(包括自救互救方法)、事故应急救援
6 危化品运输中的安全防护用品的佩戴、使用和维护
7 危化品运输中的有关事故案例
8 其他相关内容

3）强化危化品物流运输企业车辆管理

在危险货物运输过程中，除了石油和部分危险品在运输中使用专用车辆外，大部分使用的依旧是改装过的车辆或者普通火车，运输设施质量存在问题，操守也存在缺陷。有些企业没有重视车辆的安全技术性能管理，只在乎企业的生产效益；在源头管理域流动监督管理方面的方法和措施不全面，没有能及时了解车辆技术状况是否完好，也没有按照相关要求及时对运输车辆进行检测和维护。

在安全管理过程中，需要从以下几个方面强化车辆管理：

（1）定期进行车辆检查。车辆技术状况、货物包装以及其他辅助的设施设备是驾驶员行车安全的物质基础，这些硬件设施都应该处于良好状态。作为危化品的运输车辆，必须得在车辆指定位置放上标志，驾驶员在发车前，要检查车辆的方向盘、刹车、油门等是否处于优良的工作状态，车辆一定不能带病上路。企业也应该定期对车辆进行检查，发现问题及时整改，同时要对检查中发现的问题落实责任人，追究责任，层层把关，严防车辆带病上路。

（2）为车辆建立档案。运输企业需要对自己从事危化品运输的车辆进行存档，记录好车辆的各种参数、使用年限及车辆维护情况等。同时驾驶员只能驾驶与其从业资格相同的车辆，驾驶危化品车辆时，需要随身携带从业资格证。

（3）安装 GPS 随时了解车辆动态。除了要研发相关的信息技术外，要推广应用现代信息技术。企业要在每辆运营车辆上安装 GPS、GPRS 与 RFID 系统，对驾驶员在驾驶过程中的违规现象进行及时的通知，让其改正，能确保安全生产，满足运输需求，优化物流调度，降低运营成本，提高企业对于车辆的管理作用，增强安全保障。同时对人员、车辆、运输路线的监控能力也能提高，极大地减少了运输中存在的许多问题。

4）选择合理的运输路线

运输路线的选择在危险品运输过程中显得尤为重要。不能因为节约运输成本或者满足生产商的不合理要求，为了在短时间内运送到目的地而选择危险系数较大的路线。

危险品运输路线选择会受许多风险因素的影响，这些因素常具有空间特性，如人口分布、环境特征、运输道路网路特征等，风险因素的量化是进行选线分析的关键。路线选择要遵循以下几点：

（1）综合考虑运输成本、运输时效性、运输路线可能存在的风险等指标选择合理的路线，可以将风险控制在可接受的水平。

（2）对于新增加的运输路线，企业要提前做好现场查勘，对路线途中的关键风险点进行识别和分析，对这些风险进行评价，用风险接受准则判断其是否可接受。重点考察路线的线形、公路等级、车道数量、桥梁隧道数量和特征、交叉口、道路基础设施、限定行驶速度、道路运输量等影响车辆通行的因素。其次，对路线周边环境进行考察，重点考察路线周围的人居环境、人文环境、自然环境和社会环境。危险品汇总表如表 3-5 所示。

表 3-5　危险品运输的风险影响因素汇总表

道路网络特征	社会经济影响	环境影响	应急响应能力
道路等级	人口密度	与池塘、湖泊、水源的距离	与消防站的距离
交通密度	学校、生活区、商业区等关键区等的数量	与国家森林保护区、野生动物保护区的距离	与医院的临近度
交义路口数量	文化遗产地的数量	线路经过河流的数量	与公安局的临近度

5）建立应急平台

危化品运输应急目前可分为几个层次，依据需要建立国家层面、地区层面和企业层面一系列应急救援体系。

• 国家化学事故应急救援组织体系

国家化学事故应急救援设国家、省、区域、企业四级救援，根据事故大小和事故后果的严重程度，分别由不同层次的应急救援指挥中心负责救援工作的组织实施。

（1）国家化学事故应急救援指挥中心由国家安全生产监督管理局、公安部、环保局、卫生部、交通部、铁道部、民航总局、劳动和社会保障部的有关成员组成，负责全国特别重大化学事故应急救援工作的组织、协调，有关化学事故应急救援法规、政策的制定与组织实施等。由国家安全生产监督管理局设立常设机构，负责日常事物的管理。

（2）省级化学事故应急救援指挥中心由主管副省长、省安全生产监督管理局、环保、卫生、交通、劳动和社会保障等有关部门人员组成，负责省内重大化学事故应急救援的组织、协调工作。

（3）区域化学事故应急救援指挥中心由主管副市（县）长、当地安全生产监督管理局、环保、卫生、交通、劳动和社会保障等有关部门人员组成，负责本地较大化学事故应急救援的组织、协调工作。

（4）企业级化学事故应急救援指挥中心负责本企业化学事故应急救援工作的组织、协调。

国家化学事故应急救援体系框图如图 3-5 所示。

化学事故现场救援技术机构设国家化学事故应急响应中心、区域化学事故应急救援中心、企业级化学事故应急救援专业队三级：

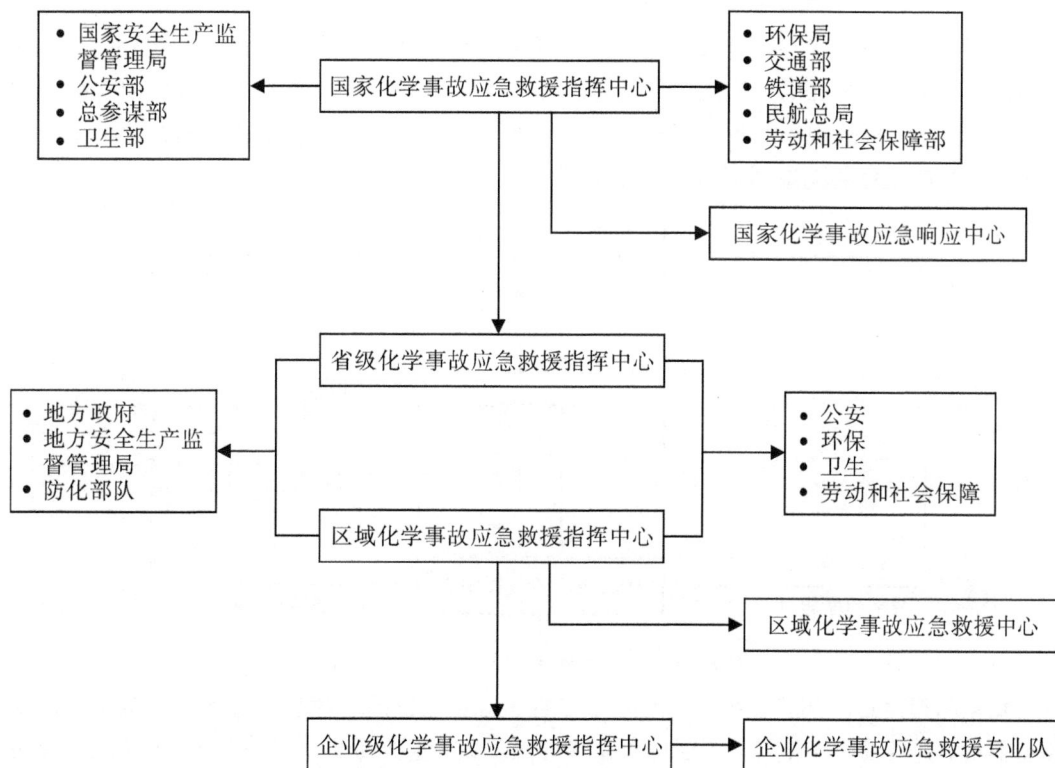

图 3-5　国家化学事故应急救援体系框图

（1）国家化学事故应急响应中心设立 24 小时化学事故应急咨询热线，建有国家化学事故应急救援指挥及信息系统，负责化学事故的技术咨询工作，为各级化学事故应急救援指挥中心提供技术支持；设立国家级化学事故应急救援专家库；建立全国化学事故应急救援技术培训机制，负责全国化学事故应急救援指挥人员、现场救援人员的技术培训工作。

协助国家制定国家化学事故应急救援预案；负责建立国家化学事故应急救援指挥及信息系统；负责建立国家化学事故应急救援专家库；负责化学事故应急救援师资及应急救援指挥人员、现场救援人员的技术培训。

（2）区域化学事故应急救援中心设立化学事故应急救援专业队伍，接受上级指挥中心的调动，负责本地各种化学事故的现场救援工作。

（3）企业级化学事故应急救援专业队在本企业应急救援指挥中心的领导下，负责本企业内部各种化学事故的现场救援工作，当实施其社会救援职能时，接受上级救援指挥中心的调动。

　　·国家化学事故应急救援运行体系

　　国家化学事故应急救援运行体系如图 3-6 所示。

　　全国设立三部应急救援免费电话，国内任何地点发生事故，拨打此 3 部电话，可直接向当地应急救援中心报警，当地应急救援指挥中心将根据事故大小和影响程度向上级救援指挥中心报告；事故现场及各级指挥中心、当地应急救援中心可直接拨打国家化学事故应急响应中心的应急咨询电话以寻求技术支持。

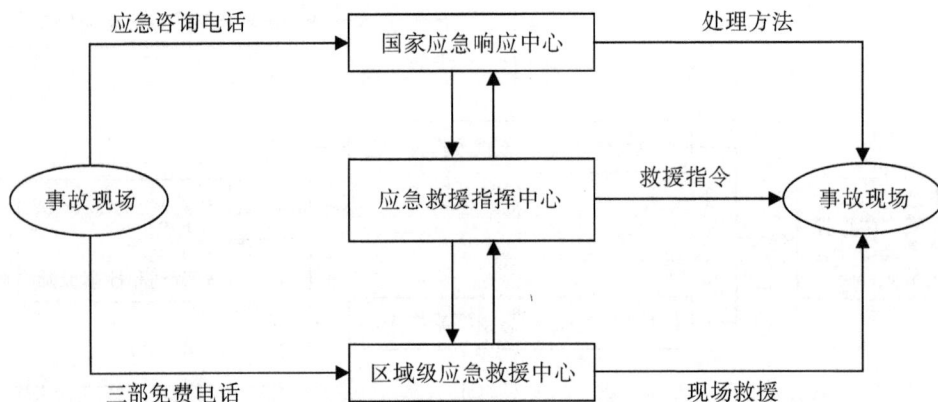

图 3-6　国家化学事故应急救援运行体系

　　危化品道路运输的企业要制定科学、完善、切实可行的事故应急预案，配备防护救援装备器材，并认真组织演练，不断检验完善应急预案。企业还要建立安全运输卡制度，多方面做好事故解决应对措施。整个控制过程的进行，单靠人力是难以完成的，通过建立事故应急平台，把各项日常管理制度、人员信息、车辆信息、环境信息放在一个系统中，方便管理。同时当有事故发生的时候，企业应急平台作为国家事故应急救援的一部分，应发挥首当其冲的作用。

　　以上从五个方面论述了事前控制所要做的事情，也就是预防体系的建立过程。管理制度必须放在总揽全局的位置，这样才能保证接下来所制定的措施能够得到落实，做到有据可依。随着越来越多的新技术、新材料被应用到车上，比如 GPS、RFID 设备等。安全运行的要求越来越高，车况检验、货物包装和其他设施设备的检查也应逐步走向科学化、规范化、标准化，单纯利用简陋的工具，只凭经验来判断，难以满足安全运行的要求，检验项目、精确度、深度要不断进步，才能从根本上杜绝因车辆技术状况、货物包装以及其他辅助的设施设备恶化引发的行车安全事故。应急平台能够帮助我们解决一些事先没有考虑到的突发情况，保证在出现突发情况的时候，能够及时的采取有效措施，将损失降到最低。预防体系如图 3-7 所示。

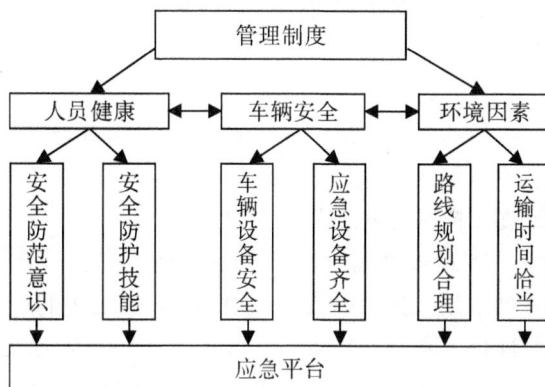

图 3-7　预防体系结构图

2. 事中控制，实时监控

1）人员健康方面

从事"危化品"车辆驾驶要专人专车。驾驶员应当取得从业资格；化工生产企业在对产品运输前，要向驾驶人以及相关人员交代清楚装载货物的所有注意事项，并在车上配备好安全帽、防护镜、铁锹、灭火器等应急设备以及《化学品安全技术说明书》（MSDS 说明书）。

驾驶员在出车前要有充分的休息，路途较远的话，要配备多个驾驶员或者事先为驾驶员安排好途中休息的地点和休息时间（强制性）。只有这样，才能保证驾驶员在驾驶时始终处于一个精神饱满的状态，从而大大降低由于人员的操作失误而引发的危化品道路运输事故。

由于货车司机长途驾驶很容易疲劳，因此最好能够有疲劳提醒设备，目前市场上已经有此类型的软硬件设备，有条件的企业可考虑给车辆配备。

2）设备安全方面

充分利用 RFID（Radio Frequency Identification，RFID，无线射频技术）及 3G（GPS/GPRS/ GIS）技术，将危化品道路运输的动态管理信息与车辆信息管理有效结合，通过车辆身份识别，实现危化品物流运输过程动态信息的远程传递，构建数据库，实现危化品物流运输安全的动态信息管理。将动态路径优化选择模型与地理信息系统充分整合，实时的交通信息采集和自动车辆定位系统为动态路径优化模型提供实时输入，并将危害最小及运输时间最短等因素反映到模型中去，以便随时更新线路。

同时，根据 RFID、GPS(Global Positioning System，卫星定位系统)、GIS（Geographic Information System，地理信息系统）、GPRS(General Packet Radio Service，通用分组无线

服务技术）等先进物流科技对危险货物运输过程进行追踪和监控管理，为发生事故后的应急救援提供保障。

3）环境方面

企业可以实施节油、控油的 KPI（Key Performance Indicator，KPI）关键绩效指标考核办法，这样一方面可以节约运输成本，另一方面也可减少汽车尾气排放，从而降低碳排放，保护环境，使危化品物流逐步向绿色物流的方向靠拢。

不良的天气条件会影响到运输过程的安全。根据分析，低温、雨雪、大雾是对运输过程安全影响最大的，这些风险不是人类可以控制和消除的，但是我们可以对其风险进行预测。第一，通过及时收听天气预报，提前预知运输路线的天气情况，对是否符合运输条件作出判断，如果条件太恶劣，应该取消运输计划。第二，天气预报并不是完全可信，如果在途中偶遇天气突变，驾驶员及时与公司取得联系，实时沟通路况信息，采取各种安全行车措施，最大限度保证行车安全。

3. 事后评价，寻求创新

1）健康方面

由于企业自身的不断发展以及外部环境的不断变化，管理目标、管理程序、管理方法与管理效果之间有可能发生一定的偏差。因此，我们需要及时对该管理体系的符合性、有效性、适用性进行审核、评审，调整现实与体系不相符合、体系与现实不相适应的部分，达到持续改进、不断提高的目的。鼓励一线人员参与到运营管理当中来。由于驾驶员在整个危化品道路运输过程中始终处于一线位置，他们所掌握的信息是最准确的。因此，他们的建议对今后工作的改进有很大的帮助。另一方面，关心一线操作人员，尤其是驾驶员，做好绩效考核工作，员工在完成危化品道路运输的过程中，管理者将工作行为（安全或不安全）及时告诉员工，肯定员工的安全行为，对不安全的行为要加以正确的引导和教育。

企业要做好人文关怀，关注员工职业健康。由于危化品运输工作压力大，危险系数高，所以企业要经常开展各种人文关怀活动，比如举行篮球赛、组织员工看电影等，另外，要定期组织员工体检，保证员工的身体健康。

2）安全方面

检查车辆、包装和设施设备，根据车辆的具体运输过程以及相关行车记录的数据，对车辆、包装和设施设备进行检查，对存在安全问题的部分，要予以修理或者更换。以槽罐式车辆检查为例，罐体顶部安全阀检测、罐体气密性检测、其余阀门密闭性检测、车身标识是否明显等。检查安全帽、防护镜、铁锹、灭火器等应急设备是否缺失，若缺失，则重新配备完整。

3）环境方面

优化路线，对于路线，也要根据运行结果来重新考察是否为合理路线，是否有优化的可能，从而节省运输过程中的成本，降低运输过程中的碳排放，从而减少对环境的污染。

回顾整个危化品运输过程，查看是否发生危化品跑、冒、滴、漏等情况，若发生过，是否处理得当，是否将对环境造成的污染降到最小。这样有助于我们在今后遇到相似的情况时，采取更加有效的治理措施，从而履行企业责任，实现对环境的保护。

随着我国对危化品需求的日益增加，特别是我国加入 WTO 后，对危化品的管理也越来越严格，逐渐与国际标准接轨，开始运用 GPS、GIS 及 RFID 等高科技手段对危化品运输实施自动化管理，但目前运用现代计算机技术和信息技术建立的危化品货物运输安全管理系统还存在局限性，为此提出如下建议：

（1）建立全国性的危化品物流管理信息平台。尽管利用 RFID、GPS、GPRS 等现代技术为危化品运输过程的跟踪、监控、管理等提供技术支撑，也为事故发生后的应急管理提供技术上的保障，但目前这些监控网大多是独立运行，只能监控本地区、本企业内部的危化品运输车辆。为了实现各地区网和各企业网之间的连网，实现信息连通、区域内通信资源共享，必须进行资源的优化配置、统一管理、统一调配，即需要建立全国性危化品物流管理信息平台。

（2）组建危化品专业物流网络公司，合理规划危化品物流网络。考虑到目前对危化品货物运输需求量大、品种多等特点，需要组建专业的危化品物流公司，提供专业的危化品物流服务。物流公司可以对经济区内的物流资源进行统一调度、合理配置，以减少重复和浪费，还可以对物流业务流程方案进行专门的优化研究。

政府在规划危化品物流网络时，应考虑到经济环境因素（如货物的流向，城市的扩张与发展，交通、经济规模等）和自然环境因素（如地理因素、气候因素等），应从宏观角度规划出风险最小的危化品运输网络。

（3）建立危化品应急网络以及应急救援机制。只有建立了专业的危化品应急救援网络以及应急救援机制，当发生突发事件时，相关监管部门以及应急救援机构才能够及时、准确地掌握危化品运输车辆的当前状态，确保接警和救援的信息畅通，以实现车辆的定位信息查询、安全状态监测、行使路线和区域控制等功能，实现实时监控预警和安全管理。

五、本章小结

危化品道路运输已成为我们生活中不可或缺的一部分，由于事故的频繁发生和巨大危害，确保安全运输已成为国家首先要解决的问题。通过大量事故资料发现，事故发生的主要原因还是"人"的因素，因此加强"人"的管理是重中之重，即坚持"以人为本，安全管理"的原则，建立完善的运输管理制度，培养安全运输的理念，将提高运输安全防范落到实处。

通过对"人、机、物、环境"五要素全面分析，总结事故诱因，从从业人员的管理、应急救援方案的设计、车辆设备的技术更新和 GPS 监控系统管理等各领域出发，结合国内外的知识理念建立系统性管理体系，加强"人"的安全操作，确保安全运输。对于影响运输安全的"机、物、环境"因素，要不断更新设备，淘汰旧车辆，同时加强高速公路的建设及交通信息的完善，进一步促进"人"处于安全状态。

第四章　危化品仓储中的危险源辨识、评价与管理研究

一、危险化学品仓储行业发展现状分析

（一）产业结构与资产配置状况

我国的危化品仓储业是由危险化学品生产企业、危险化学品经营企业、公共仓储（物流）企业和使用单位等多种产业组成的。据 2010 年的数据，在全国 11071 家危险品仓储企业中，生产企业有 3871 家，占 35％，经营企业有 4428 家，占 40％，公共仓储（物流）企业有 2662 家，占 24％，使用单位有 110 家，占 1％。通过对 22 家企业的调查和对 31 家企业填报的资料统计，我国危化品仓储企业平均资产为 1.9 亿元，平均占地面积 150 000 平方米，平均建筑面积 30 000 平方米，平均储罐库容量 40 000 立方米。企业资产所有是多样化的，国有和国有控股企业占 70％左右，民营和集体所有企业占 20％左右，外资和合资企业占 10％左右。

由此可见，在危化品仓储业中，国有及国有控股企业的比重比较大。我国国有危险化学品仓库管理水平相对比较高，大部分符合现代化标准，实现了机械化、科学化、自动化作业水平，仓储管理人员的职业素养和责任意识较高，安全保障工作较好，而民营或个体仓储企业通常规模不大，管理水平一般，进入危险化学品行业的时间不长，管理人员业务水平和管理经验较差。这些企业通常也没有条件对危险化学品进行分库、分区位、分类储存养护，会把化学性质不同、灭火方式不同的危险化学品堆放在同一仓库，无法落实安全管理制度。

（二）经营业态与服务模式状况

我国危化品仓储业，主要由自有仓库（罐）自用、自有仓库（罐）对外服务、租库（罐）自用、租库（罐）对外经营和仓储地产业等多种业态构成。根据对 122 家企业的调查和对 131 家危化品仓储企业填报资料的统计，自有仓库（罐）自用企业约占 50％，多为生产或流通企业；自有仓库（罐）对外服务的企业约占 30％，多为公共仓储企业或流通仓库企业，租库自用自管的企业约占 15％，多为生产和流通企业；租库对外经营企业和仓储地产业二者占总

量的比例不足 5%，为数很少；仓储地产业是我国仓储业新兴的一种业态，发展期较短，为数不多。

目前我国的危化品仓储企业主要有两种服务模式：一种是单一仓储服务模式，不做其他物流业务，这种企业约占总量的 55%，多是国有老企业或小型民营企业。另一种是包装、配送、加工、信息管理等多功能服务企业，约占总量的 45%，多为外企、合资和大型民营企业。

（三）仓储设施、企业规模与分布状况

根据调查，目前我国的仓库主要有 7 种基本类型，即平仓、楼仓、立体仓、储罐、货棚、货场和地下或半地下仓库。但是我国特别规定危险化学品仓储禁止使用楼房仓库。在这几种仓库类型中，平仓所占比例较大，约占总量的 60% 以上，其由于造价低廉，作业方便很受业主青睐；立体仓库是比较符合现代仓储要求的一种仓库库型，但目前数量不大，仅占 5% 左右；储罐（库）是我国近期发展比较快的一种库型，目前约占仓库总量的 28%；货棚和货场所占比例不多，约在 6% 左右，多建于车站、码头和中转库，储存货物以化工原料为主；地下或半地下仓库因受危化品安全条件限制，数量很少，不足总量的 1%。

调查推测，目前我国建筑面积在 10 000 平方米以上、储罐容量在 20 000 平方米以上的大型危化品仓库约占总量的 20%，多是国有企业和外资合资企业；建筑面积在 3000～9999 平方米、储罐容量在 10 000～20 000 平方米的中型危险品仓库约占总量的 35%，多是公共仓储和经贸企业；建筑面积在 3000 平方米以下、储罐容量在 10 000 平方米以下的小型危化品仓库约占总量的 45%，多是生产企业和中小民营企业。

目前我国危化品仓储企业主要分布在长三角、珠三角、渤海湾和东南部沿海港口城市，约占总量的 60%；中部大中城市约占 25%；西、北部地区约占 15%。

（四）危化品仓储企业安全管理状况

据统计分析，仅 2010～2014 年，我国就发生危化品事故 326 起，总死亡人数多达 2237 人。危化品事故按发生类别分为火灾事故、泄漏中毒事故以及爆炸事故，其中爆炸事故所占比例最大，约占所有事故的 80%。另一项调查显示，从 2005 年至 2015 年间，我国发生的涉及危化品的事故中 9% 发生在仓储阶段，77% 发生在运输阶段，虽然仓储阶段的事故所占比例小于运输阶段，但由于仓库内存有大量的危化品，故其危害性远远大于运输阶段。比如发生在 2015 年 8 月的天津港爆炸事件，就是典型的危化品仓储事故。

对于危化品仓储企业而言，安全是一切工作的基础，目前，我国危化品仓储存在数量多、规模小、基础差、盲目扩张的现象，工人的基本技能和素质也都较低，缺乏规范的安全培训和发展规划，而且大多数都缺乏生产安全知识和意识。除此之外，国家在这方面的法律制度以及各监管部门的管理也存在很多问题。例如，安监和消防部门要求毒品、易燃液

体要经常通风，预防气体浓度超标引起燃爆或中毒。而环保部门要求仓库密封，不要向大气排污，企业到底应该听谁的，很尴尬。CB18265－2000(5.4.1)中规定："零售业务的店面应与繁华商业区或居住人口稠密区保持 500 米以上的距离"。繁华商业区或居住人口密集区没有一个标准尺度，很不具体，比较模糊，地区繁华不繁华，人口稠密不稠密，凭主观认定不科学。

　　以上海为例，2015 年上海市国民经济和社会发展统计公报显示，"十二五"期间，上海市亿元 GDP 事故死亡率呈逐年下降趋势，且与全国平均水平相比相对较低，与国际发达国家的水平相比仍然存在一定差距。从图 4－1 可以看出，自 2011 年至 2015 年，上海市亿元GDP 死亡人数总体上不断下降，在 2013 年的降幅较小，这是由于 2013 年发生的"8·31"上海翁牌重大氨泄漏事故所导致的。

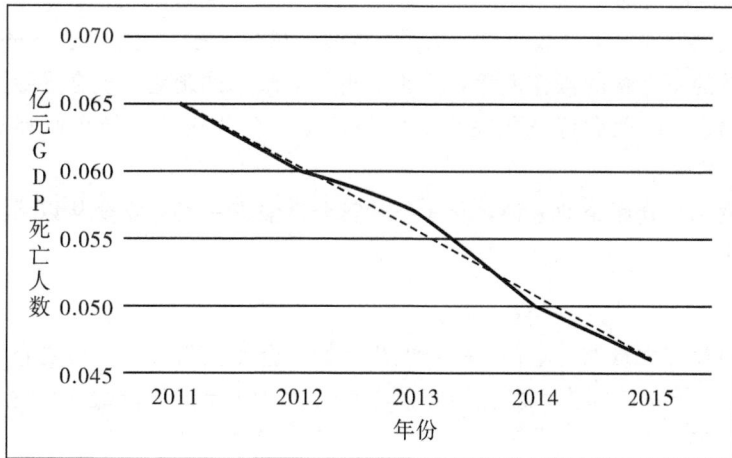

图 4－1　上海市亿元 GDP 事故死亡人数(2011－2015)

　　较全国的同期水平(2011 年 0.173，2012 年 0.142，2013 年 0.124，2013 年 0.107，2015 年 0.098)相比，上海市的安全生产状况相对其他省市表现更好。但与国外发达国家相比，上海市的安全生产状况仍旧有所不足，如英国的亿元 GDP 事故死亡人数为 0.02，与其相比，上海市的安全生产管理工作仍需更大的投入、更多的参与保障。

　　从 2013 年发生的"8·31"上海翁牌冷藏实业有限公司重大氨泄漏事故的严重后果可以看出，化工企业，尤其是化工仓储企业的安全生产对职工的健康安全、企业的安全发展乃至国民经济安全稳健的增长都有着重要影响。然而在化工仓储企业的实际安全管理工作中，如何准确有效地对企业中存在的危险源、事故隐患等进行识别、评价和监测，并对其进行有效的防范与控制，有关企业和高校、科研单位目前还没有研究出合理、有效的方法。通过对化工仓储企业危险源辨识与控制的研究，可以在危险源辨识的基础上研究出化工仓储企业对其事故隐患、人的失误等潜在危险的有效认识与控制，从而更有效地控制风险、保证企业安全生产。

下文将用一个案例来说明危险品仓储事故的危险源辨识过程和风险管控措施。

二、危险化学品仓储中的风险问题

（一）危险化学品仓储安全重要性分析

随着社会的不断进步，危化品在人们的心里留下了深刻的印象。大家对危化品的认识大多停留在爆炸等不良影响上，危化品仓储的管理者也不断地寻求更加完善的仓储安全方案，让危化品变得不再那么"危险"，完善的危化品仓储安全对策能保护所有人的安全。危化品仓储由于其储存量大，事故波动性极强，事故隐患也较多，危险源也多的特殊原因。也许只是一个简单的不严格的操作流程，或者一些非常微小的疏忽，也会导致人身安全及财产安全的巨大损失。因此做好危化品仓储安全是每一个危化品仓储企业都必须去完成的事情。

对于一个危化品仓库企业来说，没有仓库安全就没有一切，安全从以下几个方面关系着仓储企业的未来。

1. 经济上

仓库内一般存有大量的化学品，一旦发生事故，企业损失很大，加之仓储企业利润与货物价值差距大，严重的损失可能直接使企业倒闭。2015 年天津港爆炸事件就直接导致瑞海物流公司的倒闭。

2. 企业形象

在这个信息发达的时代，事故信息传播迅速，对企业形象的影响也是巨大的。发生事故会让客户对企业看管货物的能力产生怀疑，进而影响企业的发展。

危险品仓库安全所发生的情况主要表现在以下几个方面：

（1）易燃易爆的化学品燃烧爆炸，从而对相关工作人员的人身安全产生影响，同时会给周边生态环境带来灾难性后果。

（2）腐蚀性或毒性化学品泄漏，污染环境损害其他货物甚至伤及人员。

（二）危险化学品仓储中的主要风险

我们通过对 218 家化工物流企业的调研，危险化学品仓储中的危险源如表 4-1 所示。

表 4-1　危险品仓储过程中的主要危险

风　险	现　象	主要危害
储存管理不合理	点货源控制不力	易发生火灾
	易燃物品堆积	易发生火灾
	危险品随地堆放	危险品堆积，易引发事故
	各种电器线路乱拉乱接	易产生短路火花
	库房内敷设的配电线路，没有穿金属管或用非燃硬塑料管保护	
	性质相互抵触的物品混存	易发生火灾
	高级别的货物放在低级别的库房里	
储存区内设施安全距离不合理	危险设施之间太近	易产生多米诺骨牌效应的事故
	各储存设施之间太近	
	危险源与公共区之间的距离不足	
	库区的消防车道和仓库的安全出口、疏散楼梯等消防通道上堆放物品	发生事故，救援受阻
储存设备不足	缺乏传送设备	无法进行正常的危险品装卸
	缺乏叉车	
	危险品储存必备的容器破损	无法正常储存危险品
安全装备不足	缺乏通风设施	室内空气无法畅通，易发生火灾
	缺乏报警装置	发生事故，无法及时报警
	缺乏防护措施、缺乏防火、防爆装置	无法防止危险品事故的进一步蔓延
	灭火器械失效	
	缺乏防雷器、缺乏消除静电器械	易产生雷电，引起火灾爆炸
	缺乏调温装置	危险品储存区温度过高或过低引发的事故
	缺乏泄压装置	储存容器压力过大，易破裂引发事故
设备存在瑕疵	设备设计不合理	储存容器容易发生破裂，容器内的液体发生泄漏
	设备材质错误	
	储存容器密封性差	
	储存设备强度不够	
管理制度不周全	缺乏储存规章制度	管理混乱，易发生人为事故

续表

风　险	现　象	主　要　危　害
储存环境不宜	储存温度过低或过高	引起危险品物品和化学性质变化，甚至引起爆炸或者火灾
	对遗留在地上和垫仓板上的化学危险品，没有及时清除处理	
仓库管理员不合格	违反操作规程	人为因素引发事故
	操作失误	
	操作错误	
	缺乏应急处置能力	
	违规吸烟等	
	缺乏专业知识	
	未做好仓库检查工作	无法及时采取措施造成不必要的损失
储存量过大	储存超出范围的危险品	潜在的重大危险源
储存物不达标	贮存的化学危险品应有明显的标志，或者标志应符合 GB 190 的规定	管理混乱，易发生人为事故
	货物入库验收不严	管理混乱，易发生事故
建筑物不符合要求	爆炸品、放射性物品、一级氧化剂，一级自燃和遇水燃烧等物品的库房，应采用一、二耐火等级的建筑。一般化学危险物品仓库采用三级耐火等级建筑	潜在的危险源
	安全出口不足	无法防止危险品事故的进一步蔓延
	液化石油气储罐组或储罐区四周没有阻燃实体防护墙	

　　总结上述危险源，这些事故发生的原因主要有以下几个：

　　（1）管理及一线操作人员专业素质不够，目前从事化工物流工作的人员中，真正具有化工物流专业知识的人很少，从业人员基本来源包括：一方面来自从事一般物流工作的人员，另外一方面主要来自化工背景的人员。这两类人员都有局限性，第一类人员的危化品专业知识不足，而第二类人员，物流管理知识不够。

　　（2）仓库储存设备不足、安全装备老旧。从前期的调研得出，危化物流行业在国内作为专业物流领域发展，是近几年的事情。在这个领域，真正专业的公司很少，原石化企业的物流部分转化而来的专业化工物流公司，由于历史的原因，业务量不足，发展迟缓。

　　（3）储存物品不合格。很多企业在危化品仓库中存储的危化品包装不合格。

　　（4）没有规范管理制度。国内有关危化品仓储方面的法律法规，都是 90 年代初制定的，明显不能适应目前危化品仓储业的发展。

（5）储存环境不达标。目前一些企业的储存条件没有达到特定危化品存储条件的要求。

针对以上问题，政府和企业都需要采取相应的措施，降低危化品仓储过程中的风险，保证危化品仓储的安全。

1. 从政府角度给出的解决措施

（1）组织制定统一的《危化品仓库及库区规划设计参数》国家标准，提出适用于所有危化品储存、适用于危化品生产企业和流通企业与物流企业的各种各类仓库的各方面设计参数，并解决目前存在的所有矛盾、模糊以及不切实际的条款。

（2）安全生产监管部门定期或不定期组织监督检查，对于没有资质开展业务、弄虚作假、评价报告失实等违法违规的企业进行严厉查处，增加企业的违法成本，使其不敢违法也不愿违法。

2. 从企业角度给出的解决措施

（1）贮存化学危险品的仓库必须配备有专业知识的技术人员，其库房及场所应设专人管理，管理人员必须配备可靠的个人安全防护用品。加强对一线操作人员商品知识、业务技术、操作技能的培训。

（2）定期维护仓储的操作设备和安全设施，避免发生情况。同时要配备消防力量和灭火设施以及通讯、报警装置。

（3）加强货物的入库检查，不储存不达标的货物。

（4）要有严格的规章制度，对违反的人员要有严厉的惩罚措施，确保仓库里的各个操作流程都符合规定。

（5）使用符合国家危化品仓储标准的建筑当仓库，同时要加强对危化品仓储环境的监控，库房温度、湿度发现变化及时调整，确保仓储环境符合标准。

三、基于事故树的 LPG 储罐区泄露事故分析

（一）案例背景

在 S 公司仓储基地，LPG 储罐区的危险源散布范围较为广泛，危险源的形式复杂易变且不易识别，同时具有一定的偶然性。为了区别复杂多样的事故致因，本部分尝试从三类危险源的角度对 LPG 储罐区中存在的危险源进行辨识，从而能够对储罐区的潜在危险进行更为准确的识别与分析，然后对其进行更有效的控制。

事故树分析法能够概括引起事故的各种基本因素，并揭示了这些因素之间的因果与逻

辑关系，更加具有全面性、直观性与有效性，近年来被广泛应用在危险货物的储运过程中。事故树法可以对系统的可靠性进行分析与评价，是系统安全分析与评价的一种有效方法，这为本文对 LPG 储罐泄露事故的分析与评价提供了较为有用的技术措施。

通过对 LPG 储罐区主要危险源的辨识，可以更好地对储罐区的危险源进行深入的认识与监测，从而能够准确地进行危险源辨识，有效地对潜在危险进行控制。对 LPG 储罐泄漏事故的事故树分析，有助于管理人员对储罐系统内部各个危险点的详细情况更准确、更及时的掌握，有助于企业的相关整改措施得到更有效的改善与实施，提高储罐的安全性和使用寿命。

（二）基于三类危险源理论的危险源辨识

1. 第一类危险性辨识

LPG 储罐区的主要危险物质为液化石油气，从三类危险源的角度看，LPG 为第一类危险源——能量源。该基地有 1000 平方米球罐与 2000 平方米球罐各 3 个。一个 1000 平方米球罐中储存的 LPG 约为 435 吨，一个 2000 平方米球罐中储存的 LPG 约为 850 吨。根据国家标准《危险化学品重大危险源辨识》（GB18218－2014），LPG 的临界储存量为 50 吨，该储罐区 LPG 储存量远远超过临界量，因而该储罐区属重大危险源。

LPG 的主要固有型危险性如下：

（1）易燃易爆性。LPG 的闪点极低，着火温度比其他燃料低，爆炸极限相对其他燃气较窄，且爆炸下限比其他燃气要低，所以更容易发生燃烧爆炸等事故，因此其危险性相对较大，破坏作用较强，容易引发事故，造成人员的伤亡和财产的损失。

（2）易挥发性、受热易膨胀性：LPG 在标准情况下非常容易气化，气化后 LPG 的体积会迅速扩大，且 LPG 的体积膨胀系数较高，温度越高时，膨胀越大，一旦超过容器的许用压力后极易发生泄漏、爆炸等事故，也就更加危险。

（3）易积聚静电荷：LPG 的电阻率较高，当其以液相或者气相状态从容器或管道中喷出时，很容易发生摩擦现象，产生静电和放电火花，从而引起 LPG 的燃烧事故，具有很强的危险性。LPG 液体比空气重，一旦发生泄露不易挥发或扩散，往往会向低洼处流动和积聚，或者沿着地面扩散，遇火极易导致危险事故的发生。

（4）毒性：LPG 具有一定的毒害性，会对周边的环境造成污染，严重时会对人体造成很大的伤害。一般来说，当 LPG 在空气中的含量较少时，周边的人一般不会有中毒的危险；当其在空气中的浓度较高时，就会使吸入过多的人们进入麻醉状态；当其浓度大于 10％时，就很有可能导致中毒事故的发生，会对人体造成很大的损伤，对环境造成很大的破坏。

2. 第二类危险性辨识

LPG 泄漏事故严重威胁着罐区的安全，是影响化工仓储企业安全的主要祸根。对于 LPG 储罐区，一旦发生泄漏，很容易达到可燃浓度，遇到明火或放电火花，极易引起火灾爆炸事故，严重威胁企业职工的人身安全和财产安全。可能引起 LPG 泄漏的原因主要有人的不安全行为和物的不安全状态，具体表现及可能危害如下：

1）人的不安全行为

人的不安全行为主要是指违规作业、盲目指挥、操作失误及疏忽大意等。以下分析 LPG 罐区常出现的人的失误及可能危害：

（1）操作人员没有经过培训或培训考核不合格后单独操作的，很有可能会因技术能力不足而操作不当造成事故。

（2）操作人员对阀门进行操作后没有进行复查的，可能因操作不当而引发事故。

（3）操作人员在进行进液作业时，没有完成实时对液位计进行检查的工作要求。操作人员在作业中，尤其是在进液作业中，忽视或没有注意到对液位计进行检查，很容易引发超装事故。

（4）操作人员在同一时间对两个及以上的储罐进液或出液时，会严重影响操作人员对储罐内液化气容量的判断，很可能引发储罐进出液量的不准、操作人员的违规操作，严重时甚至会引发储罐超装事故。

（5）操作人员在储罐进液作业时，储罐液量接近最高允许液位而没有相关人员在现场监视，可能造成储罐超装事故。

（6）操作人员发现液位计失灵后没有及时检修或检修后没有复查的，这会使得液位计不能准确反映储罐的真实液位，容易导致超装事故的发生。

（7）操作人员没有对压力表进行定期校验或检测失真后没有及时更换，这会使得压力表不能准确反映储罐内的真实压力，容易导致储罐或管道超压事故的发生。

（8）操作人员没有对安全阀进行定期校验定压，安全阀作为预防储罐安全事故的重要手段，其失灵极易造成储罐事故的发生。

（9）操作人员没有对储罐阀门、法兰漏气或漏液现象做出正确的反应，没有及时意识到危险的潜伏，也没有采取相关的安全措施，这是引发事故的重大隐患。

2）物的不安全状态

物的不安全状态主要包括储罐和法兰失效、管道失效等运输系统故障、液位计等控制检测系统故障、安全阀失效等安全装置失效。这些不安全的物的状态都很容易造成 LPG 储罐及管道发生泄漏，从而导致安全事故的发生。以下分析 LPG 罐区常出现的物的故障及可能危害：

（1）储罐和法兰失效。储罐失效是指储罐及其附件出现质量缺陷或故障等问题。储罐出现质量问题可能发生在储罐的设计、制造、使用等各个阶段，储罐的故障问题主要出现在运营过程中。法兰失效是指管道和储罐的连接、管道和管道的连接失效，管道和储罐、管道和管道的连接不能正常工作。根据以往的储罐泄漏事例，管道接口、法兰槽、附件连接部位及储罐内部缺陷薄弱地带等都是储罐发生泄漏事故较多的位置。

（2）管道失效等运输系统故障。运输系统故障是指包括管道、烃泵、压缩机等设备设施发生故障，导致 LPG 输送系统不能正常地工作。一般情况下，储配站收发 LPG 储罐较为频繁，当压缩机、烃泵以及管道等设备发生故障时，容易造成 LPG 的泄漏与扩散，甚至导致衍生事故的发生。

（3）液位计等控制检测系统发生故障。控制监测系统发生故障主要是指液位计、压力表等检测、控制仪表出现失灵、失真等问题，导致仪表无法真实反应 LPG 罐区的各种工作数据。控制检测系统发生故障容易造成控制系统的命令与实际情况不符，从而可能引起储罐系统发生泄漏等安全事故。

（4）安全阀等安全装置失效。安全装置失效是指安全阀等安全装置不能在发生事故时及时的工作，或安全装置设置不准确而在不恰当的时候工作，从而不能及时有效地控制安全事故的发生。LPG 储罐必须配备质量合格的安全装置，如果不配备或没有定期校检，又或失效等，都极有可能因为不能及时控制隐患而引发安全事故。

3. 第三类危险源辨识

对我国近十年来所发生的 LPG 事故的统计分析表明，组织管理性因素的不安全是造成大多数 LPG 事故的深层次原因。这些事故，特别是死亡人数在 10 人以上 30 人以下的重大事故，基本上都是由于安全管理上的失误、组织管理上的缺陷造成的。因此，尽管第三类危险源的社会性较强，但依旧存在着较大风险，所以化工仓储企业必须加强第三类危险源辨识。

第三类危险源的主要表现及危害如下：

（1）企业的安全操作规程尚不齐备、责任制度尚不健全，这容易引发操作人员在操作过程中的不安全行为，容易导致安全事故的发生；

（2）企业内部的安全教育不足，操作人员，尤其是重点岗位的操作人员，对本岗位所负责的工艺流程和所接触的危险物质的认识不足，在事故发生时不能及时采取应急措施制止及消除事故危害；

（3）企业内部的安全检查与隐患治理工作不足，特别是对消防器材、安全阀等关键设备、安全设施的专业检查不足，无法保证这些设施设备在使用时的有效性，从而造成在仓储生产过程中的潜在隐患无法及时地避免及消除；

（4）企业没有相关的应急预案、应急救援演练，这很容易造成企业在安全事故发生后，由于缺乏应急经验、救援经验，不能及时有效地应对事故，或在应对事故的过程中不正当操作，从而导致事故破坏范围扩大、伤亡人数增加，乃至衍生事故的发生。

(三)基于事故树的 LPG 储罐区泄露事故分析

图 4 - 2、表 4 - 2 所示为事故树及符号所表示的基本事件。根据以往 LPG 储罐区的多发事故来看，LPG 储罐及相关管线泄漏是影响 LPG 储运安全的一个重要因素，可以确定 LPG 储罐及相关管线泄漏为顶上事件。分析可知，对储罐进行充装作业时过度充装作业，或超出储罐的许用压力，或低于储罐的许用压力，或储罐作业所需的管线失效，或者储罐出现机械性损坏时，都可能导致 LPG 储罐及相关管线泄漏事故的发生。

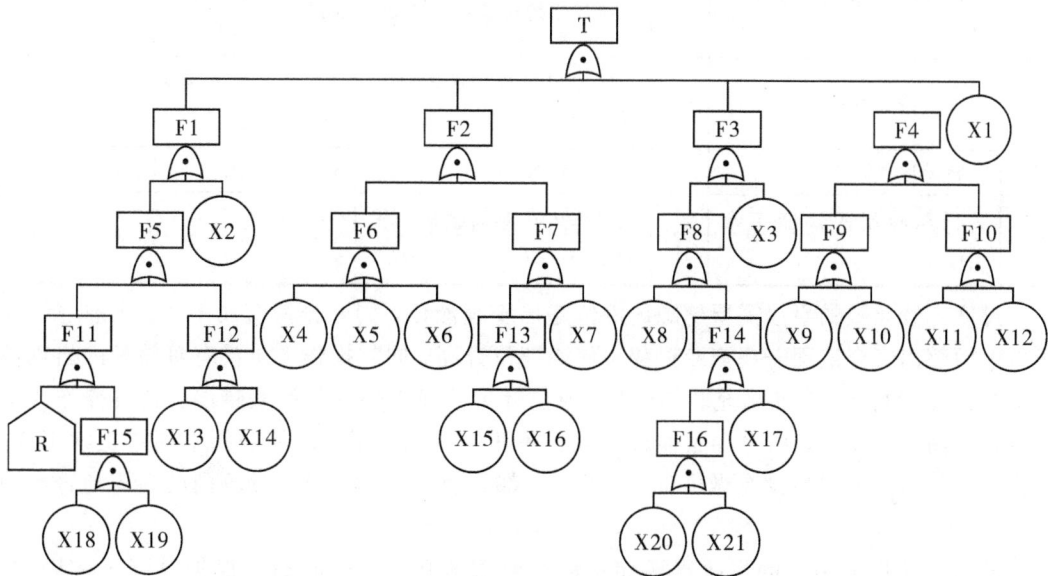

图 4 - 2　LPG 储罐泄露事故树

表 4 - 2　LPG 储罐泄漏事故树图例

T	LPG 储罐及相关管线泄漏	R	储罐充装	·	与门
＋	或门	F1	过度充装引发事故	F2	超过许用压力引发事故
F3	低于许用压力引发事故	F4	相关管线失效引发事故	F5	罐内超出安全液位
F6	罐内达到安全压力	F7	高压保护失效	F8	罐内低至真空补充压力
F9	进口管线失效	F10	出口管线失效	F11	充装过程中罐内液位升高
F12	操作人员没有对高压正确判断	F13	操作人员没有对高压报警正确反应	F14	罐内低至气体补充压力
F15	操作人员没有对液位升高正确反应	F16	操作人员没有对低压反应	X1	储罐出现机械性损坏

X14	操作人员对高压报警没有正确反应	X15	高压报警系统没能正常工作	X16	操作人员对高压没能正确反应
X2	排液管线失效	X3	真空减压没有正常启动	X4	大气压力骤降
X5	罐体翻滚	X6	减压阀失效	X7	压力达到安全压力时安全阀失效
X8	系统补气系统没能正常启动	X9	排气系统没能正常启动	X10	进口管线排气阀没能正常启动
X11	排气系统失效	X12	管线出口排气阀没有正常启动	X13	高压控制阀没能正常启动
X17	储罐达到低压	X18	液位计失效	X19	操作人员读表错误
X20	低压控制阀没能正常工作	X21	操作人员对储罐低压能正常反应	—	——

过度充装导致的事故需要储罐内液位超出安全液位，同时排液管线不能正常泄液。储罐内液面超出安全液面需要充装过程中储罐液位升高，同时操作人员没有对储罐内出现高压进行正确的判断。在储罐充装作业时，液位计失效或操作人员读表错误会使得操作人员对液位升高没有反应，从而导致储罐内液位不正常升高。而高压控制阀不能够正常工作，或操作人员对高压报警没有做出正确的反应，都会使得操作人员对储罐内的高压与否出现误判。

超出许用压力引发的事故需要储罐内达到安全压力，同时高压保护没有正常启动。大气压力骤降，或罐体翻滚，或减压阀未能工作都会导致罐内压力超出安全压力。高压报警系统不能正常工作或操作人员对高压没有做出正确反应，即操作人员对高压报警没有反应，同时压力超出安全压力时安全阀未能正常工作，这样会导致高压保护未正常工作。

低于许用压力引发的事故需要罐内压力低至真空补充压力，同时真空减压没有正常启动。罐内压力低至真空补充压力需要罐内压力低至气体补充压力，同时气体补气没能正常工作。储罐达到低压且操作人员对低压没有反应时，储罐就会达到气体补充压力。而低压控制阀没能正常工作，或者操作人员对罐体低压没有做出正确反应时，储罐就会达到低压且操作人员没有反应。

相关管线失效引发的事故在进口管线或者出口管线失效时会发生。当排气系统没能正常工作，且进口管线排气阀没能正常启动时，就会出现进口管线失效。当排气系统没能正常工作，且出口管线排气阀没能正常启动时，就会出现出口管线失效。

1. 定性分析

事故树的定性分析就是指对事故中各个基本事件是否发生进行分析，在进行定性分析时，并不考虑其发生的概率大小。通过对事故树的定性分析，我们可以知道哪个或哪些基本事件发生，就一定引起顶上事件的发生，也能够了解各个基本事件的发生对顶上事件的影响程度，从而可以采取直接有效的解决措施，避免或消除事故隐患，保证安全管理工作的进行。

事故树定性分析的主要任务就是求取最小割（径）集，具体方法如下。

割集是指同时发生就会引发顶上事件的基本事件的集合，割集中的基本事件之间的关系是逻辑"与"的关系。如果割集中的所有基本事件都发生，那么顶上事件一定会发生。最小割集是指能够引发顶上事件的最小限度的基本事件的集合，最小割集指明了哪些基本事件同时发生就可以引起顶上事件发生的事故模式。求得最小割集后，能够发现系统故障所在，能够找到引发特定顶上事件的全部基本事件，同时可以识别本系统的薄弱之处。

利用事故树的布尔代数式化简法求割集的流程如下：

$$T = F_1 + F_2 + F_3 + F_4 + X_1 \qquad\qquad （公式 4-1）$$
$$= F_5 * X_2 + F_6 * F_7 + F_8 * X_3 + F_9 + F_{10} + X_1$$
$$= F_{11} * F_{12} * X_2 + (X_4 + X_5 + X_6)F_{13} * X_7 + X_8 * F_{14} * X_3$$
$$\quad + X_9 * X_{10} + X_{11} * X_{12} + X_1$$
$$= F_{15} * (X_{13} + X_{14}) * X_2 + (X_4 + X_5 + X_6)(X_{15} + X_{16}) * X_7$$
$$\quad + X_8 * F_{16} * X_{17} * X_3 + X_9 * X_{10} + X_{11} * X_{12} + X_1$$
$$= (X_{18} + X_{19}) * (X_{13} + X_{14}) * X_2 + (X_4 + X_5 + X_6) * (X_{15} + X_{16}) * X_7$$
$$\quad + X_8 * (X_{20} + X_{21}) * X_{17} * X_3 + X_9 * X_{10} + X_{11} * X_{12} + X_1$$
$$= X_{18} * X_{13} * X_2 + X_{18} * X_{14} * X_2 + X_{19} * X_{13} * X_2 + X_{19} * X_{14} * X_2$$
$$\quad + (X_{15} * X_7 + X_{16} * X_7) * (X_4 + X_5 + X_6) + X_8 * X_{20} * X_{17} * X_3$$
$$\quad + X_8 * X_{21} * X_{17} * X_3 + X_9 * X_{10} + X_{11} * X_{12} + X_1$$
$$= X_{18} * X_{13} * X_2 + X_{18} * X_{14} * X_2 + X_{19} * X_{13} * X_2 + X_{19} * X_{14} * X_2$$
$$\quad + X_{15} * X_7 * X_4 + X_{15} * X_7 * X_5 + X_{15} * X_7 * X_6 + X_{16} * X_7 * X_4$$
$$\quad + X_{16} * X_7 * X_5 + X_{16} * X_7 * X_6 + X_8 * X_{20} * X_{17} * X_3 + X_8 * X_{21} * X_{17} * X_3$$
$$\quad + X_9 * X_{10} + X_{11} * X_{12} + X_1$$

在本事件中，影响顶上事件的最小割集共有 15 个。其中，1 阶最小割集共 1 个，为 $\{X_1\}$；2 阶最小割集共 2 个，分别为 $\{X_9, X_{10}\}$ 和 $\{X_{11}, X_{12}\}$；3 阶最小割集共 10 个，分别为 $\{X_2, X_{13}, X_{18}\}$，$\{X_2, X_{13}, X_{19}\}$，$\{X_2, X_{14}, X_{18}\}$，$\{X_2, X_{14}, X_{19}\}$，$\{X_4, X_7, X_{15}\}$，$\{X_4, X_7, X_{16}\}$，$\{X_5, X_7, X_{15}\}$，$\{X_5, X_7, X_{16}\}$，$\{X_6, X_7, X_{15}$

} 和 { X_6，X_7，X_{16} }；4 阶最小割集共 2 个，分别为 { X_3，X_8，X_{17}，X_{20} } 和 { X_3，X_8，X_{17}，X_{21} }。

根据割集理论，若一个割集的阶数越小，那么它发生的可能性越大，对其顶上事件的作用越大，是该安全系统的薄弱之处。因此，在本事故树中，基本事件 X_1 对 LPG 储罐泄露事故的影响最大，是储罐系统的薄弱环节；基本事件 X_9 和 X_{10}，X_{11} 和 X_{12} 对 LPG 储罐泄露事故的影响次之，也是储罐系统的重点防范所在。

2. 结构重要度分析

在一个事故树中往往包含有很多的基本事件，这些基本事件并不是具有同样的重要性，有的基本事件或其组合（割集）一出现故障，就会引起顶上事件故障，有的则不然。**一般认为，一个基本事件或最小割集对顶上事件发生的贡献程度称为重要度。**按照基本事件或最小割集对顶上事件发生的影响程度大小来排队，依次排列出各个基本事件的结构重要度顺序。结构重要度分析可以让我们从结构上了解各个基本事件对顶上事件发生的影响程度，从而可以按顺序对各个基本事件安排相应的防护措施，加强对系统内部薄弱环节的控制。

结构重要度是指不考虑基本事件自身的发生概率，或者说假定各基本事件的发生概率相等，仅从结构上分析各个基本事件对顶上事件发生所产生的影响程度。

结构重要度分析可采用两种方法：

（1）一种是精确求出结构重要度系数，该种方法比较烦琐。

（2）一种是利用最小割集或最小径集判断重要度，排出次序。该种方法简单，但不够精确。

若不求精确值时，可利用最小割（径）集进行结构重要度的分析。这种方法的主要特点是：根据最小割（径）集中所包含的基本事件数目（也称阶数）排序，具体原则如下：

（1）频率。当最小割集中的基本事件个数不等时，基本事件少的割集中的基本事件比基本事件多的割集中的基本事件结构重要度大。

（2）频数。当最小割集中基本事件个数相等时，重复在各最小割集中出现的基本事件，比只在一个最小割集中出现的基本事件结构重要度大；重复次数多的比重复次数少的结构重要度大。

（3）频率和频数。在基本事件少的最小割集中出现次数少的事件与在基本事件多的最小割集中出现次数多的事件相比较，一般前者大于后者。

用这种方法求解结构重要度，事故树的最小割集为如下 15 个：

{ X_1 }；

{ X_9，X_{10} }

$\{ X_{11} , X_{12} \}$

$\{ X_2 , X_{13} , X_{18} \}$

$\{ X_2 , X_{13} , X_{19} \}$

$\{ X_2 , X_{14} , X_{18} \}$

$\{ X_2 , X_{14} , X_{19} \}$

$\{ X_4 , X_7 , X_{15} \}$

$\{ X_4 , X_7 , X_{16} \}$

$\{ X_5 , X_7 , X_{15} \}$

$\{ X_5 , X_7 , X_{16} \}$

$\{ X_6 , X_7 , X_{15} \}$

$\{ X_6 , X_7 , X_{16} \}$

$\{ X_3 , X_8 , X_{17} , X_{20} \}$

$\{ X_3 , X_8 , X_{17} , X_{21} \}$

根据以上三个基本原则,得出各基本事件结构重要度排序如下:

$X_1 > X_9 = X_{10} = X_{11} = X_{12} > X_7 > X_2 >$

$X_{15} = X_{16} > X_4 = X_5 = X_6 = X_{13} = X_{14} = X_{18} = X_{19} > X_3 = X_8 = X_{17} > X_{20} = X_{21}$

另外一种基本事件结构重要度的计算,其近似公式如下:

$$I(X_i) = \frac{1}{m} \sum_{j=1}^{m} \frac{1}{n_j} (j \in m_j) \qquad \text{(公式 4 - 2)}$$

其中:

$I(X_i)$ 表示第 i 个基本事件的结构重要度;

m 为最小割集总数;

m_j 为第 j 个最小割集;

n_j 为第 m_j 个最小割集的基本事件数。

由此可以求得各个基本事件的结构重要度,具体如下:

$I_{(X_1)} = I_{(X_9)} = I_{(X_{10})} = I_{(X_{11})} = I_{(X_{12})} = I_{(X_{15})} = I_{(X_{16})} = 0.0667$

$I_{(X_2)} = 0.0889$

$I_{(X_3)} = I_{(X_8)} = I_{(X_{17})} = I_{(X_{20})} = I_{(X_{21})} = 0.0333$

$I_{(X_4)} = I_{(X_5)} = I_{(X_6)} = I_{(X_{13})} = I_{(X_{14})} = I_{(X_{18})} = I_{(X_{19})} = 0.0444$

$I_{(X_7)} = 0.1333$

结构重要度系数顺序为:

$I_{(x_7)} > I_{(x_2)} > I_{(x_1)} = I_{(x_{15})} = I_{(x_{16})} = I_{(x_9)} = I_{(x_{10})} = I_{(x_{11})} = I_{(x_{12})} > I_{(x_4)} = I_{(x_5)} = I_{(x_6)} =$

$$I_{(X_{13})} = I_{(X_{14})} = I_{(X_{18})} = I_{(X_{19})} > I_{(X_3)} = I_{(X_8)} = I_{(X_{17})} = I_{(X_{20})} = I_{(X_{21})}$$

第三种计算基本事件重要度的近似公式为

$$I(X_i) = 1 - \prod_{x_i m_j} (1 - \frac{1}{2^{n_j - 1}}) \qquad \text{（公式 4 - 3）}$$

其中：

$I(X_i)$ 表示第 i 个基本事件的结构重要度；

m_j 为第 j 个最小割集；

n_j 为第 m_j 个最小割集的基本事件数。

由此，可以求得各个基本事件的结构重要度，具体如下：

$I_{(X_1)} = 1$

$I_{(X_2)} = 6836$

$I_{(X_{15})} = I_{(X_{16})} = 0.5781$

$I_{(X_3)} = I_{(X_{17})} = 0.2343$

$I_{(X_4)} = I_{(X_5)} = I_{(X_6)} = I_{(X_{13})} = I_{(X_{14})} = I_{(X_{18})} = I_{(X_{19})} = 0.4375$

$I_{(X_7)} = 0.8220$

$I_{(X_8)} = 0.4259$

$I_{(X_9)} = I_{(X_{10})} = I_{(X_{11})} = I_{(X_{12})} = 0.5$

$I_{(X_{20})} = I_{(X_{21})} = 0.125$

结构重要度排序：

$$I_{(X_1)} > I_{(X_7)} > I_{(X_2)} > I_{(X_{15})} = I_{(X_{16})} > I_{(X_9)} = I_{(X_{10})} = I_{(X_{11})} = I_{(X_{12})} > I_{(X_4)} = I_{(X_5)} = I_{(X_6)} =$$
$$I_{(X_{13})} = I_{(X_{14})} = I_{(X_{18})} = I_{(X_{19})} = > I_{(X_8)} > I_{(X_3)} = I_{(X_{17})} > I_{(X_{20})} = I_{(X_{21})}$$

三种计算方法思路不同，所得结果也不同，一般来说，对于最小割集中的基本事件个数相同时，利用三个公式均可得到正确的排序；若最小割集间的阶数差别较大时，采用（公式 4 - 3）能够得到较理想的结果。

3. 结果分析与安全措施

（1）从事故树的结构上看，"与门"比较多，说明在人员操作不当、设备连接不好、设备质量不良的情况下，罐区泄漏事故相对不那么容易发生。

（2）从事故树的最小割集和最小径集看，割集数目比较大，最小径集数目很大，也说明罐区泄漏事故不容易发生，同时预防的途径较多。

（3）从结构重要度上看，基本事件 X_1 的结构重要度较其余都大，对顶上事件发生的影响最大；其次为基本事件 X_7、X_2、X_9、X_{15}、X_{16}，对顶上事件发生的影响次之；再次为基本事件 X_4、X_5、X_6、X_{18} 等，结构重要度较小的为 X_{21}、X_{20} 等其余基本事件，对顶上事件的影响相对较小。

（4）对应各个基本事件的具体情况可以看出，要确保 LPG 储罐系统的安全作业，避免泄漏事故的发生，首先需要确保安全阀能够正常运作，在压力达到安全压力时，能够启动泄压，保证罐体内部压力正常；其次，要确保排液管线能够有效工作，在储罐过度充装时，能够正常启动泄液，确保罐内部液位在安全液位以下，保证罐体充装正常；再次，要确保储罐的机械完整性，监测报警系统的正常运行以及操作人员的应急能力，确保储罐运行正常，监测报警系统正常运行，操作人员对事故有一定的应急能力。

（四）基于安全系统工程的 LPG 储罐危险源控制措施分析

通过运用危险源相关理论、系统安全工程相关理论，对 LPG 储罐泄露进行危险源分析与泄露事故分析，可以看出 LPG 泄漏事故在人-机-料-法-环等方面存在的原因，由此，我们可以从这五个方面对 S 公司的安全生产提出一些建议，如图 4-3 所示。

1. 对人的管理

要管理人的不安全行为，S 公司要从选人开始，严格按照选人制度选取适合 LPG 仓储作业的员工；员工入职后应对其进行充分的工作培训，按照操作手册进行充足的技能培训，保证员工以良好的工作技能状态上岗，使员工对于设施设备、LPG 等货物有充分的了解，避免因员工不熟悉设施设备、物料而导致安全事故的发生；还应加强对员工的安全培训与教育，加大安全管理投入，使安全制度和安全措施得到落实。

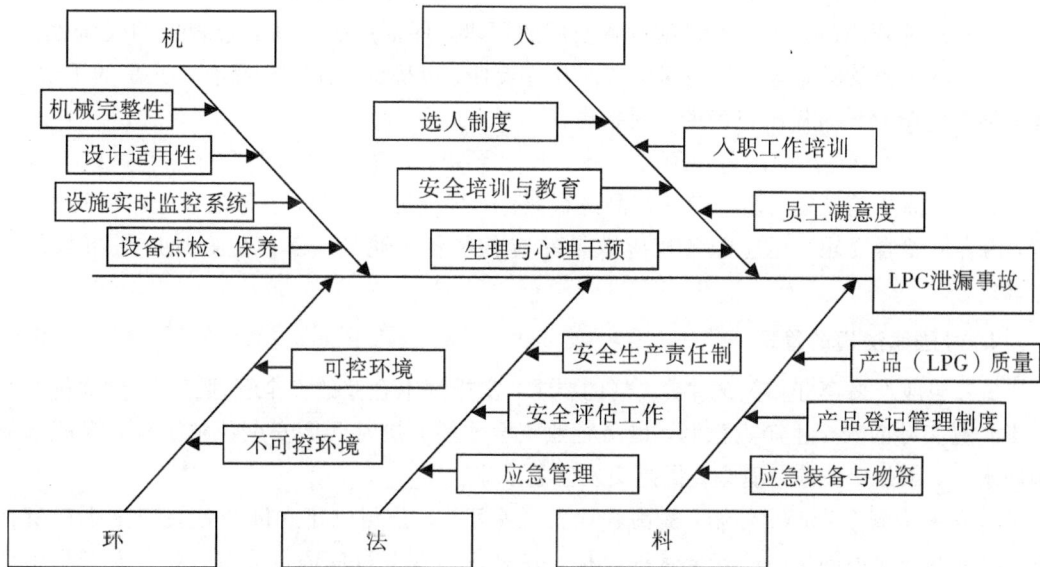

图 4-3 LPG 泄漏事故控制措施图

　　此外，S 公司应对员工保有充分的关心，要考虑到公司制度对员工的影响，制定合理的企业制度保证员工正常权益的维护，多方位提高员工满意度来保证其良好的工作状态。同时，S 公司应对员工的生理和心理状态进行积极干预，保障员工在操作时的注意力能够集中，避免因注意力不集中而产生的人为性事故的发生。

2. 对设备的管理

　　化工仓储企业危险源管理的核心就是对本企业主要的生产设备与储存设备进行安全管理。为确保有效地对企业作业现场进行管理，应根据本企业的主要设备来建立实时监控系统，设置必要的安全防护设施和一定数量的安全警示标志。S 公司应以最新的标准规范为依据，以符合最安全的要求为目标，按规定完善、健全设施设备的安全监测监控系统；同时，对主要作业设施设备周围及可能存在危险隐患的地方设置必要的安全防护设施和一定数量的安全警示标志。

　　此外，控制设施设备的安全状态，S 公司应对设施设备的使用、点检、保养等方面做到较为全面的、具体的控制；设施设备的选用应考虑到方便人员操作与环境的协调；操作设施设备的员工应是受过培训的相应人员；设施设备的操作方法应规范，设施设备的放置应适应相应的环境。

3. 对物料的管理

　　对于物料的管理，S 公司应严格按照相关规章制度的要求储运产品，以确保所储运的产品能够适应环境的要求以及设施设备使用的要求，保证产品在储运过程中的安全性。同时，应向员工普及所储运产品的理化特性及危险性，以确保员工对产品有着充足的了解，使其能够在危险发生时做出正确的应对措施。

　　此外，S 公司对产品的包装须符合储运安全要求，应有必要的安全标志和详细准确的说明；应按照相关规定对所存储的产品进行登记、统一记录管理，各种记录应保留完整、真实，内容应符合要求；还应配备相应数量的应急装备和物资，以便更好地应对事故的发生等。

4. 对法律法规的管理

　　S 公司应严格遵守相关法律、法规的要求，安排好本企业的安全管理工作，建立健全适合本企业实际的安全生产责任制，提高企业安全水平；按时开展安全评估工作，提高事故预防水平；加强企业应急管理，提高突发应急水平。

　　建立健全安全生产责任制，提高企业安全水平。S 公司应建立健全各级安全生产责任制，制定本企业不同层次的安全管理目标，并对各项安全目标进行分解，对个人安全生产责任进行细化，持续加强个人与集体的安全责任意识，使得安全生产责任制在本公司内部得到有效地推广与应用。

　　按时开展安全评估工作，提高事故预防水平。S公司应按实际需要定期开展安全评估工作，对储运作业中存在的危险源进行识别与分析，从中分辨出可能引发人身伤害、安全事故的各种潜在危险。对于辨识出来的危险源可能发生的安全风险，S公司应当制定相应的准确可行的安全技术措施、规程和规范，确保安全技术措施及制度的健全和完善。

　　加强企业应急管理，提高突发应急水平。对于重大危险源，S公司要针对其危险性制定相应的应急措施。对于可控的危险源危害，要将其消除于萌芽之中；对于不可控的危险源危害，企业要制定应急救援预案，建立全面有效的事故应急救援管理体系。为确保各项应急预案的有效性，检验和提高企业应急反应处置能力和员工应急能力，S公司还要定期开展应急预演活动。

5. 对工作环境的管理

　　对环境的管理，要从储存物如本文中的LPG、以及相关设施的特性出发，考虑到不同时间环境的变化，光照、温度等条件的变化对储存的影响；要考虑到环境对仓储是否安全，同时是否能够人为改良环境适应仓储安全。

　　因此，对于可控的环境，S公司应主动人为控制其温度、湿度变化，加强对温度、湿度变化的检测，减少对LPG仓储的影响，适应其安全存储；对于不可控的环境影响，应避免在此环境中的存储以减少安全事故的发生，保证仓储的安全。

6. 全面安全管理体系

　　上述几个方面都各自从独立元素出发，进行安全管理，要全面实施这些管理措施，需要对上述几个方面进行整合。这就需要做两个方面的工作：

　　1）建立行业安全管理信息系统

　　安全信息系统的建设，以及信息整合与应急联动理念的融入，以完善的安全管理理论和先进的信息技术做保证，能有效发挥安全管理信息系统在企业的安全监控和安全管理领域的作用。主要作用有：保证了企业在安全管理和检查中数据采集的及时性、准确性和完整性；为企业安全信息的发布、交流和安全技术的学习提供了平台；企业实现安全信息的有效整合，使安全应急决策更科学；行业内部实现可视化查询和信息网络化交流；实现行业安全生产的远程监控。信息技术是现代仓储业的核心内容，安全信息技术对危险化学品仓储企业更具有重要作用，然而我国的危险化学品仓储企业，只有少数配备了安全信息管理系统。

　　2）构建危险化学品仓储行业安全管理体系

　　实施安全管理体系的目的是辨识内部的危险源，控制其所带来的风险，从而避免或减少事故的发生，风险控制是体系的核心要素。图4-4为OHSAS18000管理体系的核心要素，企业可根据需要构建企业自身的安全管理体系。

安全管理主要通过两个步骤来实现，对行业不可接受的风险，通过确定目标、实施管理方案来降低；对所有需要采取控制措施的风险要通过运行控制加以控制。另外，还需要通过不断的绩效考核和监视进行检查，从而保证安全风险得到有效控制。因此，安全管理体系中的危险源辨识、风险评价和风险控制策划，以及目标、安全管理方案、运行控制，应急准备和响应、绩效考核和监视等要素成为安全管理体系的一条主线，其他要素围绕着这条主线展开，起到支撑、指挥和控制这条主线的作用。

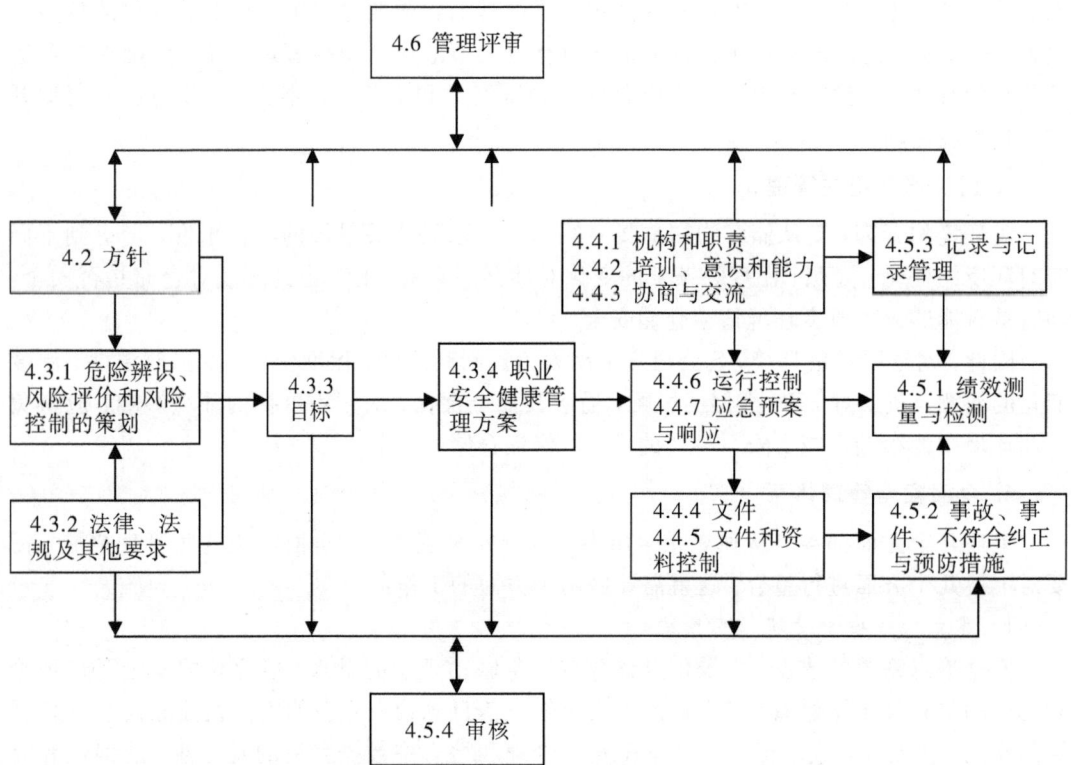

图 4-4　OHSAS18000 管理体系核心要素

四、物联网技术在化工物流服务风险控制中的应用

近年来，信息化的发展，让物联网技术在化工物流仓储中的应用成为可能，通过物联网技术在化工物流仓储中的应用，实现了化工物流仓储过程的透明化，实现对化工物流仓储风险控制从事后控制和事前控制向事中控制的转变。本节将研究物联网技术在化工物流仓储中的具体应用，以及如何通过物联网技术实现对化工物流服务仓储中风险的控制，具体风险控制流程如图 4-5 所示。

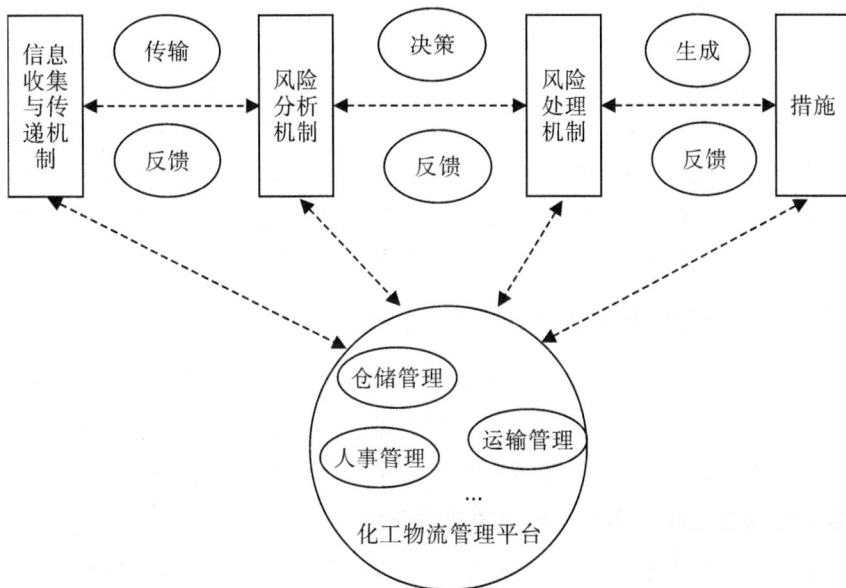

图 4-5　基于物联网的化工物流服务风险预警流程图

（一）物联网技术及其应用

所谓"物联网"（Internet of Things，IoT）又称传感网，指的是将各种信息传感设备与互联网连接起来并形成一个可以实现智能化识别和可管理的网络。

物联网是新一代信息技术的重要组成部分，也是"信息化"时代的重要发展阶段。顾名思义，物联网就是物物相连的互联网。这有两层意思：其一，物联网的核心和基础仍然是互联网，是在互联网基础上延伸和扩展的网络；其二，其用户端延伸和扩展到了任何物品与物品之间，进行信息交换和通信，也就是物物相联。物联网通过智能感知、识别技术与普适计算等通信感知技术，广泛应用于网络的融合中，也因此被称为继计算机、互联网之后世界信息产业发展的第三次浪潮。物联网是互联网的应用拓展，与其说物联网是网络，不如说物联网是业务和应用。因此，应用创新是物联网发展的核心，以用户体验为核心的创新2.0 是物联网发展的灵魂。

1999 年在美国召开的移动计算和网络国际会议提出，"传感网是下一个世纪人类面临的又一个发展机遇"；2005 年，在突尼斯举行的信息社会世界峰会（WSIS）上，ITU 发布了《ITU 互联网报告 2005：物联网》，正式提出了"物联网"的概念；2008 年 IBM 提出"智慧地球"战略；2009 年，欧盟宣布"物联网行动计划"，温家宝提出建立"感知中国"中心，2009 年中国移动开始大力推广物联网应用，物联网的发展在近两年开始加速。

物联网具体可分为感知层、网络层和应用层三个层次：感知层主要是识别物体、采集信息，包括二维码标签和识读器、RFID 标签和读写器、摄像头、GPS、传感器、终端、传感器网络等；网络层主要是信息传递和处理，包括通信与互联网的融合网络、网络管理中心、信息中心和智能处理中心等；应用层则是物联网与行业专业技术的深度融合，其与行业需求结合，实现行业智能化。对于物联网的感知层和网络层，属于技术层面的问题，一般来说，比较好解决，那么如何实现物联网在相关行业中的应用，特别是如何应用物联网技术实现化工物流的透明化管理，是本节要探讨的重点。

（二）物联网在化工物流服务中的应用

化工物流服务运作过程内容比较丰富，其中环节包括：化学品的包装、储存、运输、装卸及搬运等，目前大部分化工企业的包装环节都是企业自己完成的，而储存和运输环节都倾向于外包，下面将重点分析研究物联网技术在化工储存和运输中的应用。

1. 物联网技术在危险化学品仓储中的应用分析

加强化学品的安全储存管理，《中华人民共和国安全生产法》和《危险化学品安全管理条例》都有明确的条款规定，并先后制定颁布了《常用危险化学品贮存通则》、《易燃易爆性商品储藏养护技术条件》、《腐蚀性商品储藏养护技术条件》、《毒害性商品储藏养护技术条件》等国家标准。尽管有这些法律法规和国家标准的规定，但如何将仓储管理各要求进行有机整合，并能安全操作，仍然是一个值得研究的应用技术。

危险化学品的储存过程，需要注意多个方面的问题，包括对储存场所的要求，储存场所必须从多个方面达到安全要求；另外在危险化学品的储存过程中，对于危险化学品的包装物上的唛头有严格要求，储存的危险化学品应有明显的标志，标志应符合相关国家标准的规定。符合条件的散装危险货物必须张贴警示标志，标志也必须遵守一定的要求；对于危险化学品的储存安排及储存量的限制，在进行危险化学品的储存安排时，首先应考虑它们之间的禁配关系。对互为禁忌物的化学品通常采用隔离层或隔开一段距离，或在不同的房间内存放。

另外，遇火、遇热、遇潮能引起燃烧、爆炸或发生化学反应产生有毒气体的危险化学品不得在露天或在潮湿、积水的建筑物中贮存。受日光照射能发生化学反应，引起燃烧、爆炸、分解、化合或能产生有毒气体的危险化学品应贮存在一级建筑物中，包装应采取避光措施等。对储存量及储存安排的要求，国家标准规定如表 4-3 所示。

以上只是讲述了危险化学品的储存，危险化学品在库期间的管理也非常重要，在危险化学品储存过程中，还要涉及到危险化学品的养护，包括化学品入库时，应严格检验其质量、数量、包装情况、有无泄漏等。化学品入库后应采取适当的养护措施，在储存期内定期检查，发现其品质变化，包装破损、泄漏，稳定剂短缺等应及时处理。库房温度、湿度应严格控制，经常检查，发现变化及时调整。同时如果在储存期间危险化学品性质变化，或者是包装容器出现泄漏和渗漏事故，应该以最快的速度对此进行反应。按化学品特性，用化学的或物理的方法处理废弃物品，不得任意抛弃、污染环境，是危险化学品储存过程中也必须关注的。

表 4-3　国家标准对储存量及储存安排的要求

贮存要求	露天贮存	隔离贮存	隔开贮存	分离贮存
平均积存量 t/m^2	1.0~1.5	0.5	0.7	0.7
单一贮存区最大贮量，t	2000~2400	200~300	200~300	400~600
垛距限制，m	2	0.3~0.5	0.3~0.5	0.3~0.5
通道宽度，m	4~6	1~2	1~2	5
墙距宽度，m	2	0.3~0.5	0.3~0.5	0.3~0.5
与禁忌品距离，m	10	不得同库贮存	不得同库贮存	7~10

为了解决危险化学品仓储过程中遇到的问题，可以应用物联网技术对仓库中的化学品进行实时监测。实时监测架构如图 4-6 所示。

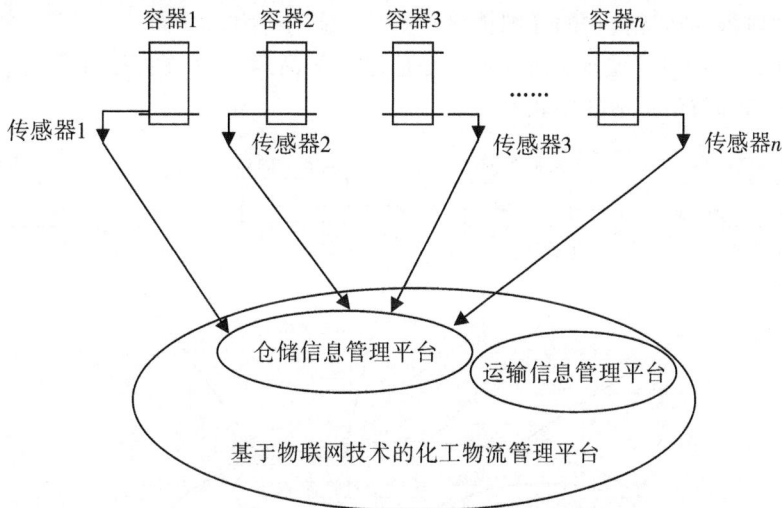

图 4-6　基于物联网技术的仓储信息管理平台

以上基于物联网技术的仓储信息管理平台，既包括传统仓储管理信息系统中所具备的一些日常管理信息，即储存场所要求、储存标识、储存安排与储存量、收发储存化学品、储运条件、禁配关系、信息化管理、人员培训与管理、养护、废弃等信息，还包括制定标准的工作程序，即确认应遵守的化学品安全管理法规与标准，系统的维护使用，信息查询程序，如化学品检索、应急信息与个体防护设备选择、安全文档检索、储存记录查询以及仓储化学品的日常管理程序等。同时,以上信息管理平台还包括仓储管理中最重要的部分,即实时监测危险化学品容器状态,包括化工容器内物质的温度场的分布、压力等信息,通过比照该种化工品的基础物性,了解危险化学品处于一个什么样的状态,如果化学品的温度或者压力处于预先设定的某个边界值时,系统自动发出报警信号。在监测化学品自身状态的同时,对仓储的环境进行实时监测,如果外部环境的相关指标超过预先设定的安全值,系统会自动发出预警信号。

通过图 4-6 的架构,能够从理论上解决目前危险化学品仓储过程中遇到的主要问题,但在实际操作过程中,针对不同化学品,对应传感器的开发是个大问题。

2. 物联网技术在危险化学品运输过程中的应用分析

2014 年 6 月上海市安全监管局发布的《关于近期危险化学品事故情况的通报》,总结了危险化学品发生交通事故的主要原因及其危害存在的主要问题,包括运输车辆严重超载,车辆和槽罐质量状况差;从业人员缺乏必要的安全常识,违规驾驶;承运单位无资质,违规运输;生产、充装企业违规违章;道路运输安全监管不严,路面控制措施不利;发生事故时不能及时有效地获取信息;在发生事故时,人为延迟或因特殊情况无法及时获得事故位置信息;不能及时得到运送货物的详细情况;救援措施不得力。

从以上的总结中可以发现,信息不畅是危险化学品运输中的主要问题。造成事故的因素中,多个因素都与信息不畅相联系。

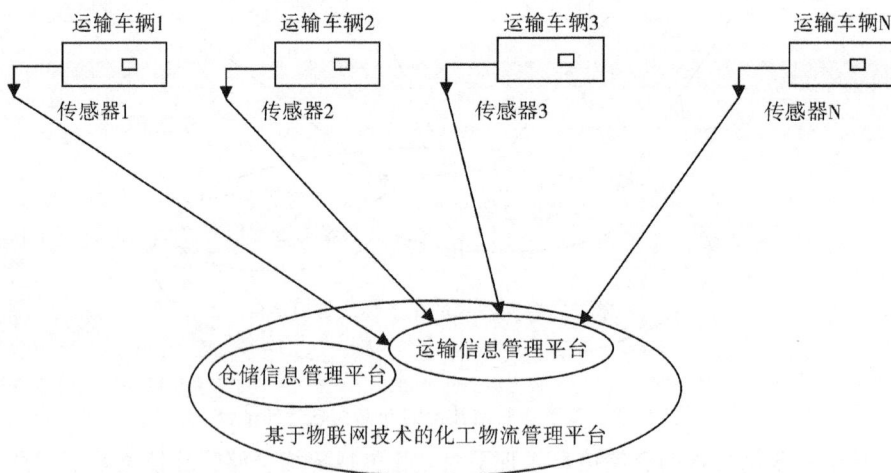

图 4-7 基于物联网技术的运输信息管理平台

为了解决这一问题,可以通过构建图 4-7 所示的基于物联网的运输信息管理平台。该信息平台除了具备传统运输信息管理系统所具备的基本功能之外,同时增加了物联网中的核心技术。传统的运输信息管理系统，把侧重点主要放在运输车辆情况、运输道路信息、运输人员信息上，对于被运输的危险化学品的情况监测不够，很难了解到在运输的过程中，危险化学品本身的物性随着外部环境的变化是否也发生了变化。这里所说的外部环境不仅仅指外部的操作环境发生变化，路面的颠簸、外界温度的变化、瞬间的碰撞等也都会对危险化学品的物性产生影响，万一包装容器发生泄漏，对应的温度、压力的变化都可能会导致事故发生。

监测中心通过运输管理信息平台实时了解每一份在运输途中的危险化学品的状态，从而对危险化学品的运输实现从外部监测到内外监控相结合，保证危险化学品运输过程的可控性。

通过以上基于物联网的化工物流管理平台，可以实现对化工物流服务具体运营过程的实时管理，如果在化工物流的运营过程中发生异常情况，可通过运输信息管理平台和仓储信息管理平台来实现风险的管控。通过物联网技术在化工物流服务中的应用，可以实现对化工物流中内生性风险的有效控制。

而对于外部风险，主要通过建立一体化的管理平台来实现。各地区建立的一体化信息管理平台，不仅应该服务于本地区的物流车辆，该网络还应该是全国一体化的网络，不然如果外地车辆在本地区出现事故，就不能轻易地及时调动本地应急部门来处理。通过完善全国的危险货物运输管理信息平台，做到各地区网与各企业网之间连接，做到信息统一，实现事故发生后能够及时、就地、就近救援。

五、本章小结

本章首先对危险化学品仓储行业的发展现状进行了分析，针对目前化学品仓储中存在的安全隐患，提出了一套针对危化品仓储安全的解决措施。本章还特别对化工仓储企业进行了危险源辨识与安全事故的事故树分析，并在分析的基础上，从安全系统工程角度提出了"人-机-料-法-环"五维解决方案。

通过对 S 公司 LPG 储罐区进行危险源辨识与控制的研究，在危险源辨识的基础上对储罐泄漏事件用事故树进行分析，得出对储罐泄漏事件有影响的若干基本事件，并进一步分析这些基本事件的结构重要度，在结构重要度分析的基础上，提出相应的控制危险源的措施，从而更有效地控制化工仓储企业的潜在风险，保障企业的安全生产。

对于危险化学品的安全管理过程，最重要的是要能够实时掌握危险化学品的状态，在以前技术不成熟的情况下，管理过程很难，特别是对于危化品操作过程中人的管理和物的控制。物联网技术的发展，为危险化学品安全管理提出了新途径，即利用物联网技术实现对化工物流过程的管理与控制。本章最后提出了物联网在化工物流服务风险控制领域的应用，既分析了如何利用物联网进行化工物流仓储过程中风险的控制，还分析了利用其进行化工物流运输过程中风险的控制。

第五章　化工物流中的环境因素识别、评价与管理

前面两章讨论了化工物流中的主要运营过程、运输流程和仓储中的安全问题，这是实施化工物流 HSE 的关键。要在化工物流领域实施 HSE，除了关注企业中员工健康和工作场所安全外，与化工物流 HSE 管理密切相关的就是环境问题了。无论是化工物流正常生产中可能带来的环境问题，还是由于经营失误而导致的非正常状态下的环境问题，化工物流由于处理对象的特殊性，环境问题一直是需要企业认真面对的问题。这一章将会研究化工物流中的环境问题，对化工物流实施过程中可能存在的环境隐患提出评价方法和控制措施。要研究化工物流中的环境问题，首先要从化工物流中的环境因素开始。

一、环境因素概述

环境因素（Environment Element，EA）贯穿于环境管理的全过程，是环境体系管理中最基本的要素，也是最核心的要素。实施 ISO14001 的核心任务是通过对组织的活动、产品和服务中存在的环境因素进行充分的识别，并采用适当的方法进行评价，确定重要环境因素，最终通过对重要环境因素的管控取得环境绩效。因此，确定环境因素是建立环境管理体系过程中一个极为重要的环节，是企业建立及维持环境管理体系长期有效运行的基础。

在化工物流企业中实行 HSE 管理，首先必须对化工物流中的环境因素进行充分识别，特别是重大环境因素要有对应的应急处置方案。

（一）环境因素定义

在环境因素的三种状态中环境因素的定义如下：一个组织的活动、产品或服务中能与环境发生相互作用的要素。环境因素有多种类型，如：污染排放型、工艺设计型等，应根据组织的特点加以识别。确定环境因素在建立环境管理体系中是一个极为重要的环节。由于组织的活动（包括准备、生产、排污、产品、运输储存、管理等）有许许多多对环境产生有益影响或有害影响的因素，将这些因素分析出来，确定产生的影响，识别和评估重大环境因素，提出控制的办法并付诸实施，这些工作都将为组织逐步消除污染，实现清洁生产奠定重要基础。

一个组织欲建立环境管理体系，必须以识别重大环境因素、消除对环境有害因素为目的，而确定组织的环境方针、目标和指标，采用相应的管理手段。应当说识别重大环境因素是管理体系明确管理对象的重要环节。如果一个组织的环境因素尚未搞清，建立环境管理体系则没有明确的管理目标。

环境因素又分为内部环境因素和外部环境因素。

内部环境因素为各部门在自身管理或职能活动中直接对环境造成影响的各种行为，如日常办公活动中各种办公用品的消耗、热电公司燃煤导致的烟气排放、污水处理厂的污水排放等。

外部环境因素包括的范围较大，主要有以下几种：

（1）各企事业单位在日常生产经营活动中，直接造成的对环境产生影响的各种行为，如各种污染排放过程、资源能源消耗过程、潜在或紧急情况时发生的各种灾害性事故等。

（2）供方或承包方在为单位提供各种服务过程中，可能对环境产生影响的各种行为。

（3）公司以外有关方面，如临近区域的污染物通过排放转移对本区域环境造成影响的过程。

（二）环境因素特点

1. 环境因素的三种状态

在识别环境因素时，要考虑环境因素的三种状态：正常、异常和紧急状态。

环境因素的识别不仅要考虑"正常"情况，也要考虑如机器检修等异常情况，以及火灾、爆炸等紧急情况。

（1）正常状态。在正常生产运行条件下，可能产生的环境问题。

（2）异常状态。在开/关机、停机检修等可以预见的情况下产生的与正常状态有较大不同的环境问题，如锅炉、发电机启动时排污量大，来料不纯导致局部排污剧增，工厂定期检修清洗设备时产生高浓度废液等。

（3）紧急状态。如火灾、洪水、爆炸、设施设备故障、大规模泄露、台风、地震等突发情况带来的环境因素。

对可预见的紧急情况中存在的环境因素，应有相应的措施、计划，以保证其对环境影响的不良程度最小化，如一个地区每年都受到洪水的威胁，那么在环境因素评价时就必须对这种紧急状态下的环境因素予以全面考虑，并形成应急制度与办法。

2. 环境因素的三种时态

在识别环境因素时要考虑环境因素的三种时态：过去、现在和将来。

组织在识别环境因素时，不仅要考虑"现在"的情况，也应看到以往遗留的环境问题以及将会出现的环境问题。

（1）过去：以往遗留的环境问题或过去曾发生的环境事故等。如工厂虽使用了全新设备，但偶尔也使用旧设备，如对旧设备维护不当，其产生的废油可能污染地下水；过去发生的化学品泄漏事件的后续处理等。

（2）现在：组织现有的、现存的环境问题。目前公司中正在使用中的车辆会带来的能源消耗、废气排放、噪音污染等问题；仓储危险化学品对地下水和大气的污染。

（3）将来：组织将来产生的环境问题。如产品出厂后可能带来的环境问题；产品报废时的处置，将来的法律、法规和其他要求及其变更计划中的活动可能带来的环境问题；新项目引入，新产品、工艺改造可能带来的环境问题；同时运输车辆尾气排放如果不达标，在未来使用的过程中，给环境带来的污染问题；以及如果仓储发生泄露，对地下水以及大气的污染。

3. 环境因素的八种类型

环境因素的八种类型，也即环境因素的八种表现形式。进行环境因素识别时，应考虑环境因素的八种类型。

（1）向大气排放。如锅炉燃烧产生的废气（主要有二氧化碳、二氧化硫、氟氧化物）、烟尘等。

（2）向水体排放。生活污水排放、工业废水排放。

（3）废弃物和副产品。如含油抹布、废渣等有毒有害废弃物的处置。

（4）向土地的排放。如油品、化学品的泄露。

（5）对社区的影响。如噪音的排放。

（6）原材料与自然资源的消耗。石油、天然气等资源的消耗。

（7）能量的释放。如：热、辐射、振动等。

（8）其他地方性环境问题。如生态环境破坏、电磁污染、地层下陷等。

4. 环境因素识别的内容

（1）污染物和有害因素的排放。按生产工艺流程识别废水、废气、噪声、振动、辐射等排放情况，包括污染物种类、排放量、排放频率、排放去向、监测值及现有治理措施。

（2）废物管理情况。包括固废和废液的种类、性质（可回收、不可回收、危险废物）、产生量及处理现状。

（3）主要能源、资源的消耗。能源消耗包括电、煤、油、气等，各部门按不同种类的不同用途填写消耗量。资源包括水、原辅材料等，如水资源消耗应注明水源、消耗量、可循环利用率等。

（4）潜在环境事故调查。调查各部门可能发生的化学品、有害原料、油料等泄露情况，包括泄漏种类、地点、原因、频率、泄漏量、去向及环境影响等。

（5）生态环境影响。包括过去遗留的和组织运营过程中生态环境破坏问题。

（6）相关环境影响调查。包括工程施工方、供方、维修方、运输方、垃圾处置方等可施加影响的 EA 或暂不施加影响的相关方。

（7）对员工健康影响的调查。不强求也不限制将职业健康安全有关内容纳入 EA 识别的范围。如纳入应考虑职业性有害因素种类、性质、浓度或剂量，接触时间和对健康影响程度等。

（三）环境影响及其评价制度的作用

从 ISO14001 的角度来讲，环境影响的定义为：全部或部分地由组织的环境因素给环境造成的任何有害或有益的变化。环境影响是指人类活动（经济活动、政治活动和社会活动）对环境的作用和导致的环境变化以及由此引起的对人类社会和经济的效应。按不同的划分标准分类，环境影响有不同的分类方法，比如：

（1）按影响的来源分，环境影响分为直接影响、间接影响和累积影响。环境直接影响指的是某项人类活动引起的环境直接变化，比如可能带来的大气、水污染、土壤污染、噪音污染等。现行环境影响评价（Environmental Impact Assessment，EIA），最大缺陷是其将视野主要局限在单个项目的评价上，极少考虑若干活动的累积影响和可持续发展对环境影响评价的要求从而使得一个项目与其他项目（包括区域内过去、现在和未来可能预见到的项目）之间对环境产生的综合影响或累积影响得不到应有的考虑，导致由累积影响而产生的环境问题（如酸雨、光化学烟雾和温室效应等）频繁出现。同时，现今的环境管理体系中尚缺乏对累积影响进行有效预测与管理的手段，所以，源于 EIA 缺陷的累积影响评价（cumulative impact assessment，CIA）研究不仅是 EIA 不断完善的结果，更是解决现实环境问题的必要手段。

（2）按影响效果分，环境影响可分为有利影响和不利影响。有利影响指的是人类的某些活动使环境向好的方向发展，不利影响指的是人类的某些活动使环境向坏的方向发展。

（3）按影响性质分，环境影响可分为可恢复影响和不可恢复影响。

（4）按影响时间长短分，环境影响还可分为短期影响和长期影响。

（5）按影响范围分，环境影响可分为地方、区域影响，国家影响和全球影响。

（6）按影响阶段分，环境影响可分为建设阶段影响和运行阶段影响等。

环境影响评价制度在社会和经济发展中的积极作用主要表现在三个方面：

（1）环境影响评价制度是对传统的经济发展方式的重大改革。在传统的经济发展中，往往考虑直接的、眼前的经济效益，没有或很少考虑环境效益，有时甚至为获取局部的、暂时的效益，以牺牲资源和环境为代价。结果就不可避免地造成环境污染和破坏，导致经济发展与环境保护的尖锐对立。实行环境影响评价制度能有效地改变这种状况。进行环境影响评价的过程，是认识生态环境与人类经济活动相互依赖和相互制约关系的过程，认识的提高和深化，有助于经济效益与环境效益的统一，实现经济与环境的协调发展。

（2）环境影响评价为制定区域经济发展规划提供科学依据。在传统的发展中，一个地区、一个城市由于缺乏社会的、经济的特别是环境的综合分析评价，盲目性很大，往往造成畸形发展，出现资源和环境的严重破坏和污染。通过环境影响评价，掌握区域的环境特征和环境容量，在此基础上制定的社会经济发展规划才能符合客观规律并切实可行。

（3）环境影响评价是为建设项目制定可行的环境保护对策、执行科学管理的依据。通过环境影响评价，可以获得应将建设项目的污染和破坏限制在什么范围和程度才能符合环境标准要求的信息和资料，据此，提出既符合环境效益又符合经济效益的环境保护对策，并在项目设计中体现。使建设项目的环保措施和设施建立在较科学可靠的基础上，同时也为环境管理提供了依据。

（四）环境因素与环境影响的关系

环境因素首先是一个要素，存在于组织的活动、产品与服务中，同时还必须具有可以随同组织的活动、产品或服务的实施而与环境发生相互作用的特性。它同环境影响之间存在因果关系，这就是我们识别环境因素的出发点。我们只要找到了环境因素同环境影响之间的因果关系，便可以确定组织活动、产品或服务中的要素可以同环境发生相互作用。

各类组织活动、产品或服务产生了环境因素，有了环境因素，就可能产生各种不同的环境影响。

环境因素与环境影响之间存在着明显的直接因果关系，这种关系已经取得了业界的广泛认可。

实际上，因果关系存在着直接因果和间接因果两种形式，这就意味着某一环境影响的出现可能是环境因素的直接作用产生的，但也有可能是环境因素的间接作用产生的。

例如，在锅炉废气排放活动中，存在的"SO_2 的排放"和"NO_x 的排放"等环境因素可直接与环境发生相互作用，而使该活动给环境-大气环境带来变化，造成了"大气的污染"这一环境影响，我们可以把这种因果关系归纳为直接因果关系，这是我们普遍认可的一种观点。在实践工作中，为了控制"大气的污染"这一环境影响，组织在环境因素识别时主要针对的是这些具有直接因果关系的环境因素。但是我们往往忽视了，在直接因果关系存在的同时还有一些环境因素对"大气的污染"这一环境影响的出现具有间接的因果关系。下面我们就以废气排放活动为例，分析在这一活动中存在的对"大气的污染"这一环境影响产生作用的环境因素，该活动如图 5-1 所示。

从图 5-1 我们可以看出，废气排放活动并不是独立存在的，它实际上是组织生产经营活动的一个组成部分。

组织的生产经营活动实际上是按"过程"运行的，在 GB9000－2000 中对"过程"给出了如下定义：一组将输入转化为输出的相互关联或相互作用的活动。

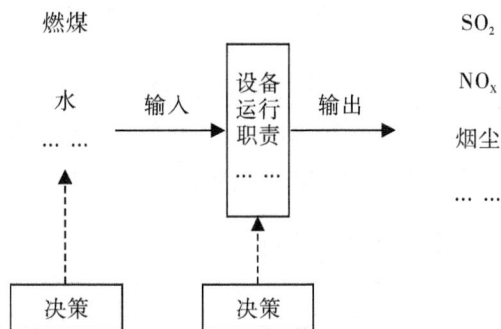

图 5-1　锅炉废气排放过程

注 1：一个过程的输入通常是其他过程的输出；

注 2：组织为了增值通常对过程进行策划并使其在受控条件下运行；

注 3：对形成的产品是否合格不易或不能经济地进行验证的过程，通常称之为"特殊过程"，因此我们看出，锅炉废气排放活动、锅炉运行活动、锅炉的选型及决策活动等共同构成了组织生产经营的一个"过程"，他们是"相互关联"或"相互作用"的。

目前，组织识别环境因素时往往把某一个活动进行独立地处理，并主要针对的是具有直接因果关系的环境因素，比如：

（1）废气排放活动："SO_2 的排放"和"NO_x 的排放"等；

（2）锅炉运行活动：水的消耗、电的消耗等；

（3）锅炉的选型活动和决策活动：电的消耗、纸张的消耗等。

建立 ISO14001 环境管理体系时，组织为控制产生环境影响"大气的污染"而仅仅对"SO_2 的排放"和"NO_x 的排放"等环境因素进行识别是不充分的，因为在这一"过程"当中存在各个活动的输出，如决策实施、燃煤选取、设备选型等都会影响到锅炉废气排放活动的结果，并通过该活动最终作用于环境，而使环境发生变化，产生"大气的污染"这一环境影响，这些就是具有间接因果关系的环境因素。

这一点在决策流中最为明显，如当政府机构建立 ISO14001 环境管理体系时，我们要识别的环境因素主要是一些具有间接因果关系的环境因素，如规划、法案等，因为具有直接因果关系的环境因素的活动往往处在决策流（政策/法令－规划－计划－活动）的末端，而环境问题在决策层着手制定政策/决令、规划和计划时已经存在了，对活动（如排污活动）的控制只能对环境影响的产生起到修补性的作用。

由此可见，环境因素和环境影响具有因果关系，包括直接因果关系和间接因果关系，他们通过组织的活动、产品和服务表现出来。大部分情况下，环境影响是直接环境因素和间接环境因素共同作用的结果。

由此可见，环境因素首先是一个要素，存在于组织的活动、产品与服务中，同时还必须具有可以随同组织的活动、产品或服务的实施而与环境发生相互作用的特性。它同环境影响之间存在因果关系，这就是我们识别环境因素的出发点。我们只要找到了环境因素同环境影响之间的因果关系，便可以确定组织活动、产品或服务中的要素可以同环境发生相互作用。那么，我们应当如何判定这一因果关系？详见下文分析。

二、化工物流中的环境因素识别

（一）化工物流环境因素识别的重要性分析

化工物流行业服务的产品种类繁多，面临的环境问题和安全问题突出，其中一些重要环境因素一旦控制失效，就会给社会造成重大环境影响，具有影响范围广、恢复周期长、治理难度大等特点。

因此，必须坚持预防为主的思想，充分识别环境因素，从根源上控制或消除重大环境因素，促进环境绩效的持续改进。

只有全面正确地查找出组织中存在的环境问题，从中识别出对环境有重大影响（其中还应包括潜在的重大环境影响）的因素，即"重要环境因素"，才能有针对性地制定环境方针及相应的目标和指标，才能充分、合理、有效地解决开发区在建设发展过程中所面临的环境问题。

同时，化工物流的环境因素识别和重要性环境因素评价是化工物流企业建立和运行EMS 的基础，体系的其他要素都是围绕他们而开展管理活动的，环境因素是环境管理体系中最重要的要素，只有充分识别了环境因素，才能保证体系的有效运行。

（二）化工物流中环境识别、评价和控制的流程

化工物流中环境因素的识别、评价和控制流程如图 5-2 所示。

（三）化工物流中环境因素识别的范围

环境因素识别范围包含以下两个方面：

（1）组织能够控制的：组织内部的环境问题，即组织自身可以管理、改变、处理及处置的环境因素。因此化工物流中的环境因素识别范围即化工物流公司内部涉及的环境问题，可以分若干个区域进行辨识，比如办公区域、工作区域以及后勤保障区。

办公区域包括各种电脑、打印机、复印机、传真机等机器设备的使用所带来的环境影

响；工作区域包括叉车、堆垛机、传送带等仓储设备的使用所带来的环境影响；同时对于化工物流企业的工作区域，还包括运输途中汽车尾气的排放、噪音对环境的影响；后勤保障区包括生活垃圾、废水、废料等给环境带来的影响。

（2）组织能够施加影响的：相关方的环境问题，即组织不能通过行政管理或其他技术手段等改变的环境因素，这类因素多属于与组织关系密切的相关方，可通过某种利益关系对相关方施加影响，间接实现对环境因素的控制或管理。

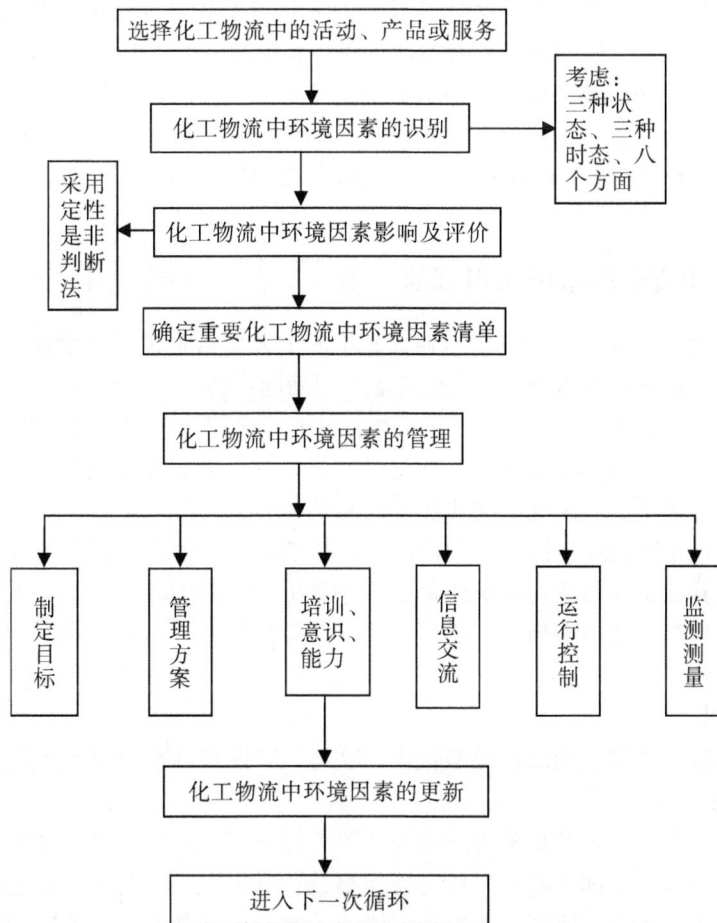

图 5-2　化工物流中环境因素的识别、评价和控制图

组织能施加影响的环境因素，主要是指一些与组织有商务往来的供应商（包括仓储外包时候的仓储服务供应商、运输服务外包时的运输服务供应商等），客户，以及与组织有关的包括工程施工方、维修方、垃圾处置方等可施加影响的或暂不施加影响的相关方等各方的环境问题。

环境因素识别过程中需特别注意的问题：某些化工物流企业在生产过程中产生了大量的污染物，但由于环保设备齐全先进，控制手段得力，各种污染物指标最终均远远低于适用排放标准而得到排放。因此，从重要环境因素的角度判断，不存在重要环境因素。

但是，GB/T24001－1996 标准中的"环境因素"定义及"4.3.1 环境因素"条款，均要求确定现实具有或能够产生重大影响的重要环境因素，即应充分考虑过去、现在、将来三种时态及正常、异常、紧急三种运作状态下发生或可能发生重大环境影响的环境因素。在这样的情况下，在制定和实施相关程序时可考虑正常状态下低于排放标准的污染物排放，并将其作为一般环境因素，但同时必须考虑环保设备发生故障时、定期维修时、人为失误时、生产过程中超量产生污染物时等异常或紧急状态下可能产生的严重环境影响。

特别是如果发生事故，比如爆炸或者是化工品泄露，一般来说，这时候整个车辆或者是仓库，就是重要环境因素。因此在进行环境因素识别的时候，对于这一类环境因素的识别要特别注意。

（四）化工物流中环境因素识别的步骤

在进行化工物流环境因素识别的时候，要从多个方面入手进行环境因素识别，才能保证识别的全面性，在这些因素中，首先要考虑下列问题：

（1）与化工物流相关的法律法规，化工物流的相关法律法规特别多，既有国家层面的，同时还有各省市自己的法律法规，在进行化工物流环境因素识别的时候，要收集齐全这些法律法规，然后考虑企业对于这些法律法规的满足程度。

（2）在进行化工物流环境因素识别的时候，要考虑化工物流过程中涉及到的所有环境影响，同时还要弄清楚这些环境影响的程度、规模以及持续时间。

（3）在进行化工物流环境因素识别时，特别要关注的是环境因素的三种状态、三种时态、八种类型，不仅要关注当前的、正常状态下的环境因素，还要注意识别潜在事故隐患的强度、范围、概率。

（4）化工物流行业是个能源消耗型企业，因此环境识别过程中重点要识别化工物流中的资源能源消耗情况。

（5）对于化工物流，不同地区的法律法规要求也不同，比如上海地区举办重大赛事或者活动时，政府部门一般都会有临时性的管制措施，因此在进行化工物流企业环境因素识别时要关注企业所处地区，地区当前对于环境的一些特殊要求也要弄清楚。同时也要思考，改变这些环境因素对影响的难易程度。

在思考上述问题的基础上，采用以下步骤进行环境因素识别：

（1）划分和选择组织过程（即某一产品、活动或服务）。划分和选择组织过程时：

① 应包括组织自身的产品、活动和服务；

② 应包括组织使用的产品和服务；

③ 过程划分的粗细程度应大到能对其进行有意义的验证；小到能对其进行充分的理解；关键是要顾及未来对环境因素进行管理的清晰和方便。

（2）确定选定过程中存在的环境因素，确定环境因素时：

① 要尽可能全面；

② 要考虑可以控制及可望影响的环境因素；

③ 要考虑环境因素的三种时态：过去、现在、将来；

④ 要考虑环境因素的三种状态：正常、异常、紧急；

⑤ 每一个过程要从环境因素的八种类型去确定。

（3）明确每一个环境因素对应的环境影响，明确环境影响时：

① 要尽可能全面；

② 要考虑积极的和负面的影响；

③ 从八个方面考虑环境影响：

a）向大气排放；

b）向水体排放；

c）废弃物和副产品；

d）向土地的排放；

e）对社区的影响；

f）原材料与自然资源的消耗；

g）能量的释放；

h）其他地方性环境问题。

（4）确定环境因素的依据：

① 客观地具有或可能具有环境影响的；

② 法律、法规及其他要求有明确规定的；

③ 积极的或负面的；

④ 相关方关注或要求的；

⑤ 其他。

（五）化工物流中环境因素识别的方法

1. 过程分析法

分析重点产品或物料的生产过程、采购过程、运输过程、工艺过程的投入及产出。如组织以往在计量数据方面的汇总比较全面，则应定量计算，根据：

$$投入＝进入产品的＋排放$$

从上述定理中找出环境因素。此方法适用于分析生产单元的环境因素。

2. 物料衡算法

通过分析生产现场的工艺流程，确定废物的数量、种类、成分和去向。从而找出环境因素。此方法一般适用于分析识别企业生产活动中的环境因素。

该法是化工企业常用的一种 EA 识别方法，它可以追根溯源地找到确切的污染源，从而对"源"进行很好的控制。

该法在分析工艺流程的每一操作单元基础上进行物料平衡及能源计算，从而发现主要的污染点和污染物。

具体操作可以由生产技术部门的人员牵头，现场管理者和技术人员配合共同完成。

3. 产品生命周期分析法（LCA）

产品生命周期分析法是指对产品进行"从摇篮到坟墓"全过程的分析，包括从原材料生产到产品报废处置的全部生命过程中涉及的环境问题：

（1）产品的生命周期通常分为 5 个阶段：原材料生产与加工、产品的生产与加工、产品的运输与销售、产品的使用与回用、产品的报废。

（2）生命周期分析最简单的方法是生命周期矩阵。其纵列为产品的各个生命阶段，横列是可能存在的环境问题，可由专业技术人员填写每一阶段的各类环境问题。

表 5 - 1　产品生命周期矩阵表

生命阶段	大气污染	水污染	废弃物	有毒品使用	能耗物耗	……
原材料选用						
生产加工						
产品包装						
贮存运输						
使用/回用						
废弃/再生						

（1）产品生命周期矩阵应根据组织的性质与影响而设计，不同组织其矩阵形式与内容有很大的差别；

（2）该法的优点是全面反映产品本身的环境问题，但对生产现场的分析不够详细精确；

（3）适用于企业产品环境因素的识别。

4. 现场观察、面谈法

现场观察、面谈的对象：

（1）主要生产流程。

（2）有明显污染物排放的地方。

（3）环保设施。

（4）污染物排放处。

（5）特殊、关键岗位人员。

（6）仓库（化学品、油库、气体库、放射源库等）。

（7）动力设备。

（8）垃圾站（主要是有害废物的堆放场）。

在去现场观察、面谈之前，应事先查阅好相关资料并准备好问卷调查清单。此法适用于个别职能部门活动/服务的环境因素识别。

5. 水平（或纵向）对比法

水平（或纵向）对比法是指就企业产品的环境性能、能源和资源的消耗与同行业、与自身历年来的数据进行比较。此方法适用于企业总体环境因素的分析识别。

6. 专家识别法

专家识别法是指把熟悉组织管理和技术特点的专家及环保专家结合起来，形成一个专家小组，由专家小组根据组织的实际情况进行集体评议，识别组织的环境因素。采用专家识别法必须保证专家小组的人员能力强，熟悉组织的行业特点和性质，具备环境知识；提供给专家小组的资料必须详实、准确、全面；专家小组人员还应对组织现场情况有充分的了解。此方法适用于需较强专业知识的环境因素识别。

7. 查阅文件信息

对收集到的各种文件进行查阅，是识别环境因素的捷径。查阅的主要资料包括：

（1）环境影响评价报告、"三同时"报告；

（2）环境监测报告；

（3）环境事故调查报告；

（4）相关方抱怨记录；

（5）化学品的 MSDS（即 Material Safety Data Sheet）。

此方法适用于分析识别过去的环境因素和区域环境有关的监测数据。

8. 问卷调查法

问卷调查是通过事先准备好的一系列问题，通过到现场观察和与有关人员交谈的方式，来获取 EA 的信息。典型的调查问卷可包括如下内容：

（1）产生哪些大气和水污染物？排放浓度是否达标？

（2）主要噪声源有哪些？厂界是否达标？

（3）产生哪些固体废物？如何分类和处置的？

（4）使用哪些有毒有害化学品？使用量是多少？

（5）主要能源、资源的用量各多少？与往年比较如何？

（6）有哪些紧急状态？采取哪些预防和应急措施？

（7）水、电、煤、油用量各多少？与同行业和往年比较结果如何？

（8）有哪些环保设备？维护状况如何？

（9）产生哪些有毒有害固体废弃物？如何处置？

（10）主要噪声源有哪些？厂界噪声是否达标？

（11）有无居民投诉？做没做过调查？

以上仅是一部分问卷调查表的内容，组织可根据实际情况制定完整的问卷提纲。

9. 环境因素检查表法

通过预先设计的常规性环境因素检查表，识别企业产品/活动/服务中的环境因素，适用于标准化操作较强的行业或企业。

在对化工物流环境因素的识别中，我们采用了过程分析、调查问卷、查阅文献等多种方法相结合。发放的问卷主要针对长三角地区的化工物流企业，采取电子问卷的方式，共收回有效问卷 218 份。

（六）化工物流中环境因素识别的结果

利用环境因素识别的方法，对化工物流环境因素进行识别，结果如下：

利用现场观察、面谈和运用问卷调查的方法，对化工物流办公场所的环境因素进行辨识，辨识结果归纳如表 5-2 所示。

表 5-2　环境因素调查及评价表（办公场所）

活动产品和服务	序号	环境因素	环境影响	时态/状态	是否符合法规	发生频率	影响范围	影响程度	社区关注程度	可改进程度	评价分	是否重要环境因素
电脑使用	1	光辐射	大气污染									
	2	电的使用	资源消耗									
	3	噪声排放	办公环境									
	4	热排放	大气污染									
	5	电脑维修废弃物	污染土壤/水体									
	6	电脑废弃	污染土壤/水体									
	7	电脑零部件废弃	污染土壤/水体									
	8	电脑附件废弃	污染土壤/水体									
	9	违章用电引起火灾	污染大气									
	10	电工器材老化和绝缘不良引起火灾	污染大气									

续表一

活动产品和服务	序号	环境因素	环境影响	时态/状态	是否符合法规	发生频率	影响范围	影响程度	社区关注程度	可改进程度	评价分	是否重要环境因素
					评价方法							
复印机的使用	11	光辐射	大气污染									
	12	墨粉使用	自然资源消耗									
	13	墨粉泄漏	大气污染									
	14	电的使用	资源消耗									
	15	臭氧排放	大气污染									
	16	噪声排放	办公环境									
	17	热排放	大气污染									
复印机的使用	18	复印机维修废弃物	污染土壤/水体									
	19	复印机废弃	污染土壤/水体									
	20	复印机零部件废弃	污染土壤/水体									
	21	违章用电引起火灾	污染大气									
	22	电工器材老化和绝缘不良引起火灾	污染大气									
	23	纸的使用	自然资源消耗									
	24	纸的废弃	土壤污染									
打印机的使用	25	墨盒废弃	污染土壤/水体									
	26	硒鼓废弃	污染土壤/水体									
	27	墨粉泄漏	大气污染									
	28	色带废弃	污染土壤/水体									
	29	电的使用	资源消耗									
	30	噪声排放	办公环境									
	31	热排放	大气污染									
	32	打印机维修废弃物	污染土壤/水体									
	33	打印机废弃	污染土壤/水体									
	34	打印机零部件废弃	污染土壤/水体									
	35	违章用电引起火灾	污染大气									
	36	电工器材老化和绝缘不良引起火灾	污染大气									
	37	纸的使用	自然资源消耗									
	38	纸的废弃	土壤污染									
电话使用	39	噪声排放	办公环境									
	40	电话废弃	污染土壤/水体									
	41	电池废弃	污染土壤/水体									

活动产品和服务	序号	环境因素	环境影响	时态/状态	评价方法							是否重要环境因素
					是否符合法规	发生频率	影响范围	影响程度	社区关注程度	可改进程度	评价分	
传真机的使用	42	墨粉使用	自然资源消耗									
	43	墨粉泄漏	大气污染									
	44	电的使用	资源消耗									
	45	噪声排放	办公环境									
	46	传真机维修废弃物	污染土壤/水体									
	47	传真机废弃	污染土壤/水体									
	48	纸的使用	自然资源消耗									
传真机的使用	49	纸的废弃	土壤污染									
	50	违章用电引起火灾	污染大气									
	51	电工器材老化和绝缘不良引起火灾	污染大气									
空调使用	52	氟里昂泄漏	大气污染									
	53	电的使用	资源消耗									
	54	噪声排放	办公环境									
	55	制冷废水排放	污染土壤/水体									
	56	热排放	大气污染									
	57	空调维修废弃物排放	污染土壤/水体									
	58	空调零部件废弃	污染土壤/水体									
	59	空调废弃	污染土壤/水体									
	60	违章用电引起火灾	污染大气									
	61	电工器材老化和绝缘不良引起火灾	污染大气									
办公照明	62	电的使用	资源消耗									
	63	光外泄	光污染									
	64	照明灯具废弃	污染土壤/水体									
	65	电线废弃	污染土壤/水体									
	66	修理废弃物处置	污染土壤/水体									
	67	违章用电引起火灾	污染大气									
	68	电工器材老化和绝缘不良引起火灾	污染大气									
卫生间的使用	69	电的使用	资源消耗									
	70	水的使用	自然资源消耗									
	71	废水排放	污染水体									
	72	废弃物排放	污染土壤/水体									

利用过程识别法、专家问卷以及文献查阅相结合的方法，对化工物流核心业务流程进行环境因素识别，结果如表5-3所示。

表5-3 化工物流环境因素调查及评价记录(工作场所)

活动、产品和服务	序号	环境因素	环境影响	时态/状态	评价方法							是否重要环境因素
					是否符合法规	发生频率	影响范围	影响程度	社区关注程度	可改进程度	评价分	
物资仓储过程	1	仓库电消耗	能源消耗									
	2	仓储物废气排放	大气污染									
	3	废纸箱	污染土壤/水体									
	4	废包装	污染土壤/水体									
	5	仓储物泄漏	污染土地									
	6	其他固废	污染土壤/水体									
		仓库扬尘	污染大气									
	7	违章用电引起火灾	污染大气									
叉车的使用	8	尾气排放	大气污染									
	9	热废气排放	大气污染									
	10	噪声排放	社区影响									
	11	油料消耗	能源消耗									
	12	电池消耗	能源消耗									
托盘缠绕膜机使用	13	电消耗	能源消耗									
	14	油料消耗	能源消耗									
	15	违章用电引起火灾	污染大气									
封包机使用	16	电消耗	能源消耗									
	17	油料消耗	能源消耗									
	18	违章用电引起火灾	污染大气									
热合机使用	19	电消耗	能源消耗									
	20	违章用电引起火灾	污染大气									
日常办公	21	废旧纸张消耗	污染土壤/水体									
	22	废光盘、磁盘处置	污染土壤/水体									
	23	生活废弃物排放	污染土壤/水体									
	24	办公废弃物排放	污染土壤/水体									
紧急情况	33	污水排放	污染土壤/水体 生态破坏									
	34	废气排放	污染空气									
	35	废料排放	污染土壤 生态破环									
	36	噪音污染	社区/办公环境									

活动、产品和服务	序号	环境因素	环境影响	时态/状态	评价方法							是否重要环境因素
					是否符合法规	发生频率	影响范围	影响程度	社区关注程度	可改进程度	评价分	
紧急情况	37	有害粉尘	污染大气									
	38	车辆违规鸣笛	噪音污染									
	39	车辆陈旧，发动机等零部件轰鸣声过大	噪音污染									
	40	在路面坑洼上行驶产生的震动辐射噪声	噪音污染									
	41	车身和空气相对运动而产生的气流噪声	噪音污染									
	42	道路上的车流量大小	噪音污染									
	43	汽车尾气排放超标	大气污染									
	44	行驶过程中的运输扬尘	大气污染									
	45	运输过程中包装破损导致化学气体外溢	大气污染									
	46	运输过程中发生事故导致燃烧产生大量有害气体	大气污染									
	47	大量黄标车还在投入运营中	大气污染									
	48	运输车辆油泄漏	污染水体/土壤/生态破环									
	49	大重型车辆变速地行驶在山谷地段，对路边土壤污染较重	污染水体/土壤/生态破环									
	50	危险化学品运输车辆在跨越桥梁段发生事故使危险化学品泄漏，污染地表水和水源地	污染水体/土壤									
	51	运输过程中汽车排放的尾气在空中聚集易形成酸雨	污染水体/土壤									
	52	未按指定运输路径	污染水体/土壤									
	53	车辆油料消耗	能源消耗									

三、化工物流中环境因素的评价

（一）化工物流中环境因素评价的目的

化工物流过程由于对象的特殊性，可能带来环境破坏，因此通过对化工物流中可能环境因素进行识别，同时对重要环境因素进行评价，通过评价特定环境因素对环境可能造成有害影响的程度，确保重要环境因素得到有效控制，最大限度地减少其对环境的不利影响。

确定那些对环境具有重大影响，或可能具有重大影响的重要环境因素，以确保在建立环境目标时，对与这些重大影响有关的因素加以考虑。

若干个要素集合在一起的系统是为实现一定的目标的，没有目标也就没有要素的集合，所以系统的目的性与集合性是联系在一起的。评价目标是评价的出发点，是评价目的的具体化。

（二）化工物流中环境因素评价的原则

（1）环境因素评价的客观性原则。在评价时，应保证提供的评价数据可靠，防止因主观因素作用而导致评价结果的偏差，同时对评价的结果应进行检查。

（2）评价方法的通用性原则。评价方法应适应于各类环境系统。

（3）评价方法的综合性原则。评价方法具有能反映评价对象各方面综合性指标的功能。不能仅仅反映评价对象某一方面的特征。

（4）评价方法的可行性原则。从评价方法的技术可行性、适用性、准确性、经济性和时效性等来看，方法是可行的。

（5）评价方法的协调性原则。某种具体评价方法是总评价系统的一个组成单元，各评价方法之间要能够兼容和协调。

（6）指标的可比性原则。所有评价指标参数必须切实能用数据反映其环境实际情况。

（7）评价结果的简明性原则。评价结果应该用综合的单一数学表达，由于评价时要考虑多方面的因素，因综合各种单一数学表达式的评价结果，才能真实地反映系统环境的实际情况。

（8）取值的适当性原则。线性参数的取值范围不应过大，否则，使用者无所依从，给该方法的推广带来困难。

（三）化工物流中环境因素评价的依据

1. 环境方面的评价依据

（1）环境影响的规模（范围）：对于化工物流企业而言，环境影响规模非常大。对于一般的化工物流仓储和包装而言，环境影响范围主要是一个厂区和一个仓库，而对于化工物流运输过程而言，运输涉及的范围非常大，具体范围要由每次物流运输的距离决定。

（2）环境影响的严重程度：对于化工物流过程中环境影响的程度，一般来说，正常状态的化工物流过程，环境影响严重程度和其他企业无异，但对于异常状态的化工物流而言，可能会带来非常严重的后果。因此在进行化工物流环境影响因素评价时，异常状态的评价是非常重要的。

（3）环境影响发生的概率（可能性）：这个数据的获得，化工物流企业一方面要参考企业以往的数据，更要参考行业数据，而且最好能够运用统计的方法进行分析。

（4）环境影响的持续时间：对于化工物流企业而言，环境影响持续时间可借鉴石化企业的统计数据。

2. 商业方面的评价依据

（1）环境法律法规的要求：化工物流涉及的法律法规众多，国家环境保护法是最基本的环境领域的法律法规。对于不同地区的化工物流企业而言，除了国家的环境法律法规外，还有一些区域性的规范需要遵守。在进行环境因素评价的时候，法律法规收集要足够全。

（2）改变环境影响的技术难度和经济费用：对于化工物流企业而言，正常工作状态的环境污染主要是空气和噪音污染。可能产生特别严重的环境污染的是在非正常状态下，比如发生事故的时候。由于化工物流对象的特殊性，可能给周边的环境带来严重影响，故为了使环境影响降到最低，应急预案的完善是关键。为了减少化工物流企业对环境的影响，要选用合格的车辆和仓储设施设备，这些都是企业为改变对环境影响的投入。另外对于企业来说，一个重要的投入就是应急设施设备的投入。

（3）相关方的利益：化工物流为减少环境影响，必然会加大投入，因此提供的服务，其服务成本必然上升。从服务对象方面来考虑，服务成本提升，必然带来最终供应链成本的增加，从而带来供应链提供产品成本的上升。但如果从整个社会角度来看，政府花在环境治理方面的成本降低了，人民群众对于环境的满意度提升了，从整个社会总成本来看，前期的投入是必要的。

（4）企业的公共形象：从企业形象角度来讲，一个负责任的企业形象是无价的。这种无价性体现在方方面面，从经济方面讲，因为企业的公共形象好，可能会吸引更多优秀的企业与之合作，给企业带来更多的商机。从社会角度讲，好的企业形象是企业的名片，政府会给予更多优惠政策，给予更多机会。

（5）能增强竞争力的商业机遇大小：由于企业在环境方面的投入，在商业竞争中可能会带来两方面问题，一方面由于投入增加，服务成本会增加，但投入会使企业形象更好，从而会吸引有社会责任感的企业，因此，从短期利益来讲，企业商业竞争力可能会下降，但长期来看，企业竞争力必然增强。

（6）因环境问题使组织存在的风险大小：从近年来的案例我们可以看到，有一些企业由于环境问题，一方面被政府列上黑名单，一方面被公众责难。企业生存空间缩小，企业生存风险加大。

在进行环境因素评价时，要把这两个方面的因素综合进行考量，实现企业环境因素评价的全面性。

（四）化工物流中环境因素评价的方法

环境因素评价方法按评价结果类型可将其分为定性评价方法和定量评价方法两种。

（1）定性评价方法包括：专家判断法、是非判断法、头脑风暴法等；

（2）定量分析法包括：打分法、多因素综合评分法、检测结果与标准对比法。

在分析化工物流环境因素的过程中，本次研究采用"定性是非判断法"和"多因素评分法"相结合的方式。

1. 定性是非判断法

优先选用定性是非判断法确定重要环境因素，原则如下：

（1）凡污染物排放违反国家、地方或行业环保法律法规的直接判定为重要环境因素；

（2）涉及潜在事故和紧急情况的直接判定为重要环境因素，如：火灾、爆炸；

（3）国家重点控制的危险化学品使用，危险废弃物处置直接判定为重要环境因素；

（4）对公司不可再生的能源资源消耗，依据公司的经营要求直接判定其中的某些项目为重要环境因素；

（5）相关方有严重抱怨或投诉的，或严重影响公司形象和利益的直接判定为重要环境因素。

2. 多因素综合评分法

组织在活动中产生的影响，往往还不能只用上述某一种方法来确定是否重要的环境因素，还需进行综合的评价，需要考虑多种影响因素来判断其优先次序，最终确定重要环境因素。环境因素影响的重要性评估没有绝对的标准或方法，在评估标准中，组织可以根据自身实际状况，有选择性的考虑相关的因素。

对于定性判断法筛选后剩余的环境因素，将采用多因素评分法，通过评价环境影响的范围、程度、发生频次、社区关注程度和可改进程度，判定其是否为重要环境因素。

需考虑的因子如表 5-4～表 5-10 所示。

（1）造成环境影响的规模和范围评价因子 a 如表 5-4 所示。

表 5-4 规模和范围评价因子

环境影响的规模与范围		（a=1～5）
Ⅰ	全球性严重破坏	5
Ⅱ	国家范围的破坏	4
Ⅲ	超出社区性破坏	3
Ⅳ	周围社区性破坏	2
Ⅴ	场界内破坏（或无）	1

（2）造成环境影响的严重程度评价因子 b 如表 5-5 所示。

表 5-5 严重程度评价因子

环境影响的严重程度		（b=1～5）
Ⅰ	严重	5
Ⅱ	一般	3
Ⅲ	轻微	1

（3）造成环境发生改变的频率评价因子 c 如表 5-6 所示。

表 5-6 频率评价因子

发 生 频 率		（c=1～5）
Ⅰ	每日一次～持续时间	5
Ⅱ	每周一次～每日一次	4
Ⅲ	每月一次～每周一次	3
Ⅳ	每年一次～每月一次	2
Ⅴ	一年以上一次	1

（4）污染物排放与法律、法规要求的符合情况评价因子 d 如表 5-7 所示。

表 5-7 符合情况评价因子

法律法规符合情况		（d=1～5）
Ⅰ	超标	5
Ⅱ	接近超标	3
Ⅲ	达标	1

（5）环境影响的社区关注度评价因子 e 如表 5-8 所示。

表 5-8　社区关注度评价因子

公众和媒体的关注程度		（e=1～5）
I	社区极度关注	5
II	地区性极度关注	4
III	地区性关注	3
IV	地区性一般关注	2
V	不为关注	1

对污染物及噪声的评价：

① 当 a 或 b 或 d=5 时，或 $\sum(a+b+c+d+e)\geqslant15$ 时，一般定为重要环境因素；

② 其中：a 或 b 或 d=5 时，或 $\sum(a+b+c+d+e)\geqslant20$ 时，一般定为紧急优先项；

③ $\sum(a+b+c+d+e)\geqslant15$ 时，定为高度优先项；

④ $\sum(a+b+c+d+e)\geqslant10$ 时，定为中度优先项；

⑤ $\sum(a+b+c+d+e)<10$ 时，定为一般项。

（6）能源、资源的消耗量评价因子 f 如表 5-9 和表 5-10 所示。

表 5-9　消耗量评价因子 a

等　级	万元产值年消耗量	分　值 a
I	大	5
II	中	3
III	小	1

表 5-10　消耗量评价因子 b

等　级	可节约程度	分　值 b
I	加强管理可明显见效	5
II	改造工艺可明显见效	3
III	较为节约	1

对能源、资源的评价

a=5 或 b=5 或 $\sum(a+b)>7$ 者为重要环境因素。

环境因素的识别和评价方法各有利弊，在实际应用时，应根据企业自身的生产特点和性质进行选择和组合。尤其对于石油化工企业，其活动、产品、服务的规模较大、种类繁多，仅用一种方法很难做出完整、全面的环境因素识别和评价，更应该选用多种方法配合使用。国际上的环境因素识别评价惯例是：以生命周期理论为指导，以物料衡算法和过程分析法作为基础，确定要分析的活动、产品和服务。

（五）化工物流中的关键环境因素

企业在完成了环境因素识别之后，依据对环境产生影响的程度，按重大环境因素评价矩阵评价出该企业的重大环境因素。为合理控制这些重大环境因素，我们对每个筛选出的环境因素——进行分析评价，评价其控制现状及可控能力，主要考虑其对环境的危害程度及持续改进的技术经济可行性，在技术、财务状况、运行和经营条件许可的情况下，确定需优先控制的重大环境因素，制定相应的目标、指标和管理方案。

1. 基于矩阵法的重大环境因素评价

对于识别出来的环境因素，用《重大环境因素评价矩阵表》分部门进行评价。依据ISO14001 标准以及各企业环境方针的要求，按重大环境因素产生重大环境影响的思路，同时根据技术、经济上控制这些环境因素的能力分析，兼顾重大环境因素制定目标、指标、管理方案的可行性，结合各企业特点，评价重大环境因素，具体如表 5 - 11 所示。

表 5 - 11   重大环境因素评价矩阵

	违反法律、法规、标准（一类）	潜在危害健康或存在安全隐患（二类）	向环境排放污染物质（三类）	浪费资源、能源（四类）	影响企业形象、受相关方关注（五类）	可持续改进逐渐替代使用绿色产品（六类）	其他
无/低费投资，加强管理即可以改进或控制（一级）	●	○	○	○	○	○	—
进一步改进的技术可行，有投资保证可实现（二级）	●	○	○	○	▲	△	—
近期（一、二年内）改进有难度（技术不成熟或投资较高）（三级）	●	▲	▲	▲	△	△	—
只能列为远期目标，技术、经济均暂不可行（四级）	●	△	△	△	△	△	—

注：●—特别重大环境因素；○—重大环境因素；▲—一般环境因素；△—未来环境因素。

表格使用说明：

将环境因素分成若干类，示意如下：

第一类：违反法律、法规、标准；

第二类：潜在危害健康或存在安全隐患；

第三类：向环境排放污染物质；

第四类：浪费资源、能源；

第五类：影响企业形象、受相关方关注；

第六类：可持续改进，逐步替代，使用绿色产品。

各公司还可根据自身特点来划定类别。按技术上进行改进的可行性及经济投入，特别是能够强化管理及在运行中控制，分类如下：

第一级：无/低费投资，加强管理即可改进或控制；

第二级：进一步改进的技术可行，有投资保证可实现；

第三级：近期(一、二年内)改进有难度(技术不成熟或投资较高)；

第四级：只能列为远期目标，技术、经济均暂不可行。

综合评价出：

(1) 凡属第一类的为特别重大环境因素，应第一批控制；

(2) 凡属第一级第二、三、四类和第二级的，为重大环境因素，应其次控制；

(3) 凡属第三级第二、三、四类和第二级第五类的，为一般环境因素；

(4) 其他未来条件许可后改进的。

重大环境因素经制定目标、指标、管理方案及进行运行控制之后，需第一批控制的环境因素如果得到解决，本着持续改进的方针，体系运行的下几个周期将第二、三、四批控制的环境因素上升为第一、二、三批控制因素(见表5-11)

2. 基于"人-机-料-法-环"识别化工物流中的重大环境因素

在第二节的环境因素识别中，根据全面识别的要求，从环境因素三种状态、三种时态、八种类型进行了识别。

识别出来的环境因素，如果都进行控制显然是不现实的，因此在识别环境因素的基础上，还应该根据化工物流的特点，进行关键环境因素识别。

考虑到化工物流企业之间相差也比较大，在本研究过程中，将重点针对化工物流中的运输类企业和仓储类企业进行识别，并为后续的关键环境因素控制做好准备。

为了全面识别化工物流中的环境因素，本研究将采用系统工程的方法，从"人-机-料-法-环"五个维度出发，在各个维度中，将上文的矩阵法和专家打分法结合进行识别，识别结果见表5-12。

表 5 - 12　　化工物流关键环境因素调查及评价记录

活动、产品和服务	序号	环境因素	环境影响	时态/状态	评价方法							是否重要环境因素
					是否符合法规	发生频率	影响范围	影响程度	社区关注程度	可改进程度	评价分	
物资仓储过程	1	仓库电消耗	能源消耗									
	2	仓储物废气排放	大气污染									
	3	废纸箱	污染土壤/水体									
	4	废包装	污染土壤/水体									
	5	仓储物泄漏	污染土地									
	6	其他固废	污染土壤/水体									
		仓库扬尘	污染大气									
	7	违章用电引起火灾	污染大气									
叉车的使用	8	尾气排放	大气污染									
	9	热废气排放	大气污染									
	10	噪声排放	社区影响									
	11	油料消耗	能源消耗									
	12	电池消耗	能源消耗									
托盘缠绕膜机使用	13	电消耗	能源消耗									
	14	油料消耗	能源消耗									
	15	违章用电引起火灾	污染大气									
封包机使用	16	电消耗	能源消耗									
	17	油料消耗	能源消耗									
	18	违章用电引起火灾	污染大气									
热合机使用	19	电消耗	能源消耗									
	20	违章用电引起火灾	污染大气									
日常办公	21	废旧纸张消耗	污染土壤/水体									
	22	废光盘、磁盘处置	污染土壤/水体									
	23	生活废弃物排放	污染土壤/水体									
	24	办公废弃物排放	污染土壤/水体									
紧急情况	33	污水排放	污染土壤/水体生态破环									
	34	废气排放	污染空气									
	35	废料排放	污染土壤生态破环									
	36	噪音污染	社区/办公环境									
	37	有害粉尘	污染大气									

续表

活动、产品和服务	序号	环境因素	环境影响	时态/状态	评价方法							是否重要环境因素
					是否符合法规	发生频率	影响范围	影响程度	社区关注程度	可改进程度	评价分	
物资运输作业		车辆油料消耗	能源消耗									
	38	车辆违规鸣笛	噪音污染									
	39	车辆陈旧，发动机等零部件轰鸣声过大	噪音污染									
	40	在路面坑洼上行驶产生的震动辐射噪声	噪音污染									
	41	车身和空气相对运动而产生的气流噪声	噪音污染									
	42	道路上的车流量大小	噪音污染									
	43	汽车尾气排放超标	大气污染									
	44	行驶过程中的运输扬尘	大气污染									
	45	运输过程中包装破损导致化学气体外溢	大气污染									
物资运输作业	46	运输过程中发生事故导致燃烧产生大量有害气体	大气污染									
	47	大量不符合条件的运输车辆还在运营中	大气污染									
	48	运输车辆油泄漏	污染水体/土壤/生态破环									
	49	大重型车辆变速地行驶在山谷地段，对路边土壤污染较重	污染水体/土壤/生态破环									
	50	危险化学品运输车辆在跨越桥梁段发生事故使危险化学品泄漏，污染地表水和水源地	污染水体/土壤									
	51	运输过程中汽车排放的尾气在空中聚集易形成酸雨	污染水体/土壤									
	52	未按指定运输路径	污染水体/土壤									

四、化工物流中关键环境因素的管控研究

通过采用第四节的评价方法，可以对化工物流中现有的环境因素进行识别和评价，评价的目的是为了控制这些环境因素，减少其对环境的影响。特别是对关键环境因素的控制，更是环境因素控制的关键所在。对于化工物流中关键环境因素的管控，必须从企业、政府和社会三个角度下功夫。

（一）企业角度

目前我国危险化学品化工企业拥有自己的专职救援队伍，尤其是中石油、中石化、中海油三大石油集团，都拥有数量较多的、装备精良的救援队伍，在危险化学品事故救援中扮演不可或缺的角色，地域临近企业普遍达成了有效协议。但我国化工协会在推动危险化学品企业应急互助救援网络建设方面起步较晚，还存在企业重视度不够，自律不强的现象。企业必须加强内部的应急系统，投资相关费用。落实应急预案的制定和应急救援的设备、装置、物资、经费等。而针对化工物流企业，由于很多都是规模很小的企业，在应急救援方面投入很少，这给化工物流的环境因素管控带来一定困难。

一般来说在化工物流中，对于重要环境因素，一般依据其性质、影响的严重程度及公司的技术经济条件，通过三种途径进行控制，制定环境目标指标和管理方案、运行控制、应急准备和响应措施。具体如下：

（1）制定环境目标和方案时，应该明确实现环境目标与指标的具体措施和方法，即要明确实施的步骤、时程、责任人等，同时，应该定期对实施的效果进行追踪确认，保证其有效开展。

（2）运行控制也是管理重要环境因素的手段之一，如对废水、废气、固体废弃物等的配方，制定相关的程序文件，严格要求人员依规定的流程和方式作业，使各项环保设施正常运转，尽量避免发生其他异常或紧急的情况，从而使重要的环境因素得到有效控制，从而减少或消除重大环境影响。

（3）由于事故和紧急情况多数具有突发性、随机性、影响的严重性，因此涉及到此类的环境因素时，必须制定相应的应急预案，预案应考虑以下内容：包括对紧急情况或者类型的规模预测、处理紧急情况或者事故的最适当方法、把环境灾害降到最低的措施、人员和救援机构、人员的培训等内容。应急预案应定期实施演练，以提高人员的素质，提高应对突发状况的处置能力，确保面对真实事故时各级人员可以沉着应对、迅速处理、抑制事故的扩大，降低事故的影响。

若干项环境因素通过应急准备和响应系统实现信息共享，如果发生紧急事故，第一时间可以实现现场救援。

化工物流中的应急预案是必不可少的，通过信息化手段，把关键影响因素整合到一个平台上进行管理控制，是进行化工物流关键环境因素管控的有效手段。当然在化工物流中，关键环境因素同时也一定是危险源，对二者进行统一管控，就是化工物流企业的 HSE 一体化管理问题，具体可采用图 5-3 的方案进行操作。

该系统几个模块独立运作，也可与企业中的其他管理系统同时运作，实现管理一体化。

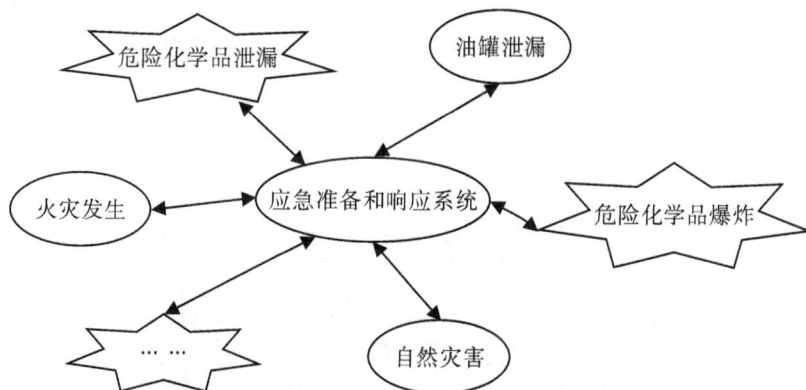

图 5-3　化工物流中的 HSE 应急和响应系统图

（二）政府角度

对于危险化学品的生产与运营，政府首先要做的事情就是制定相应的规章制度，让企业有章可行，有法可守。国内目前已经制定了不少法律法规，比如《中华人民共和国安全生产法》、《危险化学品安全管理条例》等一系列规章制度。这些规章制度在保障危险品生产和运营方面起了重要作用，但随着经济的发展和时代的进步，有一些制度必须及时更新。

另外一方面，目前在危险化学品事故救援方面还存在不少问题，地方政府、国务院有关部门和相关单位在危险化学品事故应急救援工作上的职责不明确，尤其缺乏法律、法规上的明确规定，国家层面上的协调组织，对造成重大社会危害的化学事故难以实施有效救援和实行统一指挥。因此国家必须加强统一指挥，建立专业、强大的危险化学品运输事故救援队伍，投入功能齐全的危险化学品事故救援装备，形成协调统一的危险化学品运输应急机制。

一般来说，为了执行的方便，都是各区域建立自己的救援系统。一般区域应急救援体系的构成如图 5-4 所示。它由区域应急救援预案和单位应急救援预案组成。其中单位应急救援预案是整个区域应急救援体系的基础，区域应急救援预案涉及范围广，是更宏观的预案，它应整合各单位的应急救援预案于其中。

建立区域应急救援体系应考虑的主要因素：

（1）生产经营单位应急救援组织。有重大危险源或事故隐患的生产经营单位应参与制定区域应急救援计划，指定应急协调人员，确保所有在应急中需发挥作用的组织和人员了解整个应急救援计划。为区域应急救援计划的编制提供包括现场事故的可能性、对生产经营单位周围的潜在危害以及事故后果和相关可能性等信息，及时向负责制定区域应急计划的部门通报设施中或现场的危险物质的变化情况。生产经营单位还应该向可能参与应急活动的外部组织提供技术咨询，使这些外部组织通晓应急计划。区域应急救援计划应与生产经营单位应急救援计划的演练结合起来进行操练，并根据演练中所获得的经验更新计划。

除上述部门的职责外，凡涉及到的其他部门，如水电部门、燃气部门、交通部门等，也应根据其社会功能特点设定其应急救援职责。

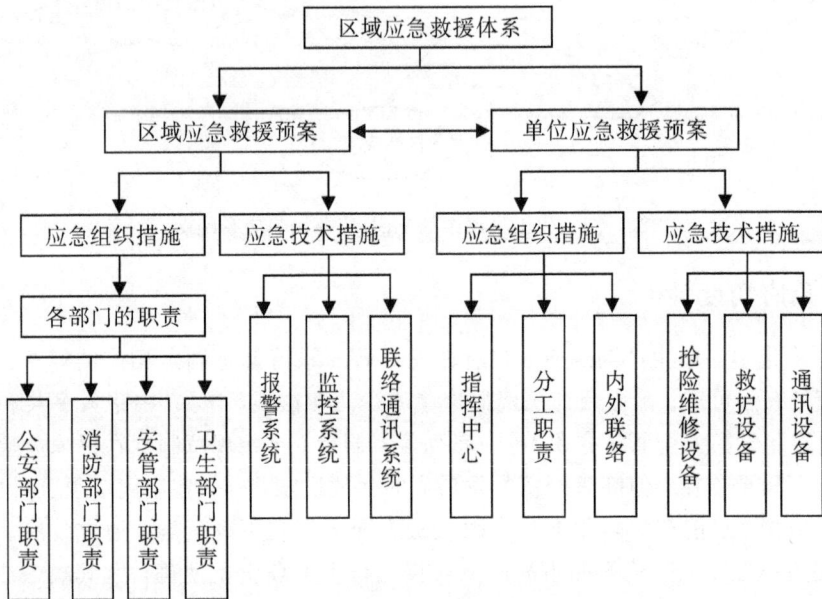

图 5-4　区域应急救援体系

（2）应急救援技术措施系统。区域应急救援技术措施主要包括两方面，一是各部门履行其应急救援职责所需的设备和设施，如消防部门的消防设施、卫生部门的医疗救护设施等，通常由各部门解决；二是公共技术措施系统，主要包括联络通讯系统、公众警示系统、危险监控系统等，通常由政府统筹建立。

（三）社会角度

从企业层面来看，环境因素的控制有如下几种方法：

1. 源头控制

环境因素应从源头进行控制。如工业设计应尽量符合环保要求，提高性能与能耗比，降低材料消耗定额和污染物排放量；生产工艺应尽可能减少有害物质和污染物质的使用和排放，实现无害材料代替，减少事故发生；产品包装应尽量简化并使用环保型包装材料，废弃的产品应在说明书中标明其对环境的影响以及处置方法，并在产品或包装上印刷相应标记或提供 MSDS 数据。

2. 对相关方施加影响

行政或技术管理部门在进行环境因素识别时，不能只考虑其办公活动存在的环境因素，如生活垃圾、生活污水、计算机辐射等，还要考虑在其管理职能范围内可施加影响或可控制的环境因素，如工程技术部门应将情节生产工艺的设计考虑进来，如基建管理部门应将可控制的相关方如工程承包方的环境因素考虑进来，而不是只考虑本部门可施加影响的环境因素。这些环境因素并非由本部门经营活动直接产生，但都是相关部门可施加影响可控制的。

3. 重要环境因素控制

对评价确定出的重要环境因素进行分析，明确其影响类型及部门的分布情况，在考虑到法规、技术、财力、运行经营、相关方等的基础上，按照 GB/T24001－2004 要求，通过制定的 4.3.3 目标、指标和方案，必要的 4.4.6 运行控制程序，4.4.7 紧急时刻的应急预案，以及 4.5.1 对具有重要环境影响的关键特性进行检测和测量，最终达到对环境因素的有效控制。

4. 环境因素的更新

由于企业内外部环境和社会对企业的要求都在不停的发展和变化，使得企业的环境因素也在不断变化，因此应对环境因素实施动态管理。一般情况下，每年至少进行一次环境因素的更新确认：遇到特殊情况，如企业的生产经营发生重大变化、发生了严重的环境事件等，需要立即对相关的环境因素进行重新识别、评价，修订重要环境因素及其管理措施。而国标 GB/T24001－1996 标准 4.3.1"环境因素"条款规定："组织应及时评审更新这方面的信息"。也就是说环境管理体系运行一个时期以后，企业应根据变化了的情况进行环境因素再识别、再评价。根据重新识别、评价重要环境因素，实施日常管理和控制。

5. 化工物流中 HSE 人员的培养

由于化工物流行业发展历史较短，目前国内化工物流行业的从业人员多是从其他行业转化而来，这些人员对于危险化学品的基本知识了解很少，工作过程中经常采用的办法还是一般物流中的方法，这给危险化学品物流带来了很大的隐患。在一些管理规范的大公司，对于员工的健康、安全与环境管理，都是放在很高的位置，从业人员一般具有多年的经验。

而对于国内的化工物流来说，一般专业人才都很少，更别说专业的 HSE 人才了。

　　HSE 人才的培养过程中，一方面需要理论的学习，更重要的一个方面是需要到企业中进行实践。一般的理论只是包括：安全系统工程知识、一般危险源理论、危险源辨识理论、各种安全系统的分析方法、危险源控制理论、环境因素理论、环境因素识别流程、环境因素识别方法、环境因素管理理论、环境因素控制流程等等。要想真正成为一个优秀的 HSE 人才，除了一般的理论学习外，还需要到实践中磨练，分析一个个现存的案例，或者到企业一线去学习，了解现场的处理。然后再结合理论知识，思考其中的关键点，做好对应的控制与处理措施。

五、本章小结

　　对于化工物流中的 HSE 管理而言，其中的环境管理控制是重要一环，而对于环境管控而言，环境因素识别是一切问题的基础。只有把化工物流过程中的环境因素识别准确齐备，才能保证后续环境管控的有效性。在环境因素这个源头就不能够识别正确，后续的环境因素评价与控制就成为无源之水。

　　本章详细分析了环境因素的相关概念，包括环境因素的特点和环境因素对于环境影响的重要作用。在此基础上更是有针对性地对化工物流中的环境因素进行了识别和评价。并运用安全系统工程的分析方法（人-机-料-法-环法）分析了化工物流中的关键环境因素，在识别化工物流的关键环境因素的基础上，提出了对化工物流中的关键环境因素进行评价的方法，分析了这些方法的使用范围和优缺点，在评价环境物流环境因素的基础上，提出了从企业、政府、社会三个维度解决化工物流中的环境问题。

　　作为政府主要从制定法律法规角度，企业主要从操作运营层面，而对于社会应从多维、多角度努力实现对化工物流中关键环境因素的管控。

　　第三、四、五章分别从不同角度研究了化工物流的健康、安全与环境问题，下一章将研究化工物流中 HSE 体系建立的问题。

第六章　HSE 管理体系在化工物流中的应用研究

　　HSE 管理体系是石化企业对其生产经营活动事前进行风险分析，确定其自身活动可能产生的危害及后果，从而采取有效的防范手段和控制措施，以防止事故发生，减少可能造成的人员伤害、财产损失和环境污染的一种常用管理方法。HSE 管理体系不但在化工生产过程中发挥着重要作用，在化工物流过程中亦发挥着重要的作用。在化工物流运营过程中，一方面要考虑化工物流可能给员工健康、安全带来的影响，另一方面，如果稍有不慎，可能对环境造成灾难性的影响，因此还要考虑化工物流对周围环境的影响。对于化工物流企业而言，建立适合自身发展的职业健康安全与环境管理体系（HSE 管理体系）显得格外重要。目前很多石化企业，已经根据自身实际情况，建立了企业的职业健康安全与环境一体化管理体系。

　　本章将围绕 HSE 管理体系在化工物流过程中的建立与应用展开研究。在开始这一主题之前，我们首先研究一下 HSE 管理体系的发展现状和未来趋势。

一、HSE 管理体系发展现状分析

　　皇家壳牌石油公司是世界上最早建立 HSE 管理体系的石油化工企业之一，1991 年，壳牌公司颁布了一个将健康（Health）、安全（Safety）与环境（Environment）管理纳入一体化管理体系（HSE）的方针指南；1996 年 1 月，国际标准化组织石油石化设备材料与海上结构标准化技术委员会 ISO/TC67 的 SC6 分委会发布了 ISO/CD14690《石油和天然气工业健康、安全与环境管理体系》；1997 年 6 月，中国石油天然气总公司参照 ISO/CD14690 制定了企业标准 SY/T 6276－1997《石油天然气工业健康、安全与环境管理体系》、SY/T 6280－1997《石油地震队健康、安全与环境管理规范》、SY/T 6283－1997《石油天然气钻井健康、安全与环境管理指南》标准；2001 年 2 月，中国石化集团公司发布了《中国石油化工集团公司安全、环境与健康（HSE）管理体系》、《油田企业安全、环境与健康（HSE）管理规范》、《炼油化工企业安全、环境与健康（HSE）管理规范》、《施工企业安全、环境与健康（HSE）管理规范》、《销售企业安全、环境与健康（HSE）管理规范》和《油田企业基层队 HSE 实施程序编制指南》、《炼油化工企业生产车间（装置）HSE 实施程序编制指南》、《销售企业油库、加油站 HSE 实施程序编制指南》、《施工企业工程项目 HSE 实施程序编制指南》、

《职能部门 HSE 职责实施计划编制指南》等一系列 HSE 管理文件，形成了系统的 HSE 管理体系标准。从国内外石化企业的管理实践来看，HSE 管理作为一个新型的健康、安全与环境管理体系得到了世界大多数石油石化公司的认可，从而成为石化企业共同遵守的行为准则。

实施 HSE 管理已成为国际上对石化企业的普遍要求，也是国际石化企业通用的管理方法。这些企业通过实施 HSE 管理体系，对生产设施、防护措施、作业规程进行规范，试图通过科学的事前风险预防，控制事故的发生；同时，它们对作业人员实行责任关怀（Responsible Care），对生产、物流作业人员进行严格的培训，推行严格的作业标准，减少个人和公共安全事故的发生。随着外资石化企业在国内的发展，它们在选择物流服务供应商时，HSE 管理体系常常被作为考察供应商的一个条件。另一方面，开展 HSE 管理也是国际市场准入的必要条件之一。我国石化企业实施"走出去"战略，与国际石化企业进行合作，也需要遵守国际石化企业通行的"游戏规则"。

可见，国内化工物流服务企业建立起适合自身特点的 HSE 管理体系显得非常必要。从更广泛的意义上讲，凡是有下列愿望的组织，都可以建立 HSE 管理体系：

（1）建立职业健康安全与环境管理体系，消除或减少因组织的活动而使员工和其他相关方可能面临的职业健康与安全风险。

（2）实施、保持并改进职业健康安全与环境管理体系。

（3）能够符合自身所声明的职业健康安全与环境方针。

（4）向外界展示这种符合性。

（5）寻求外部组织对其职业健康安全与环境管理体系的认证、注册。

（6）对符合本标准的情况进行自我鉴定和自我声明。

（一）HSE 管理体系的基础

1. HSE 管理体系的概念

"HSE"是健康（Health）、安全（Safety）和环境（Environment）管理体系的简称，HSE 管理体系是将组织实施健康、安全与环境管理的组织机构、职责、做法、程序、过程和资源等要素整合起来的有机整体，这些要素通过先进、科学、系统的运行模式有机地融合在一起，相互关联、相互作用，形成动态的管理体系。

H——健康（Health）。健康是指人体没有疾病，心理和精神上保持一种完好状态。对劳动者来讲，健康是最基本的要求。随着生产力发展和经济水平的提高，人们对健康的要求也随之提高。

S——安全（Safety）。安全是指人们在活动过程中努力改善劳动条件，消除不安全因素，从而避免安全事故的发生，使组织的活动在保证员工生命安全和企业财产不受损失的前提下顺利进行。

E——环境(Environment)。环境是指与人类密切相关，影响人类生活和生产活动的各种自然力量或作用的总和，包括各种自然因素的组合以及人类与自然之间形成的生态关系的组合。构成环境的基本要素有空气、水、土地、自然资源及各类生命形式及其相互转化的关系和作用。

HSE 管理体系是近些年国际石油天然气工业通行的管理体系，它的形成和发展是石油勘探开发领域多年生产与管理经验的结晶，集各国同行经验之大成，突出了预防为主、领导承诺、全员参与、持续改进的科学管理思想，是石油天然气工业实现现代管理，走向国际大市场的通行证。

2. HSE 管理体系的特点

HSE 管理体系有其固有的特点，具体表现在：

（1）先进性。HSE 管理体系宣传和贯穿始终的理念是先进的，如：从员工的角度出发，注重以人为本，注重全员参与等；它拥有一系列先进的、行之有效的管理方法，如 PDCA循环、SCA 法、JHA 法、WI 法、HAZOP 法、马尔可夫方法等。它在职业健康、安全与环境管理领域走在了世界前列，代表了石化行业未来的发展趋势。

（2）系统性。HSE 管理体系本身就是一个大系统，通过这一系统，使各要素有机结合，并由此形成各种体系文件，包括手册、程序文件、作业文件等，构成一个层次分明、相互联系的文件体系。系统性是 HSE 管理体系的固有特点，要求各要素之间条理清晰、密切联系、有机结合，否则就无法构成一个有效的、富有生命力的体系。

（3）预防性。危害辨识、风险分析与评价是 HSE 管理体系的精髓所在，充分体现了"预防为主"的方针。实施有效的风险分析、评价和控制措施可实现对事故的超前预防和生产作业的全过程控制，真正起到预防事故、保护员工健康的作用。该体系从制度上、运行上规范了企业的预防性安全工作，言之有物，使职业健康、安全以及环境风险的管理不再是空洞的说教，而是一套切实可行的科学做法。

（4）可持续改进和长效性。HSE 管理体系的一个基础理念是持续改进，不断地发掘、改进组织生产、管理过程中的不足之处，优化组织的生产运作。而实现持续改进的基本方式是对职业健康、安全与环境管理过程中"策划（Plan）、实施（Do）、监测（Check）、评审（Action）"的 PDCA 循环的强调，这是一种保持组织持续进步的长效机制，使组织的健康、安全与环境管理成为一个循环往复、螺旋上升的过程。

（5）自愿性。HSE 管理标准本身是推荐执行标准，非强制性标准。企业建立 HSE 管理体系非政府要求，而是国际国内市场驱动下的自愿行为。建立 HSE 管理体系可以使企业管理走上科学化、规范化、国际化轨道，更好地保护员工和社会的利益，更好地履行企业的社会责任，帮助企业树立良好的企业形象，从而保障企业持续的竞争优势。因此，越来越多的企业开始主动地推行并认证 HSE 管理工作。

（二）建立 HSE 管理体系的指导原则

1. 继承和发展的原则

建立 HSE 管理体系，需要处理好企业现行的安全管理办法与新的 HSE 管理体系的关系。HSE 管理体系不是在"一张白纸"上建立的，它需要调整、优化、整合、完善现有的职工健康、安全生产以及环境保护方面分散的管理制度，实现健康、安全、环境的一体化、系统化管理，HSE 管理体系不能取代现有的行之有效的安全生产管理制度。

2. 第一责任人的原则

随着人本主义以及环境保护理念的深入人心，人们越来越重视健康、安全以及环境保护工作，HSE 管理在现代管理中的地位愈来愈突出，已成为国际石油石化工业的发展战略之一。HSE 管理体系强调最高管理者的承诺和责任，企业的最高管理者是 HSE 管理的第一责任者，对企业开展 HSE 管理有形成文件的承诺，并确保这些承诺转变为人、财、物等资源的支持；同时，各级管理者还要通过本岗位的 HSE 管理表率，树立行为榜样，不断强化和奖励正确的 HSE 行为。

3. 全员参与的原则

HSE 管理体系立足于全员参与，突出"以人为本"的思想。体系规定了各级机构、部门和人员的 HSE 职责，强调公司内各级机构、部门和全体员工必须落实 HSE 职责；公司的每位员工，无论身处何时何处，都有责任把 HSE 事务做好，并通过审查考核，不断提高公司的 HSE 业绩。

4. 重在预防的原则

在集团公司的 HSE 管理体系中，风险评价和隐患治理、承包商和供应商管理、装置（设施）设计和建设、运行和维修、变更管理和应急管理这 5 个要素的着眼点都是预防事故的发生。其中，风险的识别、评价是 HSE 管理工作的基础，是预防各类风险发生的前提性工作。此外，体系还特别强调企业的高层管理者必须从设计环节开始抓企业的 HSE 管理，认真落实设计部门高层管理者的 HSE 责任；强调设计人员要具备 HSE 管理的相应资格，设计的健康、安全、环保设施和设备要经过 HSE 相关部门的会签批复，施工图纸应经过 HSE 相关部门的审查批准。

5. 以人为本的原则

HSE 管理体系强调公司所有的生产经营活动都必须满足 HSE 管理的各项要求，突出了人的因素对于企业绩效、发展、成功的重要作用。一方面，开展 HSE 管理是为了给员工提供一个健康、安全、环保的工作环境；另一方面，这种健康、安全、环保的工作环境的建立，需要依靠人的参与，这有赖于组织培训系统的建立并借此对人员的知识、技能、能力进行培训、测评，以保证组织 HSE 管理水平的提高。

6. 强化考核的原则

HSE 管理体系要求企业的各级机构、部门建立起 HSE 业绩管理及监督考核程序，对不同层次的管理人员及执行人员进行 HSE 业绩考核；实行责任制，使 HSE 工作的开展情况与相关人员的绩效考核挂钩。

7. 持续改进的原则

HSE 管理体系强调通过计划→实施→检查→改进 4 个阶段，即 P（Plan）→D（Do）→C（Check）→A（Action）循环，实现管理水平的持续改进和组织绩效的持续提升，不断完善组织的 HSE 管理体系，实现 HSE 管理的螺旋上升。

8. 一体化管理的原则

HSE 管理体系本身是综合性的，它强调对企业的经济价值、社会价值、环境价值的综合考量，在其间寻求一种平衡，通过一体化管理，使集团公司的经济效益、社会效益和环境效益有机地结合在一起。

9. 独立审核的原则

独立审计是对企业的 HSE 管理工作绩效进行评价的重要形式。通过独立审计，我们可以发现企业的 HSE 管理工作存在哪些问题，需要做出哪些改进。它要求集团公司下属企业应按适当的时间间隔对 HSE 工作进行审核和评审，以确保其持续的适应性和有效性。

（三）HSE 管理体系与传统的健康、安全和环境管理体系的差别

HSE 管理体系贯彻了"以人为本、预防为主"的思想，体现了全员、全过程、全方位抓健康、安全、环境管理的原则，对提高健康、安全、环境管理水平发挥着重要的作用。HSE 管理体系与传统的健康、安全、环境管理有较大的差别。由于中国加入 WTO 和石油石化企业全面实施 HSE 管理体系的需要，有必要认识 HSE 管理体系的新理念，以端正的态度，采取积极的行动，更好地实施 HSE 管理体系，提高企业管理水平。

（1）从分别而治的行政管理，转变到体系管理上来。传统的健康、安全与环境管理是分立的，未形成体系。在实际工作中三者有着密切的联系，统一于企业管理的实践中。实施 HSE 管理体系，需要依据管理学的原理，将健康、安全与环境管理一体化、系统化，建立一个动态循环的管理框架，以持续改进的思想，指导企业系统地实现既定目标。

（2）从领导发号施令，转变到领导承诺、以身作则、树立表率上来。传统安全管理中，领导干部往往是发号施令。有的单位领导对安全工作"说起来重要，干起来次要，忙起来不要"；有的领导错误地认为出了事故是安全部门的事情，忽视了自身的领导责任。HSE 管理强调最高管理者的承诺和责任，强调各级管理者要通过岗位的 HSE 表率，树立正确的行为榜样。

（3）从下达伤亡事故指标，转变到"零事故"的思维模式上来。过去企业往往对下属单位下达伤亡事故指标，这样做有一定的负面影响。制定的伤亡指标往往缺乏科学的依据，再者，从逻辑上讲，伤亡指标的存在就是允许伤亡；但在法律上，任何人为原因造成的伤亡都是犯罪。伤亡指标在一定程度上使"三违"现象合法化，给事故的责任者推脱责任提供了依据。根据 HSE 管理体系的理念，任何事故都是可以预防、可以避免的，在企业的健康、安全和环境风险管理中，应当树立"零事故"的理念。

（4）从国家主义，转变到"以人为本"的管理思想上来。传统的管理观念过分强调国家、组织的利益，弱化了个人利益。HSE 管理体系坚持以人为本的理念，强调在企业管理中应当把人放在首位，首先要保证人的健康、安全，保证人的生活和工作环境的优化；另一方面，HSE 管理体系强调在健康、安全、风险的管理过程中，应当依靠每个员工，提高员工的内在素质，最大限度地调动人的主观能动性。

（5）从开展安全检查，转变到实施风险评价、积极预防的方针上来。HSE 管理是一种事前进行风险分析，确定自身活动可能发生的危害和后果，从而采取有效的防范手段和控制措施的管理方式。风险评价要有预见性和前瞻性，对潜在的风险做出充分评估。随着工程项目的变更，要不断进行风险评价，针对项目的风险管理、应急预案等内容，进行继续的细化和补充。

（6）从内部监督，转变到建立异体监督机制上来。HSE 管理强调监督、审核的独立性，要求在现有安全管理体制的基础上，分类型、分步骤完善健康、安全环境管理的监督机制，实施 HSE 管理和监督两条线制度。企业应设立 HSE 总监，基层部门设立 HSE 监督员，重大、关键项目派驻 HSE 监督员；同时，发挥企业外部的独立监测机构、社会组织、新闻媒体等的监督作用。通过实施异体监督和关键环节作业许可制度，逐步完善 HSE 约束机制，树立 HSE 监督的权威，促使 HSE 工作管理到位、监督到位、责任到位。

（7）从注重隐患治理，转变到抓设计源头、积极预防上来。传统的安全管理虽然注重对隐患的排查、防控，但却是滞后的、被动的，从一些事故隐患整改的情况看，一部分事故隐患是由于原设计不足和缺陷造成的。实施 HSE 管理，要从消极预防转变到积极预防上来，企业的最高管理者抓好前期设计这一关，设计环节就将劳动安全卫生内容和环境评价内容考虑在内，同时落实好设计部门高层管理者 HSE 责任的考核奖惩制度。新建、改建、扩建设施时，应按照"三同时"原则，为 HSE 管理提供硬件保障。从事项目设计、劳动安全卫生预评价和环境项目评价工作的单位必须取得相应资质。

（8）从只注重本企业的管理，转变到同样重视承包商和供应商的管理上来。HSE 管理体系强调从供应链的角度，对承包商和供应商的 HSE 行为实施控制。签订合作合同时，要对供应商、承包商的 HSE 管理的内容加以规定。合作过程中，要通过企业的 HSE 方针、政策、制度，积极影响承包商、供应商的 HSE 管理行为，从整体上提升产业内的 HSE 管理水平。

（四）HSE 管理体系运行的影响因素

影响 HSE 管理体系运行的主要因素可以概括为管理理念、执行力、技术手段和外部环境四个方面（如图 6-1 所示）。管理理念是 HSE 管理体系运行的思想基础和指导原则，执行力是推动 HSE 管理体系运行的动力，技术手段是 HSE 管理体系运行的技术保障，三者均属于组织内部因素。外部环境是外因，促进或阻碍企业 HSE 管理体系的运行。这四方面的因素协调一致，共同发挥作用，才能使企业的 HSE 管理真正落到实处。

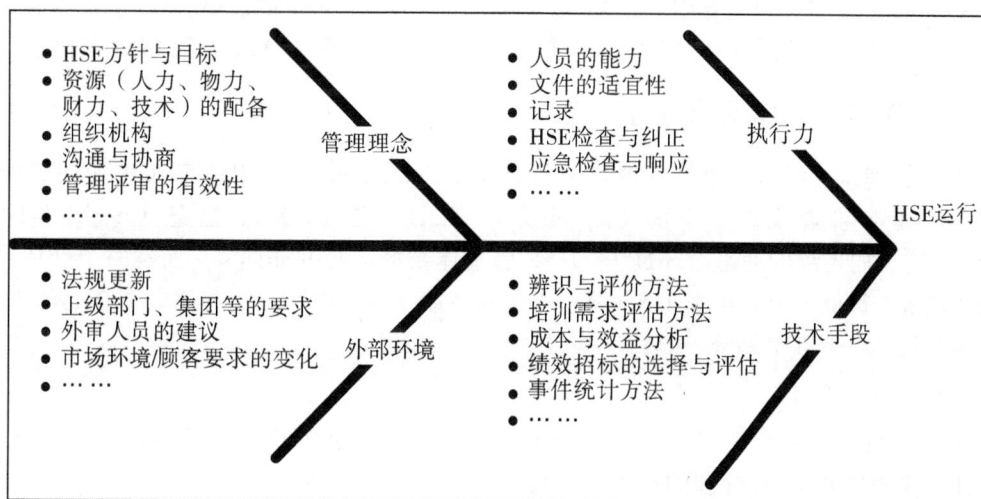

图 6-1　HSE 管理体系运行影响因素

1. 管理理念

管理理念指企业管理者对于 HSE 管理体系在思想观念上的认可、重视与承诺；并基于这种理念，制定企业的 HSE 管理工作方针、目标、制度，配备相应的人力、物力、财力以及技术支持；设立符合 HSE 管理要求的组织管理机构、岗位，实现 HSE 管理过程中的常态化的沟通与协商机制。同时，对企业的 HSE 管理工作绩效进行评估、反馈，以实现 HSE 管理工作的持续改进。

2. 执行力

执行力指企业利用各类资源，进行各种实际操作，实现 HSE 管理目标的实际能力。三分战略，七分执行。再美好的目标，没有强大的执行力，也只是不能落地的空中楼阁。为了推行 HSE 管理，企业必须对全体人员进行相关知识、技能的培训；制定、修订企业的 HSE 管理手册、程序、流程以及具体的作业文件（如"两书一表"），使 HSE 管理工作有章法，有载体；对企业各个层面、各个环节实施 HSE 管理的行为进行记录；对 HSE 管理工作进行常规的和随机的检查，以发现问题，纠正不足，持续改进执行的效果。

3. 技术手段

技术手段是企业实行 HSE 管理的工具、手段、方法，使企业的 HSE 管理目标具有可达性、可行性。包括 HSE 风险的识别与评价技术、企业培训需求评估预测技术、HSE 管理成本与效益评估技术、绩效评估与第三方的选择评估技术、HSE 事件的统计与分析方法等等。

4. 外部环境

外部环境指影响企业 HSE 管理工作实施与效果的外部经济、政治、社会、利益相关方等各类因素的总和。具体包括与职工健康，安全生产和环境保护相关的法律法规，上级政府管理部门、集团公司的要求，外部审查机构的建议、反馈情况，市场环境以及顾客需求等因素。

（五）HSE 管理体系的运行模式

HSE 管理体系的运行遵循查理斯·戴明（Charles Deming）提出的 PDCA 循环管理模式，即将 HSE 管理视作一个由规划（策划）（Plan）、实施（Do）、检查（Check）和改进（Action）构成的连续的动态循环过程。HSE 管理体系的运行并非闭环，而是一个开环，不断循环往复、螺旋上升，实现 HSE 管理工作的持续改进。PDCA 管理模式下企业的 HSE 管理体系包括以下五个部分：

1. HSE 管理方针

HSE 管理方针是组织 HSE 管理体系的宗旨与核心，是由组织的最高管理者制定的，以文件方式表述的 HSE 管理的意图和原则。

2. HSE 管理规划（策划）

HSE 管理规划（策划）包括对职业健康安全与环境因素、法律与其他要求、目标和指标、管理方案四个方面的谋划。在规划（策划）阶段要从组织管理现状出发，明确管理重点，识别并评价重要的职业健康安全与环境因素；明确组织适用的法律与其他要求；根据组织所确定的重要因素和技术经济条件，确定组织职业健康安全与环境管理的目标和指标要求；提出明确的管理方案，即实现组织职业健康安全与环境目标的职责、安排与时间表。

3. 实施与运行

实施与运行包括组织结构和职责、培训、意识和能力、信息系统、职业健康安全与环境管理体系文件、文件控制、运行控制、应急准备和响应七个要素。在实施与运行阶段要明确组织的各级机构与职责，任命管理代表；实施必要的培训，提高员工的职业健康安全与环境保护意识和工作技能；及时有效地沟通和交流有关职业健康安全与环境管理的信息；注重相关方所关注的环境问题，形成管理体系文件并纳入严格的文件管理；确保与重大因素有关的运行及活动均能按文件规定的要求进行，使组织的各类因素得到有效控制；对于潜在的紧急事件和事故，采取有效的预防措施和应急响应。

4. 检查和纠正措施

检查和纠正措施包括监测和测量，"不符合"情况的识别、纠正和预防，记录以及职业健康与环境管理体系审核四个要素。在检查和纠正阶段，要对影响职业健康安全与环境状况的重大活动与运行中的关键特性进行监测，及时发现问题并及时采取纠正与预防措施解决问题，防止问题的再次发生。监测的内容包括组织的职业健康安全与环境表现（绩效）、运行控制情况和目标指标的符合情况等；管理活动应有相应的记录，以追溯职业健康安全与环境管理体系的实施与运行，并对产生的各项记录进行良好的管理；组织还要定期进行管理体系的内部审核，从整体上了解组织管理体系的实施情况，判断其有效性和对 HSE 管理的符合性。

5. 管理评审

管理评审是由组织最高管理者实施的评审活动，以确保在组织内外部条件变化时职业健康安全与环境管理体系的持续适用性、有效性和全面性，支持组织 HSE 管理的持续改进。

HSE 管理体系下 PDCA 管理模式的内容如表 6-1 所示。

（六）HSE 管理体系的发展趋势——QHSE 和 HSSE

HSE 管理体系是健康、安全和环境一体化管理体系，由 ISO14000 环境管理体系和OHSAS18000 健康安全管理体系整合而成。由于 ISO9000 质量管理体系与其他两个体系存在很多共同点，比如都强调预防为主、持续改进的基本原则，都坚持 PDCA 戴明圈的管理模式，均有着相似的构成要素以及结构体系。近些年来，在企业的实际管理中，HSE 管理体系逐渐与质量管理体系融合，形成了 QHSE 一体化综合管理体系。

QHSE 管理体系是在质量（Quality）、健康（Health）、安全（Safety）和环境（Environment）方面指导和控制组织运作的管理体系，是在 ISO9001 标准、ISO14001 标准、GB/T28000 族标准和 SY/T6276《石油天然气工业健康、安全与环境管理体系》的基础上，根据共性兼容、个性互补的原则整合而成的管理体系。它同时兼顾了企业的质量追求和健康、安全、环境管理需求，实现了企业利益、员工利益、社会利益、消费者利益的全面整合。

在职业健康安全管理体系、环境管理体系之外，组织中还存在着另外一个管理体系——安保管理体系（Security Management System）。安保管理体系与健康、安全、环境管理工作一样，最早也是属于某一个部门的职责，美国 9·11 事件之后，各国政府将安保工作提到了前所未有的地位，SMS 迅速得以发展，并受到企业领域同样的重视。如今，一些大的石化企业，如壳牌石油公司、英国石油公司都已经将安保管理与 HSE 管理整合到了一起，开始执行 HSSE 管理体系。所谓 HSSE 管理体系，是企业健康管理（Health Management）、安全管理（Safety Management）、安保管理（Security Management）和环境管理（Environment Management）四位一体的管理体系，由于其系统性强、集成度高等优势，也逐渐成为未来的一个发展趋势。

表 6-1 HSE 管理体系运行因素表

阶段	标准要素	具体内容	阶段	标准要素	具体内容
策划 P	危险源识别、风险评估、测量、控制的方法/环境因素辨识	危害/环境因素辨识的动态管理	实施与运行 D	运行控制	实施工程控制的理念与技术
		危害/环境因素辨识的详尽程度			风险控制与执行力
		危险/环境因素辨识方法的适宜性			对相关方的管理责任
	相关的法规及其他要求	跨国家、区域的法规要求的辨识		紧急事件准备与响应	应急预案的有效性
		数量众多的法规及其他要求			应急预案的全面性
		忽视"其他要求"			应急演练及其评估
		法规及其他要求的动态管理			
	目标和方案	目标的覆盖层次		绩效测量与监督	监测指标反映 HSE 绩效的程度
		目标的可测量性			监测工具的选择
		方案对控制危险源/环境因素的有效性			对事件、未遂事件的监测及分析
		方案的成本与效益分析			
实施与运行 D	角色、作用、责任、职责与权限	HSE 组织机构的适宜性	检查 C	合规性评价	多方或多种检查的重复性
		职责与权限的覆盖层次			合规性评价的范围
		资源(人力、物力、财力、技术等)的配备			合规性评价的方法
	能力、培训与意识	培训需求的评估与计划的制定		事件调查、不符合、纠正措施和预防措施	事件统计的范围和程度
		培训的实施			事件统计分析的方法
		培训的评估			纠正措施和预防措施的有效性
	沟通、参与和协商	沟通和协商的层次		记录控制	记录对真实操作的反映程度
		沟通和协商的内容			记录的详略程度
		沟通和协商的形式		内部审核	审核员的能力
		沟通和协商的反馈			追踪审核发现的根源
	文件	多级管理时文件的适宜性			审核发现的一般问题的处理
		文件的详略程度	改进 A	管理评审	管理评审的有效性
	文件控制	有效文件版本的发放			改进方面的选择
		文件的修订与评审		—	—

（注：OHSAS18001、2007 和 ISO14001、2004 标准的要素名称有所区别，本表是综合性描述，具体要素名称以标准为准。）

二、HSE 管理在化工物流中的作用研究

HSE 管理体系集各国同行管理经验之大成，体现当今石化企业在全球市场环境下的规范要求，突出预防为主、领导承诺、全员参与、持续改进的管理理念，是化工物流企业实现现代化管理，走向国际市场的准行证。

化工物流企业的 HSE 管理，是通过建立一整套系统化的职业健康安全与环境保障机制，最大限度地减少化工物流中职业病和安全事故的发生，减少对周边环境的破坏。其核心思想是通过职业健康安全以及环境风险的预防和控制，持续改进企业的职业健康、安全与环境管理绩效。现阶段，建立和实施 HSE 管理体系对于化工物流企业来说，不但意义重大，而且还具有必要性、紧迫性。

（一）化工物流企业建立和实施 HSE 管理体系的重要性

1. 可以贯彻国家的可持续发展战略

1972 年 6 月 5 日，是世界环境史上光辉的一天。联合国在瑞典首都斯德哥尔摩召开了人类环境会议。这次会议提出了响遍世界的环境保护口号：我们只有一个地球。会议通过了著名的《人类环境宣言》。为了纪念 6 月 5 日这个重要的日子，联合国大会做出决议，把 6 月 5 日定为世界环境日。人们都知道，地球是人类生存的基础，环境和资源是人类生存的条件。为了保护人类生存和发展的空间，我国政府在《国民经济发展"九五"计划和 2010 年远景规划纲要》中提出了国家的可持续发展战略，将保护环境、保障人民健康作为基本国策和重要政策。对社会经济发展实行环境和生态过程控制，是实现可持续发展的重要措施。因此，《环境保护法》等法律、法规得以颁布实施，GB/T24000 系列环境管理体系标准等得以发布推广。石油化工行业风险性较大，对环境影响较广，为了贯彻实施国家可持续发展战略，促进石油工业的发展，就必须建立和实施符合我国法律、法规和有关安全、劳动卫生、环保标准要求的 HSE 管理体系，有效地规范组织的运营、产品和服务，从原料加工、设计、施工、运输、使用到最终废弃物的处理等环节进行全过程的健康、安全与环境控制，满足生命健康、生产安全和生态友好的需要，实现国民经济的可持续发展。

2. 提高化工物流企业现代化管理水平

推行健康、安全与环境管理体系，可以帮助企业规范管理过程，提高管理水平。在 HSE 管理中，领导需做出实施 HSE 管理的承诺，并率先垂范、身体力行、积极推进，并接受广大员工的监督；要求全员参与，积极预防，开展 HSE 风险的识别、评价、控制、反馈、改进等工作，这进一步地提高了领导和员工的责任意识，使企业领导和员工参与健康、安全与环境管理的意识得到加强。在 HSE 管理体系运行中，对健康、安全和环保的要求成为

企业文化的一部分，各部门管理有责任，实施有内容，评价有标准，改变了原来依靠安全部门管理的单一局面，使得健康、安全与环境管理的各项工作得到全面落实。同时，健康、安全与环境管理体系引进了新的监测、规划、评价等技术，加强了审核和评审，使企业在满足法规要求、健全管理机制、改进管理质量、提高运营效益等方面，建立全新的经营战略和一体化管理体系，达到国际先进水平。

健康、安全、环境管理的标准体系（如 GB/T28001-2001 和 ISO14000 标准等），是市场经济体制的产物，它运用市场机制，将安全管理从靠政府强制驱动的行为，变为组织自愿参与的市场行为，企业管理的内容也从过去的"政府要求做什么"转变为"市场要求做什么"，使职业健康、安全与环境保护工作由被动消极的服从转变为积极主动的参与，为企业提高自身的管理水平提供了内在的动力。

3. 减少、消除各类事故发生

HSE 管理体系就像一张捕鱼的大网，各类事故好比水中的鱼。如果你的鱼网网眼小又张得大，就可以把水中的鱼捕得一干二净。也就是说你的 HSE 管理体系编制得既全面又具体，在实际操作中贯彻落实得又好，就可以把各种大小事故消灭在萌芽状态。历年来，石化行业各类安全事故、污染事故时有发生，例如火灾、爆炸、油罐冒顶、农田污染、虾池污染等。大多数事故是由于管理不严、操作人员疏忽引起的，这些事件都使我们认识到增强安全和环境意识的重要性。HSE 管理体系突出了预防为主的指导思想，系统性强、针对性强，避免了传统安全管理上的一些弱点，扭转了消防队式的管理方法。一方面，通过设置"预防型格栅"，HSE 管理体系尽最大努力避免事故的发生，追求"零事故"的目标；另一方面，通过设置"响应型格栅"，在事故发生时，通过有组织、有系统地控制和处理，使事故的影响和损失降到最低限度。举例来说，HSE 管理体系中的"两书一表"制度很好体现了事故预防的理念。化工物流企业可以通过工作计划书和岗位作业指导书，实现对管理过程的计划和规范；通过安全检查表，实现对各类事故风险的识别和预防。通过对健康、安全与环境管理体系的贯彻执行，提高我国石化行业健康、安全与环境管理水平，增强石化企业预防和消除安全事故和污染事故的意识和能力。

4. 吸引投资者和合作者

当今社会谋求合作和共同发展已成为潮流。在寻求合作伙伴及投资对象时，越来越多的公司看重对方的健康、安全与环境管理状况。只有注重员工的健康、安全管理，合理开发利用资源，保护自然生态环境，把关心职工健康、保障员工安全、创造一流环境作为自己的责任，树立一流的企业健康、安全与环境形象，才能赢得投资，建立长期的合作关系。

5. 改善企业形象，改善企业与当地政府和居民的关系

随着人民生产水平的不断提高，人们的健康、安全与环境意识日益增强，对人身及财产安全、清洁生产、优美环境的要求也日益提高。一个对职工、社会及环境爱护的企业

会形成良好的社会形象；如果企业接连发生事故，既影响职工的健康和安全，造成环境污染，又会给大众留下技术落后、生产水平低下、管理混乱的印象，更会恶化与当地居民、社区之间的关系，给企业的各种活动造成许多困难。HSE 管理体系是一种规范的、系统的、文件化的科学管理方法，对提高企业及生产现场的 HSE 管理水平能起到积极的促进作用，真正可以做到企业发展有目标、工作有程序、落实有责任，为防止各类事故的发生奠定了基础。

6. 可使企业将经济效益、社会效益和环境效益有效地结合

企业实施健康、安全与环境管理体系，一方面通过提高健康、安全与环境管理质量，可以改善企业形象；另一方面，通过减少和预防事故的发生，可以大大减少用于事故处理的开支，提高经济效益，增强市场竞争优势，实现自身的商业利益，满足员工、社会对健康、安全与环境的要求，实现人与自然关系的可持续发展，使企业的经济效益、社会效益和环境效益得以有机地结合在一起。

在 21 世纪，企业的责任不仅仅是创造更多财富，还应该承担更大社会责任。所谓企业社会责任（Corporate Social Responsibility，CSR）是指企业在创造利润、对股东承担法律责任的同时，还要承担对员工、消费者、社区和环境的责任。企业的社会责任要求企业必须超越把利润作为唯一目标的传统理念，强调生产过程中对人的价值的关注，强调对消费者、对环境、对社会的贡献。化工物流企业的社会责任是指化工物流企业在创造利润、对股东承担法律责任的同时，承担的对员工生命健康、生产安全、生态友好的责任（如图 6-2 所示）。它体现了企业社会效益和环境效益的完美统一。

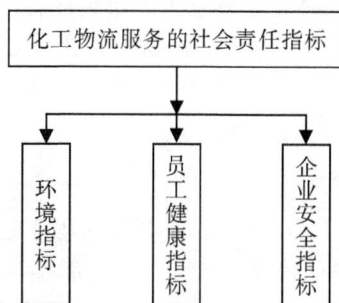

图 6-2　化工物流服务企业的社会责任指标

7. 可帮助企业满足有关法规的要求

我国政府颁布了许多职业健康、工业卫生、安全生产和环境保护的法律法规，它们带有强制性，违反它们必须承担相应的法律责任，受到严厉的处罚。实施健康、安全与环境管理体系，可以通过制度化的手段改善企业的行为。HSE 管理体系首先从企业最高领导者承

诺开始，接下来是为保证承诺的实现而制定的方针和战略目标，然后通过方针和战略目标的分解，将 HSE 管理责任分解到各部门，以推动各部门的体系运行；同时按体系文件要求，各部门对企业做出相应承诺，以确保企业 HSE 管理的承诺、方针、目标的实现，从而避免因违反法律而导致的投拆、曝光、处罚及关闭后果。

在市场经济条件下，实施职业健康、安全与环境管理体系能够促使化工物流企业主动地遵守国家各项职业健康安全法律、法规和制度，而不是在国家强制要求和指令下实施，自觉承诺 HSE 管理工作的责任，有效降低 HSE 风险。

8. 可促进我国企业的国际化进程

随着我国加入世界贸易组织以及全球经济一体化的形成，国际市场大门已进一步向我国企业敞开。而以认证认可等形式出现的技术性贸易壁垒，正逐步取代关税和非关税壁垒，成为新的贸易障碍。面临机遇与挑战，我国企业应积极应对，不断寻求自身的产品认证和体系认证。目前，在管理体系认证方面，已涉及 ISO9000、ISO14000、OHSAS18000、HACCP、QS9000、EN46000、VDA、GMP、TL9000……等体系。通过体系认证，不但可以消除技术性贸易壁垒的影响，取得进入国际市场的通行证，还能够促进企业规范管理，提升自身形象，提高自身的综合竞争能力。近些年来，我国的一些大型化工物流公司，如中远化工物流公司、中外运国际化工物流有限公司已经走出国门、走向世界，开始承担世界上主要的化学工业公司的全球业务，因此，进行产品或管理体系的认证变得势在必行。

在种种认证中，HSE 管理体系是十分重要的一种认证体系。自从国际上一些大的石油公司采用 HSE 标准以来，国际石油、天然气的勘探、开发、加工以及各种工程建设项目的推进都提出了 HSE 管理方面的要求。它要求进入市场的各国企业采用这一标准，将未制定和执行该标准的企业限制在国际市场之外。我国的石化企业制定和执行了 HSE 管理体系标准，就能够与国际接轨，树立良好的国际形象，顺利实施"走出去"战略，并与国内和国际石化企业进行合作，从而创造可观的经济效益。

9. 有利于提高全民的安全意识

实施 GB/T28001-2001 和 ISO14000 标准，建立职业健康、安全与环境管理体系，要求对本组织的员工进行系统的安全培训，使每个员工都参与到组织的职业健康、安全与环境保护工作中。同时标准还要求被认证组织要对相关方施加影响，提高安全意识。所以，一个组织实施 GB/T28001 和 ISO14000 标准就会以点带面，影响一片。随着 GB/T28001-2001 和 ISO14000 标准的推广，将使全民的安全和环境保护意识得到提高。

(二) 化工物流企业建立和实施 HSE 管理体系的必要性

化学品运输是石化企业供应链的重要组成部分。化学品运输尤其是危险化学品运输的安全与否不仅关系到物流人员个人的生命安全，更直接关系到广大人民群众和周围环境的安危。在我国化工物流企业中建立并实施有效的 HSE 管理体系十分必要。

（1）HSE 管理体系是化工物流企业科学管理的需要。现代管理需要处理好员工权益、运营过程以及环境的关系。否则，这种管理就是不完整的、不健全的。员工的最大权益是健康，运营过程的基本要求是安全，而环境管理的基本要求是环保。HSE 管理坚持系统性原理和人本原理，将原本分散于各个部门的管理职责整合在一起，摒弃了原本各自为政、分散治理的管理模式，提高了管理的效率，完善了管理的内容，提升了管理的科学化水平，是物流化工企业管理中不可或缺的重要内容。

（2）HSE 管理体系是保证化工物流健康、安全和绿色发展的需要。改革开放以来，我国经济保持着高速的发展，但各类伤亡事故总量较大，化工物流领域安全事故频发，严重影响了驾驶员及附近居民的生命健康安全，对企业财产和环境造成了严重损害。扬州 7·28 丙烯爆燃事件、东营 8·31 化学品爆燃事件、沪渝高速 4·3 三氯甲烷火灾、天津 8·12 危化品仓库爆炸事件，至今仍向我们敲响着警钟。这说明，一些化工物流企业的 HSE 管理工作仍然滞后于经济建设和企业发展的速度，需要补充这个短板。

（3）HSE 管理体系是化工物流企业依法经营、履行社会责任的需要。为了降低职业病的危害，减少和预防各类安全事故的发生，我国相继颁布了《劳动法》、《安全生产法》、《职业病防治法》、《环境保护法》等一系列法律法规，对企业的经营行为提出了强制性的要求。但在执行过程中，因为各种各样的原因，法律法规执行不到位的现象时有发生。化工物流企业进行 HSE 管理，是依法经营、履行社会责任的需要。

（4）HSE 管理体系是化工物流企业实施国际化战略的需要。不管是化工物流企业"走出去"，还是在国内与外资企业合作，都需要遵守国际上通行的"游戏规则"。随着 Shell、BP、BASF 等一批国际石化企业入驻中国，这些企业严格的 HSE 管理要求为国内第三方物流企业设置了相当高的准入门槛。中国的化工物流企业要想赢得市场，就必须改变过去"效益唯重"的思维模式，努力构建健康、安全与环境三者有机结合的 HSE 管理体系。

在化工运输领域，国际石油天然气企业对中国化工物流企业提出的 HSE 管理方面的要求有：

① 在管理理念上，需要有来自管理层的承诺，并且声明其 HSE 管理政策和战略目标；

② 在管理机构上，需清楚地定义 HSE 组织的成员及其职责，并提供相应的资源和标准支持；

③ 在管理制度上，建立包括风险管理、道路运输安全、毒品和酒精政策、废弃物处理和环境保护政策在内的完善的 HSE 管理制度体系；

④ 在 HSE 管理方法上，实行"策划—实施—检查—改进"的 PDCA 循环管理模式；

⑤ 在培训方面，实行全体员工持续的学习和培训计划；

⑥ 在对外管理上，以同样的 HSE 标准管理外协供应商和承包商。

表 6-2 为国际化工巨头对化工物流公司的 HSE 管理要求。

表 6－2　国际化工巨头对化工物流公司的 HSE 要求

Office 办公室
• 以下 3 项适用于普通仓库
1. 公司拥有相应的《营业执照》
2. 铲车驾驶员拥有《特种作业人员操作证》
3. 铲车拥有《厂内机动车安全检验报告书》
• 以下 5 项适用于危险品仓库
1. 公司拥有相应的《营业执照》
2. 铲车驾驶员拥有《特种作业人员操作证》
3. 铲车拥有《厂内机动车安全检验报告书》
4. 仓库拥有有效的危险品存储批文
5. 员工应该接受专门的危险品管理的培训，危险品仓库管理员应该拥有《易燃易爆危险物品作业证》
• 以下 11 项适用于普通仓库和危险品仓库
1. 消防设备(灭火器，水泵，报警器等)具有年度和日常的维护保养记录
2. 有相应的消防演习和相应的记录
3. 有相应的安全、保卫控制程序
4. 有动火和高空操作许可程序
5. 有装卸、存储、运输的操作程序，确保监督操作的正常运作
6. 具备相应的评估程序，存储前检查新产品的信息，如通过危险品安全信息说明书(MSDS)，判断其是否符合仓库存储要求
7. 具备安全方针和危险品安全管理的年度员工培训计划及相应的培训记录
8. 保存相关的安全事故记录
9. 员工受到急救的培训
10. 对客户存放的产品购买了财产险和第三方责任险
11. 仓库对危险品的存储位置有清晰的、可更新的布置图
• 员工方面
1. 所有的仓库员工都知道应急电话号码和应急程序的内容
2. 员工清楚哪里可以得到更多的关于产品性质和处理的信息
3. 员工对环境、健康、安全具备良好的意识
• 仓储区
1. 危险品仓库不能位于居民区或不利于环境的区域

2. 依据《易燃易爆化学物品消防安全许可证》的规定，危险品被存放在合格的仓库内
3. 消防设备（灭火器、水泵、警报器等）的状态良好，并且在有效期内；依照要求被维护和保养
4. 灭火器适合于存储的产品
5. 消防设备适用于存放在仓库内的危险品，并且被放置在具有显著标志的位置
6. 仓库有适当的安全标志，如禁烟标志，且张贴或放置在显著的位置
7. 消防栓周围留有至少 1 平方米的空间，周围无障碍
8. 处理泄漏、溢出物的吸附材料完备，备有特大桶
9. 货物堆码稳妥，并依据相关方的要求堆存货物
10. 不相容的化学品按规定分开堆放
11. 禁烟区无人吸烟
12. 清晰指示仓库内员工逃生通道，并且逃生通道通畅
13. 危险品标志能够正确反映所存放商品的性质
14. 危险品仓库的标志被清晰和恰当地标明
15. 危险品仓库准备了充足的消防蓄水
16. 仓库现场可获得所存放危险品的紧急状况应变指南或其他的相关信息，如化学品安全数据说明书（MSDS）
17. 化学品废料被放在专用的容器中，存储在规定的区域，该区域必须和商品储存区分开（对于危险品的废料，在其容器上需标有相应的标签）
18. 仓库可以使消防车从 2 个通道进出
19. 评估仓库是否有面临洪涝的危险，并采取积极的预防措施
20. 确保仓库是一个"完整的建筑"，而不是一个没有围墙的棚屋
21. 仓库对特殊商品的存放配备了专门的安全设施（防爆/火墙、隔离板、警告标志等）
22. 门窗等设施完好
23. 地面整洁，无杂物
24. 仓库拥有排气通风装置
25. 电源线路整齐、完好
26. 在工作区有充足的照明，光线没有直接照在商品上
27. 通往仓库的路上，没有障碍物阻挡消防车通行
28. 仓库通道中没有障碍，通道的宽度符合相关的规定
29. 通道能足够容纳铲车操作
30. 铲车和拖车工作状态良好，没有技术故障

31. 铲车上标明最大载重量，无超载现象
32. 现场有限速标志，铲车、拖车车速在规定以内
33. 货架上标明承重的标准重量
34. 工具被适当的保养，并且放在规定的位置
35. 个人防护用品被放在规定的地点
36. 员工获得了恰当的个人防护用品
37. 定期检查个人防护用品有效期
38. 商品的包装干净、无破损
39. 堆垛整齐有序、安全，符合消防五距要求
40. 化学品仓库内无食品和医药产品存放
41. 具备废水处理系统或存储系统，使废水不流入公共河道
42. 具备充足的消防用水
43. 仓库配备喷淋、泡沫或水构成的消防系统
44. 仓库配备烟感器
45. 消防队能在足够短的时间内作出反应
46. 急救箱备有应急药物，药物在有效期内，放置恰当
47. 个人防护物品，如洗眼器或冲淋器的状态良好
48. 没有破损的栈板在被使用
49. 有温控要求的商品按照要求在存储过程中被控制
50. 装卸货平台区域
51. 卸货平台的位置适合于卡车或拖车停靠
52. 平台上有钢筋、水泥防护栏，以避免铲车冲下卸货平台
53. 卸货平台上装有雨棚
54. 卸货平台上应无杂物
55. 总体评价
56. 公司整体管理良好（整洁、有序、严谨）
57. 其他所必须的关键项目

（三）化工物流企业实行 HSE 管理体系的紧迫性

（1）国内化工物流需求日益增长，但 HSE 安全事故却时有发生。近些年来，国内化工产业发展迅速，加上世界范围内的产业转移，一些大型跨国化工企业纷纷在中国设厂生产，导致国内的化工物流业得到了前所未有的发展，对于化工物流的需求越来越大。另一方面，外资化工巨头选择物流供应商时，一般都要求供应商具备健康、安全和环境管理体系，然而，目前国内化工物流业在 HSE 管理方面却参差不齐，无论在设施设备，还是在管理以及人才储备上都很难满足化工物流业发展的需要，导致近年来化工物流事故时有发生，对人民的生命财产以及环境安全造成极大危害，这都要求国内化工物流企业加快职业健康、安全与环境管理体系建设的步伐。

（2）国内化工物流企业国际化进程加快，而与外资化工巨头的要求却差距较大。这一方面体现在与跨国化工巨头合作的准入门槛上；另一方面，体现在外资巨头对化工物流服务过程的审查与管理上。我国化工物流企业在 HSE 管理方面与国际通行的 HSE 管理体系与标准尚有较大的差距，要求我们加快建立和实施职业健康、安全与环境管理体系，从而更好地参与国际合作，开拓国际市场。

三、化工物流企业 HSE 管理体系应用研究

前面分析了我国化工物流企业建立和实施 HSE 管理体系的重要性、必要性和紧迫性，为了满足化工物流不断增长的需求以及与国际合作能顺利开展，化工物流企业应当顺应化工物流需求日益增长和 HSE 管理日益普及的趋势，编制本企业的 HSE 管理方案，然后付诸实施。

（一）化工物流企业 HSE 管理方案的编制与实施

化工物流企业 HSE 管理方案的编制和实施，指的是企业为实现健康、安全与环境目标、指标，持续改进企业健康、安全与环境绩效进行的部门职责权限、资源、进度和期限的科学规划和依此进行的程序化操作，重点消除和控制企业生产运行、设施设备和工作环境中存在的健康、安全与环境危险。同时，对 HSE 管理工作实行全过程动态监控，从不同层面、主体、运行机制等方面优化人力、物力资源投入，持续改进企业的 HSE 管理模式和 HSE 绩效表现。

1. HSE 管理方案编制与实施原则

HSE 管理方案是化工物流企业 HSE 管理体系的重要组成部分，是科学确定企业生产工艺、设施设备、油品罐区、液化气储存、发车销售等关键环节的风险消减目标（指标）和活动，明确危险影响因素的消减措施、工作程序和职责权限，安排资源分配、时间进度等内容的文件，它是企业开展 HSE 管理的主要依据。制定该方案时，要坚持以下几个原则：

（1）科学性原则。企业在制定自己的 HSE 管理方案时，应当以实事求是的科学态度，

对化工物流需求、企业发展现状、存在的问题和不足进行认真分析，科学辨识企业存在的职业健康、生产安全以及环境影响等方面的风险，从而使 HSE 管理方案具有现实性。

（2）可操作性原则。HSE 管理方案必须结合化工物流企业风险管理要点，明确风险消减的目标和指标、具体措施、实施程序、责任部门、人员职责、资源配置、时间进度等要素，使方案具有针对性和可操作性。

（3）过程性原则。HSE 管理方案应体现风险的辨识、评价、控制和反馈的过程，明确每个环节的具体部署，合理安排储运、包装、运输、动力等部门、人员在不同环节的 HSE 活动和任务，实现对企业健康、安全与环境危害和影响因素的动态监控。

（4）适应性原则。HSE 管理方案是持续改进化工物流企业 HSE 绩效的指导文件，它不是一成不变的。为了实现持续改进的承诺，企业需要根据评估、反馈的结果以及监督、考核的意见，对 HSE 管理方案进行动态的修订、更新，使方案保持面向新情况、新活动、新产品或服务的开放性和应变性。

2. HSE 管理方案编制与实施程序

为了保持 HSE 管理方案的科学性、适应性，化工物流企业应当建立规范化的 HSE 管理方案本身的管理流程，它相当于一部"立法法"，明确了 HSE 管理方案的制定、审批、实施、修订和验证等环节的具体内容和具体要求，减少了 HSE 管理方案自身的随意性。具体而言，对 HSE 管理方案的管理涉及如下环节：

（1）编制企业危险/环节调查清单；

（2）收集、更新法律/法规，保持时效性；

（3）对危险/环境因素进行辨识；

（4）对危险环境因素进行评价；

（5）确定 HSE 管理的目标、指标和控制措施；

（6）对 HSE 管理方案的各个要素进行审定；

（7）提出实施进度、质量方面的要求；

（8）对方案本身的监督纠正、更改；

（9）对方案的科学性、有效性进行检查、验证。

严格的 HSE 管理方案控制程序如图 6-3 所示。

3. HSE 管理方案编制与实施要素

1）确定目标与指标

企业应在环境因素的辨识、评价和更新的基础上，结合化工物流生产活动、服务对象的特点，分步确定需要消减和控制的风险目标、指标，核心是改进企业健康、安全与环境绩效：

（1）在辨识、评价和更新物流流程的过程危害和影响的基础上，筛选控制对象；

（2）开展对象评审和 HSE 检查、审核，并结合国家法律法规、行业标准以及上级主管部门的管理要求，确定风险消减、控制的目标、指标；

（3）突出绩效跟踪验证，设置可测量的风险消减目标、指标参数基准，并定期评审和修订，实现持续改进。

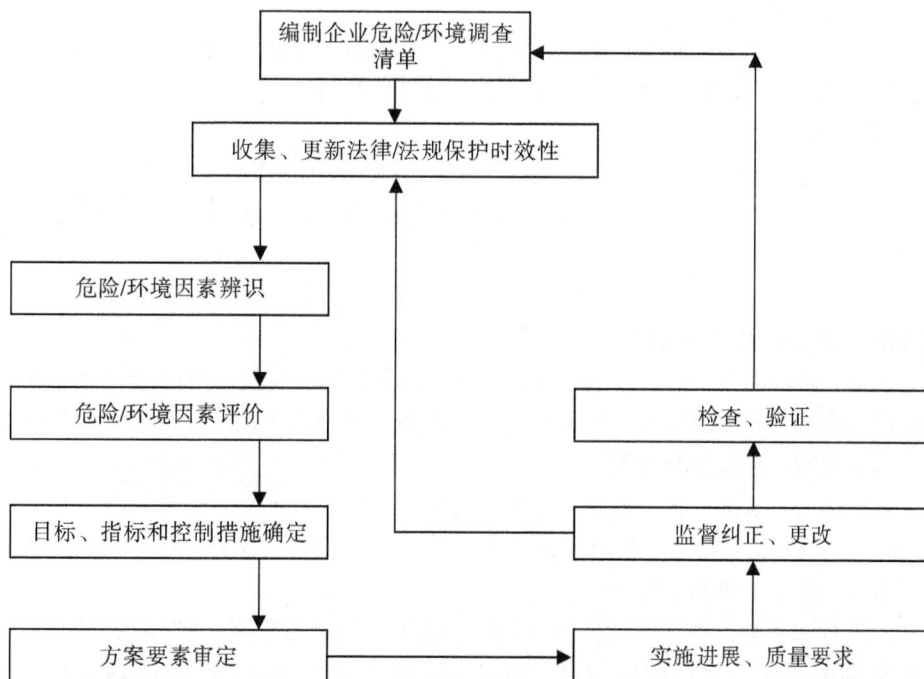

```
                    ┌──────────────────┐
                    │ 编制企业危险/环境调查  │◄─────────┐
                    │       清单         │          │
                    └────────┬─────────┘          │
                             │                     │
                    ┌────────▼─────────────┐       │
                    │ 收集、更新法律/法规保护时效性 │       │
                    └────────┬─────────────┘       │
                             │                     │
        ┌────────────────────┤                     │
        │                    │                     │
┌───────▼────────┐           │          ┌──────────┴──────┐
│ 危险/环境因素辨识  │           │          │   检查、验证      │
└───────┬────────┘           │          └──────────▲──────┘
        │                    │                     │
┌───────▼────────┐           │          ┌──────────┴──────┐
│ 危险/环境因素评价  │           │          │  监督纠正、更改    │
└───────┬────────┘           │          └──────────▲──────┘
        │                    │                     │
┌───────▼────────────┐       │          ┌──────────┴──────┐
│ 目标、指标和控制措施确定  │◄──────┘          │               │
└───────┬────────────┘                  │               │
        │                               │               │
┌───────▼────────┐                 ┌─────┴──────────────┐
│  方案要素审定    │────────────────►│ 实施进展、质量要求     │
└────────────────┘                 └────────────────────┘
```

图 6-3　HSE 管理方案编制与实施程序图

2）活动与任务

化工物流企业应依据确定的风险消减控制目标，结合控制对象特点，将行动方案细化为具体的活动和任务，落实到有关责任单位，与活动和任务有关的职能科室和基层实施单位合作，制定更为详细可行的技术方案。

（1）针对目标、指标逐一确定相应的活动和任务，并细化活动和任务的优先次序和工作进度安排；

（2）建立必要的评审程序，保证确定的活动和任务满足目标、指标实现的要求；

（3）确定的活动和任务与企业经营活动相协调，遵循健康、安全、环境效益原则，结合危险品仓储、包装和运输的需求，优化选择最佳方案。

3）合理分配资源

企业的决策层应严格管理物流过程的风险控制，为实施消减和控制危险、有害因素的活动和任务提供足够的人力、物力资源，保障 HSE 管理方案的落实。

（1）对应实施风险消减、控制的活动与任务，进行程序化专业评审，确保资源提供的数量、质量和时间要求等；

（2）按时间进度、先后次序进行的消减和控制危险、有害因素和影响的活动与任务，应进行成本和效益的跟踪监控；

（3）对于供应商和承包商承揽的工程项目、产品、服务等具有独立管理职能的项目，要结合具体情况为保障 HSE 管理方案的落实提供必要的资源。

4）职责分配

确定目标、指标和行动方案后，应明确与行动方案有关的仓储、包装、运输、技术、安全部门及责任人员的职责和权限，健全有关信息交流与沟通机制，职责分配应与相关部门职能作用相适应。

（1）决策层：企业的 HSE 管理委员会、厂长（总经理）应对 HSE 管理方案进行评审和审批，对相关重大问题进行决策；

（2）主管、监督部门：企业安全、技术、计划、设备和人事组织部门等，负责方案的制定、提交；组织相关人员的调配、培训以及相关项目的科研技术攻关、工艺开发；开展方案落实的监督、检查、评估及奖惩等；

（3）实施部门：承担主体是仓储、包装、运输、动力、维修等生产或保障单位，不但参与制定 HSE 管理方案，而且具体负责落实方案确定的各项活动任务和措施，相关职能科室统一进行管理、监控、协调、配合；

（4）在进行职责分配时，应区分主管部门、实施部门和监督部门的角色和职责，同时，应建立和理顺不同职能部门间的信息交流机制，如专题分析会、项目协调会、进度汇报会等。

5）工作次序、进度

企业应结合人力、物力资源投入和物流过程危险、有害因素的评价结果，对所确定的活动和任务做出相应的工作次序、进度安排。

（1）针对不同目标、指标对应的活动和任务，依据资源的投入时间、力度等确定相应的时间进度；

（2）分析、评价危险因素的影响程度、范围，在落实活动和任务的时间安排上应统筹考虑其先后次序，如影响仓库和运输过程安全效益的隐患项目必须优先考虑加以解决；

（3）根据工作进度，统一协调对活动和任务的监督，保证质量、安全和效益相得益彰。

6）监督与纠正

企业应完善相应的监督与纠正机制，以保证 HSE 管理方案的有效实施以及相应活动和任务的按期、高质量完成。

（1）HSE 管理方案的监督、监控涵盖方案实施过程全要素，如资源投入、职责分配、工作质量、项目先后次序、进度和方案本身的问题等，要突出对方案实施效果以及职责落实情况的检查、考核与奖惩；

（2）监控方案目标、指标对应的活动和任务，可采用开工检查、现场监督检查、进度检查、项目验收等不同方式，实现效果与进度的协调统一；

（3）对查出的问题和纠正措施应形成共识和文件，利用信息沟通机制，上传下达，实施不符合则及时纠正，必要时对 HSE 管理方案进行重新修订、完善。

7）评审和改进

为确保 HSE 管理方案的实施质量，企业应建立符合生产运行和安全监控体制的评审改造机制，确定管理方案的评审时机，结合监督管理方案，采取多种检查形式，纠正活动与任务推进过程中的问题，及时找出、纠正需要改进的问题，实现健康安全与环境绩效的持续改进。

总之，化工物流企业的 HSE 管理方案是以生产过程中危险、有害因素的辨识、评价和更新为基础，适应企业的健康、安全、环境管理规划与要求，通过目标确定、资源投入优化、职责分配、活动与任务、先后次序、时间安排、评审改进等环节的工作，基于不同层面、部门和人员，立体构架出的 HSE 管理文件，为企业 HSE 管理的持续改进提供依据。

4. HSE 管理方案编制与实施注意事项

编制与实施 HSE 管理方案，是企业实施 HSE 管理的基本模式，是企业管理层优化资源投入，消除和控制设施设备等关键部位危险、有害因素和影响的程序化操作，必须与物流企业的生产风险管理协调统一，决不能脱离物流生产过程中危险和有害因素的辨识、评价和控制的动态过程而独立。

1）更新适用的国家法律法规、行业标准，保持其有效性

企业应建立组织严密的信息搜集和交流机制，获取并定期更新适用的健康、安全、环境法律、法规、标准和其他要求，及时传达到基层单位和员工，指导健康、安全与环境危害和影响的辨识、更新；对比检查企业法律、法规、标准的执行情况以及现有操作程序、管理规程和管理制度的适宜性和符合性。

2）科学开展危险、有害因素的辨识、评估

结合物流企业生产全过程的控制要点，系统地辨识与作业活动有关的健康、安全与环境危害、有害因素，对各项危险、有害因素的影响做出科学判断。有关环境因素和影响的调查应覆盖企业的过去、现在、将来可能发生的活动过程。

在起草操作流程之前，HSE 管理人员须对所有的作业环节进行风险识别，对所有的标准操作流程进行 HSE 评估，对所有员工进行标准操作流程的培训，使制定的 SOP 能对运作中潜在的风险进行控制。例如，在运输活动之前，HSE 管理人员会对新的运输线路进行道路风险评估，指出各路段的潜在风险及可以采取的预防措施，选择风险系数最小的行驶

路线。又如，在承运新的化工产品之前，HSE 管理人员会根据产品的理化特性专门制定针对该产品的标准运输操作程序，特别是应急反应程序等。

在风险识别和评估的基础上，一些国内企业建立了针对日常行为的风险监控制度。为了有效地预防交通事故发生，物流企业除了利用 GPS 等先进技术手段实时监控车辆动态外，还以驾驶员的行为为切入点，通过制度来引导驾驶员养成良好的驾驶习惯。比如，一些化工物流企业开始引进防御性驾驶技术，并建立定期驾驶培训和驾驶行为评估制度，以帮助驾驶员培养安全的驾驶习惯。一些国内物流企业则量化了对疲劳驾驶的管理，建立起行之有效的驾驶员工作时间控制制度。

3）评价危险、有害因素并适时更新

选择适用定性、定量的安全评价方法对确定的危险、有害因素和影响进行评价，判断企业对健康、安全与环境危害影响的承受程度，选择、确定对危险、有害因素的控制措施和先后次序，为确立 HSE 管理方案的目标、指标提供依据。同时，定期进行危险、有害因素的更新工作，对管理控制提出新的要求，促进健康、安全与环境绩效持续改进。

（二）化工物流企业 HSE 管理体系有效运行的保障

HSE 管理体系的建立标志着企业在健康、安全与环境管理上进入了新阶段，它为企业真正实现系统化、科学化、标准化的 HSE 管理提供了保证。但这种新的管理模式能否长期、有效地在企业内运行，最终实现从"经验型"、"事后型"的传统管理模式到"事前风险评估"的现代化管理模式的转变，取决于我们在实施过程中能否将体系文件与工作实践有机地结合起来，克服体系运行过程中所存在的表面化、形式化和教条化的弊端，不断完善管理体系，使之更加符合实际，达到持续改进的目的。通过若干案例发现，做好以下几方面的工作至关重要。

1. 各级领导亲身参与 HSE 工作

在 HSE 体系实施过程中，各级领导的重视和齐抓共管是体系建立的前提，是推进体系前进的动力。企业领导对 HSE 的重视不能仅仅维系在口头承诺上，还应表现在亲自参与体系的建设和实施，定期主持、召开 HSE 例会，签发 HSE 文件，组织体系审核、管理评审，为 HSE 管理方案的落实提供人、财、物等方面的支持。碰到诸如 HSE 管理职责的划分和调整、HSE 管理带来的原有工作程序的改变、HSE 责任制考核的落实等问题时，企业领导应及时主持、召开 HSE 工作领导小组会议，协调解决问题。企业部门领导应以身作则，认真履行本部门 HSE 职责，积极配合 HSE 管理部门完成各项 HSE 工作；企业基层领导要发动本单位员工严格执行 HSE 管理制度，积极参加培训，参加危害识别和作业安全分析等HSE 活动，规范个人 HSE 行为，鼓励先进，实现全员的 HSE 管理，避免出现人为的执行偏差。

2. 建立与 HSE 管理相匹配的管理机构和岗位布局

企业应当成立 HSE 管理委员会，组织企业日常的 HSE 领导管理工作。在岗位设置上，企业层面应设立 HSE 总监，部门层面设立 HSE 负责人，基层设立 HSE 监督员。有了组织管理机构以及合理的岗位分布，企业的 HSE 管理工作就有了组织保障、管理保障。无论人员如何流动，HSE 管理的组织机构和岗位应长期存在，保持相对独立性。

3. 建立内外结合的沟通机制

外部沟通指化工物流企业与自身客户、政府部门、社会组织、新闻媒体等方面的沟通，内部沟通指企业内部不同层次、部门、岗位之间的沟通。在化工物流服务过程中，企业应当定期向客户公开自己的运作状况，主动、及时地报告事故以及在服务中发现的一切问题，提出健康、安全与环境管理的合理化建议，与客户一起改进工作。这里的客户指自己的服务对象，包括石化企业以及下游销售商、生产企业等。建立在诚信基础上的沟通可以加强客户与物流企业间的理解和信赖，有利于实现彼此间由过去的监督与被监督关系向互相支持、共同进步的合作伙伴关系的转型。内部的沟通主要通过会议、报告、安全检查表的反馈等多种形式构成，它是有效进行外部沟通的基础。

4. 建立常态化的 HSE 培训机制

HSE 管理体系对于许多化工物流企业来说，是一个新事物；即使企业已经建立和实施了 HSE 管理体系，但各种新情况、新问题会不断涌现，需要管理层和员工不断更新自己的知识、技能，以保障 HSE 工作的顺利推进。而解决这一问题的关键是培训。培训的类别多种多样，从培训的形式看，包括 HSE 工作会议、集中培训、实地学习、认证培训等多种形式；从培训的时间看，包括岗前培训、在岗培训、事后培训等三种形式；从培训的对象看，包括对管理人员和培训者的培训（TTT）以及对执行操作人员的培训；从培训的内容看，有 HSE 知识培训、作业技能培训、识别和评估方法培训、价值观培训等等。其中，健康、安全与环境会议是一种行之有效的日常培训形式。健康、安全与环境会议定期举行，内容可以涵盖各类健康、安全与环境培训，违规行为和事故分析，国家有关法规及公司制度学习等，因而成为重要的管理人员与物流相关人员之间双向、平等沟通的平台。在会上，物流相关人员如驾驶员可以主动反映工作中遇到的安全隐患或问题，与会人员共同探讨相应的预防和整改措施，这样企业全员上下都能深刻理解并自觉推行健康、安全与环境管理体系，统一认识，转变观念，付诸行动。

5. 建立完善的 HSE 制度、流程体系

在化工物流领域，实现健康、安全与环境有效管理的关键是识别物流活动过程中的各类风险，并进行相应的预防和控制。而将实践中行之有效的经验、做法、注意事项等进行总结、提升，形成正式文件，便成为了 HSE 管理制度。因此，制度是科学管理经验和做法的固化和规范化，是集体智慧的结晶。化工物流企业需要针对不同的物流环节和不同的管理过程，制定相应的制度，如《运输作业规范》、《安全驾驶制度》、《仓储制度》、《流通加工制度》、《许可证制度》、《HSE 绩效奖惩制度》等等，使 HSE 管理工作有章可循。

制定标准的操作流程（SOP）和相应的关键绩效指标（KPI）控制指标。起草操作流程之前，HSE 管理人员须对所有的作业环节进行风险识别，对所有的标准操作流程进行健康、安全与环境方面的评估、修订。有了操作流程，需对管理人员和全体员工进行标准操作流程的培训，从而发挥 SOP 控制物流运作风险的作用。

6. 落实 HSE 管理的岗位责任制

在化工物流企业的 HSE 管理过程中，需要坚持责权利相统一的原则，这是管理科学的一条基本原理。其中，岗位责任制是落实 HSE 管理各项工作强有力的保障。HSE 管理工作有了对应的责任人，奖惩分明，HSE 管理工作就会得到企业管理层和执行操作人员的充分重视。

7. 大力发展 HSE 先进管理技术

科学技术是第一生产力。同样，先进的科学技术也是化工物流企业 HSE 管理的重要保障。这些技术包括先进的虚拟现实技术、个人防护技术、环境监测技术、物联网技术、实时定位技术、导航技术、人脸识别技术、胎压胎温监测技术、远程视频监视技术、管理信息系统等等。比如，物联网技术在仓储、装卸搬运、运输等环节可以实现对化学品的实时跟踪、分析、记录等功能；GPS 导航技术通过智能计算，优化了运输路线，减少了运输时间，降低了运输过程对环境的污染；人脸识别技术可以及时发现疲劳驾驶等安全隐患，将交通事故消灭于萌芽之中；远程视频监视技术可以实现对危化品运输的实时监控和追溯管理，及时避免安全事故的发生等等。

8. 建设 HSE 管理的企业文化

文化是企业内部的思想观念、价值观、风气、习惯的总称，管理制度、行为方式、设施设备都可以看作是文化的外化。文化认同是驱动管理人员和普通员工积极参与企业的各项工作，实现组织的愿景、目标的强大精神动力，对企业人员具有持续的影响。化工物流企业应当营造浓厚的以人为本、尊重生命、安全第一、绿色发展的企业文化，潜移默化地影响员工的 HSE 行为。当有了浓厚的企业 HSE 文化后，企业的健康、安全、环境管理理念便会深入人心，健康、安全、环境管理行为便会成为一种习惯，从而长期影响着全体员工的行为。

（三）化工物流中 HSE 管理的量化评价

化工物流企业建立了 HSE 管理体系，制定并实施了 HSE 管理方案，那么 HSE 管理的绩效是否显著？绩效如何测量？对 HSE 管理的绩效评价进行研究，是持续改进 HSE 管理的需要。

1. 化工物流的健康、安全责任的评价

对于化工物流服务来说，健康、安全的社会责任是必须重点考虑的对象。但是由于目前相关法律、法规的滞后以及缺乏有效的监督制约机制，国内化工物流企业对员工健康、生产安全方面的重视度不足。定期对员工开展健康、安全生产教育意义重大。对企业而言，员工健康、生产安全是最大的效益；对员工而言，健康、安全就是最大的福利。从企业国际化的角度看，目前一些跨国化工企业在选择化工物流企业作为合作伙伴时，对其健康安全管理责任的履行提出了非常高的要求。而目前国内化工物流企业一个重要的服务对象，就是一些外资石化巨头，因此履行健康安全管理责任是化工物流企业首先需要考虑的。这要求企业监控关键的健康和安全指标，包括员工病假的次数和原因、体检的人数与健康报告、医疗保险的使用数量与频率、事故发生的频率和严重程度、安全事故的赔偿金额等等，注重对健康安全风险的测量。以企业履行安全责任的效果评价为例，我们可以将安全事故的实际损失额作为衡量企业安全管理绩效的指标。其计算公式是：

$$L = \sum A_x \times l_y \tag{6-1}$$

式中：L(Lost)表示一段时间内因为各类安全事故造成的损失额，A_x(Accident)表示各类安全事故，包括死亡事故、伤残事故、火灾、交通事故、泄露事故、误工损失等等；l_y表示每次安全事故造成的实际损失。通过上述公式，我们可以测量出企业某一个时段(年、季、月)安全生产的形势，L 值越高，说明企业的安全生产形势越严峻，安全管理的绩效越差；L 值越低，说明企业的安全生产形势越好，安全管理的绩效越高。

测得了企业的安全生产绩效，下一步是对安全管理工作实施持续的优化。化工物流企业一般从人(men)、机(machine)、料(material)、法(method)、环(environment)、管(management)等 6 个方面(5M1E)对企业存在的各类健康安全风险进行评价与优化：

(1) 人员是否在观念上对健康安全管理予以高度重视？是否掌握了各项业务知识与操作技能？行为方法与操作方式是否正确？

(2) 是否选择、配备了必要的机器设备？机器设备是否处于良好的运作状态？是否对其运行情况进行各项检查与评估？工作人员是否掌握了操作它们的技能？是否配置了相应的防护设备？

(3) 各类化工物品的仓储、流通加工、运输等环节是否处于安全的状态？是否对其采取了相应的保护与管理措施？

(4) 企业进行仓储、流通加工、运输等工作的程序、流程、方法是否科学、有效，且可以保障工作人员的健康与安全？

(5) 化工物流的各个环节是否处于一个安全、环保的场景中？是否可以保障对周围环境没有危害？

(6) 是否对化工物流的各个阶段、环节采取了有效的管理措施，比如培训与检查？是否对供应商、承包商进行了健康安全方面的审查与要求？是否将健康、安全的责任理念贯穿于化工物流的各个环节？

2. 化工物流的环境责任评价

国际标准化组织（ISO）在 ISO14001 中提出，环境绩效是组织基于其环境方针、目标和指标，在环境因素管理方面所取得的可测量的成效。在 ISO14031 中则进一步明确指出，环境绩效是一个组织对其环境因素的管理结果。

目前，较有影响的环境绩效评价指标主要有：国际标准化组织（ISO）的 ISO14031、世界可持续发展企业委员会（WBCSD）的以生态效率为核心的环境绩效指标、全球报告倡议组织（GRI）的《可持续发展报告指南》（G3 版）和日本环境省《环境会计指南 2005》中提出的环境绩效指标等。综合上述环境绩效指标，考虑到化工物流的特殊性，我们给出了化工物流服务环境管理的几个指标：

1）化工物流服务的环境管理体系绩效指标

环境管理体系绩效指标（Environment Management System Performance Indicators，EMSPI）是指体现化工物流企业环境管理系统、工作机制本身有效性的指标，它反映了企业管理层为改善环境质量，在环境管理体系及组织建设方面所作的努力。环境管理体系是化工物流服务进行持续的环境治理、节能减排的制度支撑，它的实际效果通常难以量化，目前环境管理体系绩效主要采用文字形式进行披露，未涉及计量问题。但是，仅对当期的环境管理体系进行文字描述，并不利于信息的相互比较。因此，对于化工物流服务企业来说，可以通过提供环境管理体系绩效的可比性信息（包括纵向与横向的比较），以全面反映化工物流企业在致力于环境治理、节能减排工作上的绩效与改进状况。

2）化工物流服务的环境状况绩效指标

环境状况绩效指标（Environment Condition Performance Indicators，ECPI）提供化工物流服务营运对环境直接影响的信息，这类信息难以标准化，具有区域性的特点，往往与周围生态变化有关。由于化工物流服务企业所处的周边环境不同，而周围生态变化的影响因素亦较复杂，因此，ISO14031 建议该绩效的计量通常由地方、区域、国家或国际政府机构、非政府组织和科研机构执行，而不是由单个商业组织开展。然而，如果组织能够确定其活动与某些环境要素状况之间的关系，也可建立与其能力、利益和需要相适合的环境状况绩效指标，以帮助评估其环境表现。通常情况下，环境状况绩效的计量采用专业方法进行，如测量企业周边主要水体的性质和质量、区域空气质量、资源质量或数量、海洋温度、生物体中污染物浓度等，并进行纵向比较，得出企业的环境状况绩效。

3）化工物流服务的环境运营绩效指标

环境运营绩效指标（Environmental Operational Performance Indicators，EOPI）提供化工物流服务供应链运营的环境绩效，包括运营过程中资源的投入、环境负荷的产生等信息。

我国物流业高能耗、高污染的特点决定了其节能减排的潜力巨大。世界上节能减排的呼声愈来愈高，我国政府也面临着巨大的压力，物流企业特别是化工物流企业应该主动履行节能减排的社会责任，为构建资源节约和环境友好型社会而努力。

在化工物流服务供应链运营的过程中，对于环境的影响主要集中在能源消耗和环境污染两个方面。指标设定如下：

（1）资源节约绩效的计量。资源节约主要为能源、原材料、水资源等的节约，其绩效可通过货币化与非货币化的方式进行计量。

资源节约绩效是本期资源消耗量（成本）与上期资源消耗量（成本）之差额。为了避免产量波动对绩效指标的影响，可以产量或产值等对上述绩效进行平摊，公式为

$$P = R_1/A_1 \times A_2 - R_2 \qquad (6-2)$$

式中，P 表示某种资源节约的非财务绩效，R_1 表示上期该资源消耗的数量，A_1 表示上期的物流量，A_2 表示本期的物流量，R_2 表示本期该资源的消耗量。

某种资源节约的非财务绩效效率计算公式为

$$E = P/A_2 \qquad (6-3)$$

式中，E 表示某种资源节约的非财务绩效效率，P 表示某种资源节约的非财务绩效，A_2 表示本期物流量。

在货币化计量指标中，可采用所使用资源的本期加权平均成本计算节约的金额。计算公式为

$$P = R_1/A_1 \times A_2 \times C_w - C \qquad (6-4)$$

式中，P 表示某种资源节约的非财务绩效，R_1 表示上期该资源消耗的标准数量，A_1 表示单位物流量，A_2 表示本期物流量，C_w 表示本期该资源的加权平均成本，C 表示本期该资源消耗成本。

某种资源节约的财务绩效效率的公式为

$$E_F = P_F/A_2 \qquad (6-5)$$

式中，E_F 表示某种资源节约的财务绩效效率，P_F 表示某种资源节约的财务绩效，A_2 表示本期物流量。

（2）废水、废气和固体废弃物排放减少的绩效。废水、废气和固体废弃物排放减少引起的非财务绩效计算，可参照资源节约引起的非财务绩效计算方法，亦可采用上述环境负荷减少引起的环境治理、恢复成本的减少量来计量。对于废水、废气和固体废弃物排放减少带来的财务绩效的计算，其公式如下：

$$P_F = D \times C_S \qquad (6-6)$$

式中，P_F 表示某种环境负荷减少的财务绩效，D 表示某种环境负荷排放减少的数量，C_S 表示该环境负荷单位社会成本。

在计算化工物流服务中的废水、废气和固体废气物减少的绩效时，化工物流服务企业可参考一些国外企业的经验，开发适合自身特点的方法。

结合前面的分析，化工物流服务中环境绩效指标体系见表 6-3 所示。

表 6-3 化工物流服务环境绩效指标体系

	环境管理体系绩效指标	环境状况绩效指标	环境营运绩效指标
内涵	反映化工物流企业环境管理系统、工作机制本身有效性的指标	反映企业营运对所在区域的环境影响程度的指标，通常与周围生态变化有关，这类信息难以标准化	反映化工物流企业营运过程中资源消耗以及污染排放程度的指标
具体指标	·企业远景、战略与政策 ·与环境管理有关的组织结构 ·管理系统与相关文件 ·管理层致力于解决环境问题的程度 ·与内外部利益相关者间的沟通	·主要水体的性质和质量 ·区域空气质量 ·资源质量或数量 ·生物体组织中污染 ·污染物浓度 ·臭氧层消耗	·水资源的消耗 ·废气的排放 ·能源的消耗 ·材料的消耗 ·废弃物的排放

综合以上的健康、安全与环境绩效评价指标，可以给出化工物流服务中的安全、健康与环境绩效评价表(见表 6-4)，供一般化工物流组织参考使用。该评价表既包含定量分析也包含定性分析，具有适用范围广、使用方便、适应性强等特点。

表 6-4 化工物流服务安全、健康和环境绩效评价表

1	安全、健康、环保、质量等绩效分析	是	否	不适用	备注
1.1	**不符合情况的报告、调查、分析和纠正**				
1.1.1	是否有文件化的程序对如下不符合情况进行调查和记录				
1.1.1.1	——事故				
1.1.1.2	——事件				
1.1.1.3	——未遂事故				
1.1.1.4	——潜在的健康危害				
1.1.1.5	——不安全状态				
1.1.1.6	——法规符合性				
1.1.2	是否立即采取行动以避免延误后续调查行动				
1.1.3	是否为相关管理层制作详细的不符合情况报告，内容包括				
1.1.3.1	——导致不符合情况发生的直接原因				
1.1.3.2	——识别事故发生的根本原因				

续表一

1.1.3.3	——预防事故再次发生的纠正性措施				
1.1.4	是否告知客户与其产品相关的不符合事件				
1.2	**QHSE 等方面的目标和趋势分析**				
1.2.1	是否有分析 QHSE 数据以确定其趋势的程序				
1.2.2	有没有设定的 QHSE 目标并进行监控				
1.2.3	有没有制定年度 QHSE 或 HSSE 改进计划并制定具体的方案以实现这些改进				
1.3	**管理评审**				
1.3.1	管理会议				
1.3.1.1	是否至少每年举行一次正式的管理会议以对 QHSE 体系进行评审				
1.3.1.2	高层管理者是否定期举行 QHSE 审查会议（在两次管理会期之间），以便监控既定 QHSE 的进展和制定目标				
1.3.1.3	是否有证据表明员工也共享到了公司在 QHSSE 方面的经验和教训				
1.3.2	内部审核				
1.3.2.1	是否有管理体系内部审核的文件计划				
1.3.2.2	对内审中发现的缺失，是否建立行动计划并实施了纠正措施				
1.4	**保险**				
1.4.1	公司保险是否覆盖了关于其所运送/处理的产品的所有损失、损坏的契约及法律责任				
1.4.2	公司的保险方针是否根据法规及客户要求涵盖第三方责任险，包括				
1.4.2.1	——综合的一般法律责任险（CGL）				
1.4.2.2	——机动车险				
1.4.2.3	——环境责任险				
1.4.2.4	——机动车辆意外责任险（umbrella insurance）				
2	**安全、健康、环境**	是	否	不适用	备注
2.1	**风险评估和风险管理**				
2.1.1	风险管理体系				
2.1.1.1	是否有程序来评估和记录公司里的所有活动在安全、健康和环境方面的潜在风险，包括				

2.1.1.1.1	——新操作/新活动启动时(如新产品，新线路)				
2.1.1.1.2	——操作/活动变动时(管理变更)				
2.1.1.2	是否对所有运输和/或处理的产品进行安全和环境风险评估				
2.1.1.3	是否对所有运输和/或处理的产品进行职业健康危险评估				
2.1.1.4	是否采取了措施以控制/减小识别出的潜在风险				
2.2	**安全**				
2.2.1	个人防护设备(PPE)				
2.2.1.1	有没有书面程序规定在何种情况下必须穿戴何种 PPE				
2.2.1.2	是否定期检查和更换个人防护设备(在使用前和闲置期)				
2.2.1.3	对于危害性化学品是否配备专用设备并提供使用说明/培训				
2.2.2	应急准备和响应				
2.2.2.1	是否有处理场内和场外紧急事件的书面计划				
2.2.2.2	这个书面计划是否含有下列信息				
2.2.2.2.1	——应急责任划分				
2.2.2.2.2	——设置 24/7 小时专业响应人员				
2.2.2.2.3	——特定客户的应急要求				
2.2.2.2.4	——紧急情况时各部门联络清单(客户，政府部门)				
2.2.2.2.5	——合格的事故现场监察员清单				
2.2.2.2.6	——各种产品的转移设施				
2.2.2.2.7	——受损设施的恢复措施				
2.2.2.2.8	——受污地面/产品的恢复措施				
2.2.2.3	是否具备必要的应急设备，包括				
2.2.2.3.1	——大号桶/联合国认可的救援桶				
2.2.2.3.2	——洗眼站和/或洗眼瓶				
2.2.2.3.3	——吸收/清洗材料				
2.2.2.3.4	——针对所有需急救产品的个人防护设备				
2.2.2.4	是否对以上所有设备定期检查，确保其完好和适用				
2.2.2.5	是否在过去的 12 个月内，对现场应急预案进行过综合测试				
2.3	**健康**				
2.3.1	职业健康				

2.3.1.1	操作现场是否知道所运输和/或装卸的产品的所有相关法规情况				
2.3.1.2	现场是否有最新的由生产商所提供的所有产品的安全技术说明书？是否能够从制造商处得到所有运输和/或装卸的产品的当前物料安全技术说明书				
2.3.2	心理健康				
2.3.2.1	是否定期给员工做心理辅导				
2.3.2.2	是否了解员工的个人生活状态				
2.4	**环境**				
2.4.1	固体废物管理				
2.4.1.1	是否所有的废物都按照当地法律进行处理				
2.4.1.2	废物处理记录是否按照法规要求进行保留				
2.4.2	废水管理				
2.4.2.1	是否产生的废水都按照国家和地方的法律进行处理				
2.4.2.2	废水处理记录是否按照法规要求进行保留				

四、本章小结

本章通过对200余家化工物流企业的实地调查，在前面章节研究的基础上，对化工物流企业实施HSE管理体系的相关问题进行了研究。首先，回顾了HSE管理体系的一般性知识，包括HSE管理体系的基本概念、管理原则、特点、影响因素、运行模式、发展趋势等问题，在此基础上，分析了化工物流企业实施HSE管理体系的重要性、必要性和紧迫性，指出我国的化工物流企业运用HSE管理体系开展日常管理活动的重要意义。接着分析了化工物流企业实施HSE管理体系的若干重大问题，包括HSE管理方案的编制与实施、HSE管理体系有效运行的保障因素等。最后，为了对HSE管理体系的实施效果进行评价，研究了化工物流企业健康、安全和环境评价的指标体系。化工物流企业可以结合自身实际，根据本章的研究开展企业HSE管理体系的建设。

后　记

对化工物流服务企业来说，健康、安全的社会责任是企业必须重点考虑的对象。但是由于法律、法规的滞后，国内企业对健康、安全和环境的重视度不足。目前在国内投资的一些跨国化工企业在选择化工物流企业作为合作伙伴时，对于化工物流企业的健康、安全及环境（HSE）等其他社会责任提出了非常高的要求。

但就目前国内化工物流企业的现状来看，真正开始实施 HSE 管理体系的企业还很少。究其原因，一方面因为化工物流在国内发展时间不长，有实力开展 HSE 管理的企业很少，另外一个方面是，很多中小型化工物流企业想开展 HSE 管理，但不知道该如何入手。本书就是基于这样的研究与实际应用背景，重点解决化工物流运营过程中实施 HSE 管理会遇到的几个关键难题。

OHSAS18000 是国际上兴起的一种现代安全生产管理模式，与 ISO9000 质量管理体系和 ISO14000 环境管理体系统称为后工业时代的管理办法。HSE 管理体系，包含了 OHSAS18000 和 ISO14000 管理体系的内容，同时整合了这两部分内容。

本书从理论到实践对化工物流企业运营过程中的 HSE 关键问题进行了研究，得出了如下结论：

（1）根据马斯洛的需求层次理论，安全需求是人在满足基本物质需求后所产生的需求，随着中国经济的发展，中国进入了物资丰富期，人们对于安全、健康和环境的需求越来越强烈，而目前国内大部分企业的实际情况还没有能够满足人们的需要，因此有必要在国内企业大规模推行 HSE 管理体系建设。

（2）化工物流企业要成功实行 HSE 管理，首先要解决的问题包括：化工物流中危险源的识别和化工物流中环境因素的识别。准确识别危险源/环境因素是后续企业成功实施 HSE 管理体系的基础。

（3）对于化工物流运输和仓储作业而言，危险源种类繁多，可以采用安全系统工程的方法对危险源进行辨识。在这一系列安全系统工程分析方法中，作业流程法、安全检查表、事故树分析法、鱼骨图分析法以及关键控制点法是文章研究用到的几种方法，这几种方法各有特点，因此在使用过程中，相互结合起来，取长补短，能够较好地、全面地识别危险源。

（4）为了准确识别化工物流中的环境因素，需要运用系统工程的方法，以保证后续环境评价的有效性和准确性。

　　本书研究只是针对化工物流企业 HSE 实行过程中的一些关键问题,目前讨论的重点集中在宏观方面,细节方面的讨论可作为后续研究的重点。

　　本课题的未来研究展望:

　　(1) 文中研究了化工物流运输过程的危险源辨识、评价和控制,目前的研究焦点主要在辨识领域,对于运输过程中危险源的评价和控制基本限于定性研究,下一步可通过选择合适的评价方式,对该过程进行定量分析和评价,使评价更科学合理。同时,对于化工物流运输过程中人员的安全分析和评价还可以深入研究。

　　(2) 文中对化工物流仓储过程的研究,选择的样本主要是长三角地区 218 家化工物流企业,样本选择不够全面。下一步的研究将会拓展样本范围,使研究结论更具有代表性。针对仓储过程中每一步作业流程的安全分析和评价怎么做,本书也没有解决,下一步可以用作业流程法对仓储过程进行分析,综合应用多种安全系统工程方法,提出解决措施。

　　(3) 针对环境因素的研究,本书主要采用调研的方法,化工物流企业中环境因素的识别可以参考的资料不多,因此对于这类企业,采用什么样的辨识方法比较有效,是后续研究的关键。

　　(4) 针对危险化学品运输过程中环境污染的概率估算,以及危险化学品仓储过程中环境污染的概率估算,都是后续研究的重点。

　　(5) 本课题针对化工物流企业 HSE 管理体系的建设研究,目前提的方案还比较粗,要具体到切实可行,还有几个关键问题需要解决:HSE 员工的绩效怎么体现? HSE 管理体系与其他体系之间的关系怎么协调? HSE 管理体系建设中,技术难度是一方面,企业领导和员工观念的转变是关键,因此 HSE 管理体系在化工物流企业推广的过程中,培训是非常重要的一个环节。而培训课程和培训时间的设置,是另外一个值得研究的课题。

　　(6) 做好 HSE 管理体系建设,平台建设是关键。HSE 管理体系中所涉及的平台包括:化工物流运输应急保障支撑平台建设研究;化工物流仓储应急保障支持平台建设研究;化工物流运输过程安全绩效评估体系构建;化工物流仓储过程安全绩效评估体系构建。

参 考 文 献

[1] 周波. 危化企业安全评价工作现状分析[J]. 淮南职业技术学院学报，2016，01：1－4.

[2] 杨文亮. 石油化工企业火灾、爆炸重大危险源辨识及评价[D]. 兰州理工大学，2013.

[3] 王慧. 重大危险源辨识、分级与评估的研究[D]. 中北大学，2014.

[4] 刘先君. DG 危险品场地重大危险源辨识与评价[D]. 大连理工大学，2013.

[5] 余长生. 上饶和丰铜业公司危险源辨识和控制研究[D]. 江西理工大学，2012.

[6] 钱丽娜. 危险化学品重大危险源评估与防范研究[D]. 西南交通大学，2015.

[7] 于爱玲. 危险化学品危险源识别与预防控制方法[J]. 科技传播，2013，06：110－111.

[8] Edwin T Brown. Risk Assessment and management in underground rock engineering-an overview [J]. Journal of Rock Mechanics and Geotechnical Engineering, 2012，4(3)：193－204.

[9] http://www.safehoo.com/Estimate/Base/201001/36738.shtml. 安全管理网，2016.8.

[10] 徐志胜. 安全系统工程[M]. 机械工业出版社，2015.

[11] 陈晓辉. 重庆 LPG 储配库风险评价研究[D]. 西南石油大学，2013.

[12] 曹鑫. 油港储运综合安全评价和预警应急系统研究[D]. 武汉理工大学，2010.

[13] 杨振林. 特种设备风险管理研究[D]. 天津大学，2009.

[14] 王永刚，朱迪. 航空危险品运输作业风险管理[J]. 中国安全生产科学技术，2012，07.

[15] 夏秋，钱瑜，刘萌斐. 基于环境风险评价的危险品道路运输优化选线——以张家港市为例[J]. 中国环境科学，2014，01.

[16] 周师军. 沈阳市重大危险源的辨识和评价及其风险防范策略[D]. 第三军医大学，2009.

[17] 王丽. 危险化学品公路运输选线指标体系优化研究[D]. 北京化工大学，2008.

[18] 许录艳. 重大危险源（设施）的分级和管理研究[D]. 沈阳航空工业学院，2010.

[19] 何娜敏. 重庆内河危险化学品运输企业的运输安全风险管理研究[D]. 重庆交通大学，2014.

[20] 曲衍国. 对道路危险货物运输安全管理问题的思考与建议[J]. 物流技术，2010. 29

(1)：26－35.

[21]　李荷华. 化工物流健康、安全与环境管理[M]. 上海财经大学出版社. 2013.

[22]　赵如兵. 危险化学品从业单位常规作业风险评价的探讨[J]. 安全生产与监督，2010，1：33－34.

[23]　曲衍国. 对道路危险货物运输安全管理问题的思考与建议[J]. 物流技术，2010，29(1)：26－35.

[24]　http://www. safehoo. com/System/HSE/Base/200805/8300. shtml . HSE 管理体系标准的基本框架. 2016.10.

[25]　花彩虹. 道路运输从业人员培训与管理现状分析及对策探讨[J]. 科技资讯，2010.11.

[26]　宋庭芙，金旭，李芳. 化工危险品仓储安全管理研究与分析[J]. 中国化工贸易，2013.4.

[27]　郭豪. 某化工类项目重大危险源辨识[J]. 山西化工，2015.4.

[28]　高会英，蒋工亮，周福荣，苏娜. 高速公路危险品运输环境风险评价及预防对策[J]. 交通与运输，2010.12.

[29]　穆波，王廷春，丁晓刚，石磊，付海荣. 石化企业重要环境因素识别评价方法探讨[J]. 安全、健康和环境，2011.11.

[30]　张娟. 道路运输应急保障支撑平台构建[J]. 交通世界，2011.08.

[31]　魏珣. 2011－2015 年危险化学品行业管理思路与模式探讨[J]. 化学工业，2011.09.

[32]　王辉. 危险化学品储运安全管理的现状和措施研究[J]. 科技风，2014.03.

[33]　邢莉蔚，肖文文，赵倩岚，王琦风. 危化品物流运输企业信息化管理平台研究[J]. 软件导刊，2012.03.

[34]　刘宏，罗颖，唐禹夏. 安全管理体系整合体系研究[J]. 现代化工，2008.12.

[35]　王海珍. 企业如何搞好环境因素识别与评价[J]. 机械管理开发，2004.04.

[36]　吕品. 基本 GIS－AHP 方法的危险品物流运输选线研究[J]. 西部交通科技，2011.11.

[37]　李圣普，王小辉. 安全优先运输路径选择算法研究与仿真[J]. 计算机技术与发展，2015.9.

[38]　王艳奂. 基于 FAHP 的危险品运输线路优化研究[J]. 安全生产，2012.8.

[39]　曾佑新. 基于物联网技术的危险品道路运输风险管理[J]. 现代物流，2015.4.

[40]　姚刚，韩艳萍. HAZOP 分析方法简述[J]. 化工管理，2014.4.

［41］ 王淼. 基于 AHP－模糊综合评价的路面预防性养护措施决策研究［J］. 公路交通技术，2012.2.

［42］ 何雅婧，李升朝. 道路危险货物运输事故原因研究［J］. 物流技术，2014.5.

［43］ 卜全民，王涌涛，汪德爟. 事故树分析法的应用研究［J］. 西南石油大学学报，2007.4.

［44］ 魏朗，高丽敏，余强，张巍. 驾驶员道路安全感受模糊评判模型［J］. 交通运输工程学报，2004.1.

［45］ 严虎. 危险品公路运输安全管理现状及探究［J］. 北华航天工业学院学报，2011.4.